KB153538

이슬람과
유럽 문명의
종말

이슬람과 유럽 문명의 종말

1판 1쇄 발행 | 2021. 7. 13.
1판 4쇄 발행 | 2023. 11. 13.

지은이 | 유해석
발행인 | 남경범
발행처 | 실레북스

등록 | 2016년 12월 15일(제490호)
주소 | 경기도 용인시 수지구 성복2로 86 115-801
대표전화 | 070-8624-8351
팩스 | 0504-226-8351

ISBN 979-11-966546-8-9   03300

블로그 | blog.naver.com/sillebooks
페이스북 | facebook.com/sillebooks   **이메일** | sillebooks@gmail.com

값은 뒤표지에 있습니다.
잘못된 책은 구매하신 서점에서 바꾸어 드립니다.

진리가 너희를 자유케 하리라 VERITAS VOS LIBERABIT

대규모 이슬람 이민이 바꿔 놓은 유럽의 현재와 미래

이슬람과 유럽 문명의 종말

유해석 지음

ISLAM

실레북스
SillybookS

민주주의란 국민의 뜻을 통합하는 통치이다. 국민의 뜻 가운데 다수의 의견을 따르고 소수의 의견을 존중하는 것이다. 다양한 의견을 서로 끊임없이 토론하여 조율해 가는 과정이다. 민주주의의 원칙은 다양성과 상호 존중에 있다. 이를 실현하기 위해서는 언론의 자유와 민주적 절차에 따른 법률의 동등한 적용이 있어야 한다. 소수 민족과 여성을 포함한 모든 사람들은 그들의 권리를 보호받아야 한다. 시민의 자유와 선출된 사람들에 대한 국민의 힘은 필수적이다. 이것이 없이는 민주주의는 존재할 수 없다. 이것들의 침식은 곧 민주주의의 침식으로 이어진다. 국민에게는 국가의 정체성을 유지할 권리가 있다. 인간은 본능적으로 정체성을 추구하고자 하기 때문에 주변 사람들과 연대하여 정체성을 확립해 간다. 정체성은 큰 의미가 있다. 정체성을 위하여 죽을 수도 있고 죽일 수도 있다.

필자는 약 25년 동안 이집트와 영국에서 살았다. 이민은 다양한 경험과 지식을 교환할 수 있기 때문에 우리가 성장하고 발전하고 개선하는 데 큰 도움이 된다. 한국 근대화에 공헌한 사람들도 선진국으로 유학을 다녀왔으며, 근로자들이 해외로 나가 벌어들인 외화를 국내에 송금함으로써 한국 사회 발전에 공헌하였다. 따라서 한국으로 들어오는 이민자가 한국 사회에 통합되고 국가 발전과 정체성을 파괴하지 않는다면 이민은 긍정적일 수 있다. 그러나 이민자의 수가 많아져서 정체성의 분리가 일어나고, 이민자들이 게토화된 공동체 안에서 자신들의 정체성을 확립해 나간다면 결국 국가는 나뉘게 되고 원래의 국가와 국민의 정체성은 파괴될 것이다.

우리는 이 사실을 유럽의 변화를 통해 알 수 있다.

이 책은 유럽으로의 이민과 이로 인하여 형성된 다문화 사회가 어떤 결과를 낳는지를 연구한 내용이다. 지금 대규모 이민과 이로 인해 생긴 종교, 문화의 유입 때문에 유럽의 상황은 바뀌고 있다. 유럽인들은 이민 노동자의 수요를 과대평가하였다. 유럽으로의 이민이 가지고 온 경제적 이익은 미미하며 단기간의 이익을 줄 뿐이었다. 반면 이민으로 인한 사회적 변화는 방대하고 장기적이었다. 다문화 사회의 좋은 점은 다양한 음식을 먹을 수 있다는 정도였고, 그를 위하여 치러야 할 대가는 잔인했다. 제2차 세계 대전 이후 유럽 정체성의 기초가 되었던 복지 국가와 이민 정책은 잘 맞지 않은 조합이었다. 이민으로 인한 부작용이 더욱 커질 것을 우려하던 영국은 2020년 1월 31일 유럽 연합EU을 탈퇴하였다. 이에 따라 유럽 연합을 유지하기 위한 과정은 더욱 힘들어졌다.

한국은 2017년 새로운 정부가 들어서면서 포용 국가위원회를 발족하였다. 새로운 정부의 정책 브레인들은 국가 모델 설계를 위하여 머리를 맞댔다. 그 결과《새로운 대한민국의 구상 포용 국가》라는 연구서가 발간되었다. 이 책의 서문에 다음과 같은 기록이 있다. "전 세계에서 실험된 다양한 정치 모델 중에 사회 통합과 경제 성장의 동시 실현에 성공한 유일한 대안은 유럽형 사회적 시장 경제 모델이다. 이 결론과 함께 우리는 유럽형 모델과 노르딕형 모델에 대한 분석을 통해서 세 가지 핵심적 원리가 사회 통합과 경제 성장을 동시에 가능하게 한 원리라는 것도 발견하였다."[1] 여기에서 '노르딕형'이란 북유럽을 의미한다. 이를 바탕으로 정부는 포용 국가 전략 회의를 청와대에서 개최했으며, 대통령은 "포용은 우리 정부의 중요한 핵심 가치가 될 것"이라고 발표하였다.[2] 결국 한국은 서유럽과 북유럽의 모델로 나아가겠다는 것이다. 그러나 오늘날 한국 정부가 모델로 삼고 있는 서유럽과 북유럽의 현실은 그렇게 낭만적이지 않다. 유럽은 제 2차 세계 대전 이후에 노동력 부족을 해소하기 위하여 값싼 노동력을 받아들였고, 다양한 종족이 함께 사는 다종족 사회가 시작되었다. 1970년부터 다문화 사회라는 용어가 등장하였으나 유럽의 정상들이 2000년에 다문화 사회의 실패를 인정하면서 다종교 사회로 진입하였다. 유럽이 다종교 사회로 진입하게 된 원인은 이슬람 인구의 성장에 있다. 그만큼 유럽에서 이슬람의 문제는 사회 전체에 영향을 끼치며 유럽 사회의 변화를 주도하고 있다.

한국에서도 이슬람 인구가 성장하고 있는 지금, 정부의 정책대로 포용국가가 실현된다면 오늘의 유럽은 내일의 한국이 될 것이다. 따라서 유럽에 이슬람 인구가 성장하면서 나타나는 현상을 연구하여 한국사회에 경종을 울리고자 펜을 든다.

이 책에는 필자의 박사 학위 논문 중 일부가 포함되어 있음을 밝힌다. 본서에 사용하는 꾸란은 특별한 언급이 없는 경우에, 사우디아라비아의 꾸란 출판청에서 발간한 《성꾸란 의미의 한국어 번역》을 사용하였다. 그러나 원문의 번역에 오해가 있는 경우에는 김용선이 번역한 《코란》(꾸란)을 사용하였다.

유럽의
이슬람 인구 성장
배경

ISLAM

—

보편적으로 사람을 속이는 시대에 진실을 말하는 것은 혁명적인 일이 되었다.

_ 영국 작가, 조지 오웰George Orwell

1

유럽과 문명의 충돌

ISLAM

이슬람과 서구 사이에 일어나는 문명의 충돌이라는 개념은 중동 전문가인 버나드 루이스Bernard Lewis가 1990년 미국 월간지 〈애틀랜틱The Atlantic Monthly〉에 발표한 '무슬림 분노의 뿌리'라는 기사에서 처음 소개되었다. 루이스는 많은 무슬림들이 서구에 대해서 느끼는 실질적인 원한을 설명한 후에 다음과 같은 결론을 내렸다. "이제 정부나 정책을 넘어선 변화에 직면하고 있음을 분명히 해야 한다. 이것은 문명의 충돌일뿐 아니라 역사적으로는 유대-기독교와의 경쟁이었으나, 오늘날 우리의 기독교 유산과 세속적인 현재에 대한 이슬람의 반응이다. 우리는 이슬람에 대하여 비이성적인 반응을 자제하는 것이 중요하다"[1]

1993년 사무엘 헌팅턴Samuel Huntington은 뉴욕에서 출간되는 〈포린 어페어스Foreign Affairs Magaine〉에 '문명의 충돌The Clash of Civilizations'이라

는 제목의 기고문을 실었다. 그는 이 글에서 "앞으로 몇 년 안에 문명의 충돌이 세계의 정치를 지배할 것이다. 문명 간의 갈등은 미래의 전선이 될 것이다."[2]라고 주장했으며, 몇 년 후 그는 《문명의 충돌》을 출판하였다. 헌팅턴에 의하면 이슬람과 서구의 기독교 사이에는 종종 폭풍이 몰아쳤다. 20세기의 자유 민주주의와 마르크스·레닌주의의 충돌은 이슬람과 기독교의 계속된 갈등에 비하면 일시적이고 피상적인 역사의 현상일 뿐이다. 이슬람과 때로는 평화로운 관계가 유지되기도 했지만 더 많은 시간을 격렬한 경쟁과 뜨거운 전쟁의 상태로 지내야 했다.[3] 그러나 기독교는 무슬림의 유일한 증오의 대상은 아니었다. 다른 문명들 또한 이슬람과 팽팽한 관계를 가져 왔다. 유라시아 문명들 사이에 거대한 역사의 단층선들이 다시 한 번 불타오르고 있다. 특히 아프리카에서 중앙아시아까지 이슬람 국가 연합이 초승달 모양의 형태로 경계가 형성되어 가고 있다. 폭력은 무슬림들 사이에서도 일어나지만 세르비아 정교회와는 발칸 반도에서, 유대인과는 이스라엘에서, 힌두교들과는 인도에서, 버마에서는 불교인들과, 필리핀에서는 가톨릭 신도들과의 사이에서도 발생한다. 헌팅턴은 "이슬람은 피의 경계를 가지고 있다."[4]고 말한다. 그는 "인류의 분열과 갈등의 원인은 문화적인 것이다. 이슬람은 십 수 세기 동안 서양과 군사적으로 상호 작용하는 관계였고, 앞으로는 더욱 치명적으로 변할 것이다."[5]라고 예상했다.

미국 퓨 리서치Pew Research Center는 유럽의 이슬람 인구 성장에 대하여 28개 유럽 연합과 노르웨이, 스위스를 포함한 30개국을 중심으로 연구하였다. 2016년 기준으로 유럽의 이슬람 인구는 2580만 명으로 전체 인구의 4.9%이다. 참고로 2010년에는 1950만 명(3.8%)이었다. 퓨 리서치는 앞으로 이슬람 인구가 어떻게 성장할지에 대한 세 가지 시나리오를 제시하였다. 첫째, 지금 유럽으로의 이슬람 이민과 난민이 영구 중단될 경우 2050년에는 7.4%로 증가할 것이다. 둘째, 이슬람 이민은 계속되고 난민이 중단된다면 '중간' 이주 시나리오에서 2050년 무슬림 인구는 11.2%에 도달할 것이다. 셋째, '이슬람 이민과 난민이 계속 들어온다면 2050년까지 유럽에서 이슬람 인구는 14%를 차지할 것으로 보인다. 즉, 지금보다 3배 증가한다는 것이다. 2020년에 들어서면서 유럽의 이슬람 이민은 계속되고 있으며 난민은 줄어들었다. 따라서 2050년 유럽 이슬람 인구는 11.2%(5500만 명)에서 14%(7500만 명) 사이가 될 것으로 전망한다. 특히 최근 몇 년 동안 무슬림 난민을 받은 나라들은 이슬람 인구의 가장 큰 변화를 경험할 것으로 예상한다. 독일의 경우 2016년 독일 인구의 6%가 무슬림이지만 2050년이 되면 독일 국민의 약 20%가 무슬림이 될 것이다. 상대적으로 많은 난민을 수용한 스웨덴의 경우에는 좀 더 큰 영향을 받아 약 21%가 될 것으로 전망한다.

유럽에는 2016년 2580만 명의 무슬림이 있지만 불법 체류자들을 포함한다면 2680만 명으로 높아질 수 있으며 2050년에 이슬람 인구는 위에 제시한 시나리오보다 더 많아질 수 있다.[6]

유럽 이슬람 인구 성장의 가장 큰 변수는 터키의 유럽 연합EU 가입이다. 1999년부터 2004년까지 영국 노동당의 최고 경제 자문 위원이며 유력한 리더였던 에드 볼스Edward M.Balls는 "나는 터키를 유럽 연합에 가입시키는 정치적 및 경제적 상황을 지지한다."고 말했다. 데이비드 카메룬David Carmeron 전 영국 수상은 "유럽 연합에 터키를 하루빨리 가입시키지 않는 이 상황을 참을 수 없다."[7]고도 언급했다. 그만큼 터키가 유럽 연합에 속히 가입하기를 원하는 정치인들과 경제인들이 많다는 것을 알 수 있다. 그 이유는 터키의 1인당 국민 소득이 유럽 연합의 5분의 1밖에 되지 않으므로 값싼 노동력을 쉽게 얻을 수 있기 때문이다.

유럽 집행 위원회EC는 터키가 '온화하고' 세속적인 이슬람 모델이기 때문에 유럽 국경에 포함시키고 유럽 연합의 회원이 될 수 있도록 협상을 진행할 것이라고 선언하였다. 터키는 인구가 빠르게 성장하는 국가이다. 터키는 2050년에 약 1억 명의 인구를 보유할 것으로 전망된다.[8] 그렇게 된다면 2050년 유럽의 이슬람 인구는 약 30%가 될 것이다.

버나드 루이스Bernard Lewis는 2004년 독일 신문 〈벨트Die Welt〉와의 인터뷰에서 이 세기가 끝날 무렵 유럽은 초강대국이 될 수 있느냐는 질문을 비웃으면서 "늦어도 21세기 말에는 유럽의 인구는 무슬림이 다수가 될 것이다. 유럽은 서부 아랍의 일부가 될 것이다."[9]라고 말했다. 이는 곧 유럽 문명의 종말을 의미한다. 역사상 어떤 문명도 종말을 피해간 적이 없었다. 지금 유럽 문명은 종말을 향해 가고 있다.

2
유럽의 노동력 부족

ISLAM

20세기 유럽의 경제 성장은 이슬람 세계의 성장보다 훨씬 빨랐다. 그리고 유럽에서의 높은 삶의 수준은 가난한 무슬림의 덕분에 가능했다. 가난한 무슬림은 열악한 고용 환경임에도 불구하고 노동력을 제공했고, 그럼으로써 유럽에게 번영의 기회를 주었다. 그리고 무슬림들은 더 나은 삶을 위하여 희생할 준비가 되어 있었다. 1차 세계 대전 이전에 알제리와 튀니지 등의 이슬람 출신 이주 노동자들은 프랑스의 마르세유Marseille 근처 올리브 오일 농장이나 여러 도시의 탄광과 공장에서 일하였다. 그리고 제 2차 세계 대전 이후 일어난 산업적 부흥 때에 거대한 이민이 시작되었다.[10] 유럽은 제 2차 세계 대전이 끝나고 전쟁으로 인한 폐허를 복구하는 데 온 힘을 쏟았다. 그러나 곧 서유럽은 이러한 이민으로 인하여 발생하는 사회적 변화의 영향력을 충분히 이해하고 있지 못하다는 사실을 발견하였다. 처음에는 유럽으로의 이민이 단순히 경제적인 것으로만 인식되었다. 이민이 가지고 있는 광범위한 사회적, 종교적인 면을 간과했던 것이다.

유럽은 경제의 도약을 위하여 단기적인 노동자가 필요함에 따라 이민의 틀을 잡게 되는데, 이것이 '단기 노동자' 프로그램이다. 유럽은 터키와 유고슬라비아 등 노동력 과잉 국가와 이민을 통제하고 촉진하기 위해 다자간의 쌍무적 계약을 체결하였다. 식민지를 가지고 있던 나라들은 식민지 사람들을 이민 오게 함으로써 노동력의 부족을 채워 나갔다. 식민지가 없었던 유럽 국가들은 가난한 나라와 노동자 계약을 체결하였다. 스웨덴은 제 2차 세계 대전 이후에 경제 성장이 가장 빠르게 진행되었다. 1945년부터 1970년대에 오일 쇼크가 일어나기 전까지 매년 4%의 경제 성장률을 기록할 수 있었고, 이러한 경제 성장을 지속하기 위해서는 노동력이 필요했다. 지금은 스웨덴 인구의 6분의 1이 이민자들과 그의 후손들이다. 유럽에 이민자들이 많이 유입되자 이 소문이 전 세계로 퍼져 나갔다.[11] 덴마크의 경우 노동자 프로그램은 없었지만 1973년까지 노동 시장을 열었고, 그 결과 유고슬라비아, 터키, 모로코 사람들이 들어왔다. 노동자들은 좋은 일자리가 몰려 있는 덴마크의 코펜하겐Copenhagen으로 몰려들었다. 서유럽 국가들은 이민자들을 위한 준비가 되어 있지 않았다. 왜냐하면 노동 이주자들이 유럽에 남을 것이라는 전제가 없었기 때문이다.[12]

이런 정책들은 1973년의 석유 파동으로 인하여 중단되기 시작하였다. 그러자 이번에는 합법적인 이민을 위한 정책과 가족 결합 정책 등이 실행되었다. 그러나 여전히 그들은 손님이었고 '단기 노동자'였다. 서유럽 사회와 정부는 아무런 준비도 없이 대규모 이민의 현실을 마주하게 되었다. 유럽은 무슬림들의 존재감을 단기적인 것이라고 생각했다. 그 뒤에 들어선 정부들도 유럽 사회에 가져올 거대한 변화를 준비하지 못했고, 이민자들과의 통합을 위한 계획도 수립하지 못했다. 무슬림들이 유럽에 정착하고, 유럽 정부들의 가족 재결합 정책에 따라서 가족들마저 유입되면서 이슬람 문화가 전혀 없는 유럽에서 사회적, 문화적인 문제들이 나타나기 시작했다. 유럽 무슬림과 유럽 사회의 상호 작용은 신성 모독과 언론의 자유에 대한 반발, 혹은 무슬림의 샤리아 법 통제 등 현실적인 문제들로 드러났다. 그리고 지난 몇 십 년 동안 쌓인 이러한 갈등은 더욱 더 크게 만연해지기 시작하였다.

3

유럽의 저출산

ISLAM

저출산으로 인한 유럽의 인구 감소 문제는 심각하다. 한 사회가 현재와 비슷한 규모를 유지하기 위하여 1인 여성이 평균 2.1명의 아이를 낳아야 한다. 이를 총 출산 인구라고 부른다. 1인 여성이 평균 1.6명을 낳을 경우, 인구 감소가 천천히 늦어지거나 또 그 사이에 아이를 더 낳을 수 있는 가능성이 있기에 이를 안전지대라고 부른다. 만일 그 이하로 아이를 낳으면 인구가 감소하는 것이 아니라 무너진다는 표현이 맞게 된다. 예를 들어서 어떤 사회가 1.8명의 총 출산 인구를 유지한다면 한 세기가 끝날 무렵에 인구는 80%만 남게 된다. 1.3명의 총 출산율을 유지하는 사회(이탈리아, 스페인, 독일 그리고 발트해 국가들)는 4분의 1의 인구만 유지하게 될 것이다. 현재 감소율로 보면 이탈리아 현지인 인구는 2050년 절반으로 줄어들게 된다. 이는 먼 미래의 이야기가 아니다.[13] 독일의 경우는 상황이 열악했던 제 2차 세계 대전 마지막 해보다도 낮은 1.0명을 기록하고 있다. 통계에 의하면 독일 여성의 24-30%가 아기를 낳지 않겠다고 밝혔다. 출생률을 높이기 위해서 여러 가지 장려 정책이 나옴에도 불구하고 상황은 나아지지 않고 있다. 반면 프랑스의 현재 총 출생률은 1.8명 이상으로 아일랜드를 제외한 유럽에서 그 수치가 가장 높은 국가이다. 그러나 이 수치는 출생률이 매우 낮은 프랑스 여성과 출생률이 매우 높은 이민자 여성을 합한 숫자이기에 정확하다고 말할 수는 없다. 만일 유럽 전체의 백인들만을 기준으로 계산한다면 출생률은 더욱 하락할 것이다.[14] 저출산을 가속화시키는 또 다른 문제는 유럽인들이 결혼을 하지 않는다는 데 있다. 2001년 영국의 경우, 결혼한 부부는 50.9%였는데 2011년에는 그 수치가 46.6%로 나타났다. 처음으로 50% 이하로 떨어진 것이다. 반면에 이혼은 증가하였다. 2001년에 340만 명에서 2011년에는 410만 명이 이혼하였다. 이는 영국 인구의 9%를 차지한다. 반면에 결혼하지 않는 싱글은 1250만 명에서 1570만 명으로 늘어났다. 영국인의 3분의 1이 결혼하지 않는 셈이다.[15] 하지만 이슬람 인구는 1970년 이후 20년 사이에 4배로 성장했다. 이러한 수치는 향후 유럽이 저출산으로 인하여 인구가 줄어들 것을 감안하면 이슬람의 성장은 더 큰 비중을 차지할 것이다.[16]

4

유럽의 고령화 사회

ISLAM

유럽의 문제는 저출산 뿐만이 아니다. 고령화도 문제이다. 유럽 인구의 약 4분의 1이 60세 이상의 노인이다.[17] 고령화는 20세기 모든 선진국 경제의 공통적인 문제였다. 저출산으로 인하여 젊은이들은 줄어들고 노인 인구는 늘어난다. 현재 유럽은 4명이 한 명의 노인을 부양하고 있다. 대부분의 이민자는 18-34세로 젊은 편이며, 그들의 이민은 인구의 평균 연령을 낮추기 때문에 처음에는 4:1보다 조금 높은 비율을 보였다. 하지만 이를 유지하기 위하여 더 많은 이민자들이 필요하며 이는 총인구의 엄청난 증가를 야기한다. 그렇다면 이민자들이 노인이 되면 어떤 일이 발생할까? 답은 더 많은 이민이다. 4:1 비율을 유지하려면 영국의 인구는 2051년까지 1억 1900만 명이, 2100년에는 3억 300만 명의 인구가 필요하다. 이런 상황이 발생한다면 더 이상 영국은 문명화된 국가는 아닐 것이다.[18]

　　　　　　　　　　　　　　　이슬람과 유럽 문명의 종말

전형적인 제삼 세계에서는 14세 미만의 인구가 3분의 1이며, 65세 이상은 4-5%에 달한다. 하지만 유럽의 경우 낮은 출생률이 높아질 기미가 보이지 않고 고령 인구는 계속 늘어갈 것이며, 몇몇 연구에 의하면 2050년까지 이탈리아 인구의 40%가 60세 이상이 될 것으로 전망한다. 또한 유럽 전체 평균 연령은 현재 37세에서 52.3세로 높아질 것이다.[19] 그러므로 유럽은 외국인 이민자들이 지속적으로 들어와야 현재의 사회적 활동과 경제가 유지된다. 실제로 몇몇 유럽 국가들은 이민자 또는 이민자 후손의 인구가 25%까지 증가하였다. 1600만 명의 네덜란드 인구 가운데 300만 명의 인구가 이민자와 그의 후손들이다. 암스테르담과 헤이그 그리고 노틀담의 학생들의 3분의 2가 이민자와 그의 후손들이다. 이런 수치로 볼 때, 2050년이 되면 29%의 네덜란드 사람들은 최소한 한 명의 외국인 부모를 보유하게 된다. 또한 덴마크는 인구의 5분의 1이 이민자들이거나 그의 후손들이다.[20]

2부

유럽 이슬람의
성장 원인

ISLAM

—

유럽인들은 이슬람에 대해 잘 모르고 있다. 그들은 이슬람을 신경 쓰지 않아도 되는

쇠퇴해 가는 종교라고 생각한다. 하지만 이슬람은 유럽 문명을 상대했던

집요한 적이며, 과거에 유럽을 위협했듯이 미래에도 위협적으로 성장할 것이다.

나는 유럽에서 이슬람이 부활할 것이라고 믿으며, 우리의 후손들이

기독교 문화와 이슬람 문화 사이에서 끔찍한 투쟁을 할 것이라고 생각한다.

_ 프랑스 작가, 힐러리 벨렉Hilaire Belloc, 1870-1953

적어도 이민 초기에 무슬림 노동자들이 유럽 땅에서 평생 살 것이라고 생각한 유럽인들은 없었다. 유럽 인구의 5-10%가 무슬림 인구가 될 것이라고 걱정하는 사람도 없었다. 1970년대 후반 자크 시라크Jacques Chirac는 프랑스에서 200만 명의 이민자와 100만 명의 실업자가 발생하자 이민자들이 본국으로 돌아가면 실업 문제를 해결할 수 있을 것이라고 생각했다. 실제로 1983년부터 1984년까지 독일의 경제 공황 시기에 터키 노동자들이 자국으로 돌아갈 수 있도록 재정적인 지원을 하자 25만 명이 터키로 돌아갔다. 그러나 이러한 노력은 잠시 이민자의 성장을 늦추었을 뿐이었다. 또한 조국에서의 억압과 차별을 피하여 유럽으로 오는 난민들이 장기적으로 정착하기 시작하였다.

1
무슬림의 이민

ISLAM

2017년 한 해에 유럽 연합 전체 인구가 100만 명가량 증가함으로써 2018년 1월 1일 유럽 연합 총 국민 수는 약 5억 1260만 명으로 나타났다. 정확히 1년 전인 2017년 유럽 연합 전체 인구수는 5억 1150만 명이었는데, 1년 사이 인구가 증가한 이유는 바로 이민이었다. 2017년 유럽 연합 국민의 사망자 수(530만 명)는 출생자 수(510만 명)보다 더 많았기 때문에 인구가 감소해야 했지만 실제로는 인구가 늘어났다.[1]

유럽 경제는 노동 이민자들에 의하여 1970년 중반까지 번영을 누렸다. 1960년 네덜란드 경제 성장의 중심이었던 노트르담 인구의 절반은 무슬림이었다. 유럽 연합의 수도인 브뤼셀의 인구 중 20%가 무슬림이다. 프랑크푸르트 인구의 40%가 외국 여권을 가지고 다니는 이민자이며, 인구 8명 중 한 명은 터키인이고, 비엔나 인구

이슬람과 유럽 문명의 종말

의 20%가 무슬림이다. 1990년 이후에 두 배로 성장한 것이다.[2]

콜롬비아 대학교의 알렉산터 스틸Alexander Stille 교수는 자신의 연구에서 "장기적으로 보았을 때 노동력의 부족을 채우기 위하여 이민자를 불러들이는 것은 현실의 위기만을 극복하고자 하는 정치인들의 술수에 불과했다. 외국인 노동자들이 전담했던 직업들은 곧 없어질 직업들이었다. 북부 프랑스에 있는 리넨Linen의 대규모 방앗간들은 1960년대에 알제리 사람들에 의하여 가동되었다. 그러나 곧 사라질 직업이었다. 영국 북부 지역의 많은 방직 공장도 마찬가지였다. 많은 방직 공장들은 값싼 노동력을 찾아 아시아로 이전하면서 이민자들은 실업자가 되었다. 독일의 라인Rhine강과 루르Ruhr강이 만나는 지점에 형성된 도시인 뒤스부르크Duisburg에 터키 노동자들이 포함된 6만 4000명이 세 곳의 철강 공장에 근무하였고, 많은 노동자들은 광산에서 근무하였다. 광산업과 철강업이 쇠퇴하면서 이 지역에서 일하던 대다수의 노동자들은 실업자가 되었다."라고 주장하였다.[3]

당시의 방직 공장들은 한국으로 몰려왔고, 철강 산업 또한 한국의 포항제철이나 일본으로 이동하면서 더 이상 노동자들이 필요 없게 되었다. 문제는 노동자들이 정부에서 주는 실업 수당과 연금으로 생활하고 있다는 데 있다. 따라서 평균 19%의 유럽 사람들만이 이민자들이 자신의 나라에 좋은 영향을 끼쳤다고 답변했으며, 평균 57%는 이민자를 반대한다고 답변하였다. 자세히 살펴보면 이민자가 많은 나라일수록 반대가 많았다. 영국 사람들의 69%, 프랑스 사람들의 73%가 이민자를 반대한다고 답변했다.[4] 값싼 노동력을 필요로 해서 이민이 시작되었지만 시간이 흐르면서 그런 산업들이 제삼 세계로 이동하면서 이민 노동자들은 실업자가 되었으며, 그들을 위한 세금 지출로 인하여 현지 유럽인들과의 갈등의 골이 깊어감을 알 수 있다.

유럽은 현대 역사에서 최초로 이민자들의 대륙이 되었다. 서유럽의 3억 7500만 명 인구 가운데 약 4000만 명이 다른 나라 출신들이다. 대부분의 서유럽 국가에서 이민자와 그 후손들의 인구는 10%를 넘거나 그에 육박한다.

여기에서 한 가지 분명하게 해 두어야 할 사실이 있다. 유럽 연합 안에서 다른 유럽으로 이주하는 것을 이민이라고 하지는 않는다. 1985년부터 유럽 연합 안에 살고 있는 유럽인들이 자유롭게 이동하는 정책이 수립되었다. 예를 들어서 아일랜드 인구의 2%를 차지하는 6만 3000여 명은 폴란드에서 이주해 왔다. 이들은 이민이 아니고 같은 유럽 연합 안에서 직장을 구하기 위하여 이주해 온 것이다. 마치 캘리포니아에 살던 사람이 뉴욕으로 이사한 것을 이민이라고 하지 않는 것과 같다.

옥스퍼드 대학교의 인구 통계학자인 데이비드 콜만David Coleman 교수의 견해에 따르면 현재 영국이 이민을 완전히 중단시킨다고 해도 2050년이면 외국인 700만 명이 영국에 존재할 것으로 예상된다. 1년에 10만 8000명이 지속적으로 이민을 온다면 1600만 명의 외국인이 존재할 것이다. 그러나 영국은 2000년 후부터 10년 동안 약 50만 명의 이민자들을 받았다. 이는 영국 인구의 1%가 되는 숫자이다. 2050년 대부분의 유럽 국가들은 외국에서 태어난 인구가 전체 인구의 20-32%를 차지할 것으로 보인다.[5]

2

무슬림들의 다산

ISLAM

인터서브의 전 국제 대표 폴 밴더 새무엘은 2017년 1월 〈국민일보〉
와의 인터뷰에서 다음과 같이 말하였다. "유럽이 이슬람화되고 있
다는 말은 사실이 아니며 통계적으로 무슬림 이민자들은 시간이
지나면 유럽인처럼 출생률이 떨어진다." 그는 이어 "나는 영국에
살고 있는 영국인이다. 내 말을 믿어 달라. 영국은 전혀 이슬람화되
고 있지 않다."고 말했다.[6] 유럽인들은 폴 밴더처럼 이민자들의 빠
른 인구 증가는 곧 멈출 것이라고 믿는다. 그러나 지금 이 시간에도
영국인 무슬림 출산율이 눈에 띌 정도로 떨어질 조짐은 없다. 영국
국가통계청에 의하면 영국에 사는 파키스탄 출신 여성들은 평균
4.1명을, 방글라데시 여성은 3.9명을 출산하지만 영국인들은 평균
1.6명을 출산한다.[7] 영국 무슬림 위원회MCB가 보여 주는 인구 출산
수치에 의하면 앞으로 60년이 지나도 파키스탄과 방글라데시 그리

고 다른 무슬림 공동체의 출산율은 떨어지지 않는다.[8] 이는 전 세계 이슬람권에서 일어나는 일이다. '인구 통계학적인 변화' 이론에 따르면 사람들이 부유해지기 시작하면 자녀를 많이 낳지 않게 된다. 실제로 이런 일이 발생하기도 하였다. 1960년대 후반에서 1970년대 초반 사이에 케냐와 우간다에서 영국으로 이민 온 '아프리카 인도인'의 출산율은 영국 현지인의 출산율과 비슷하게 된 예가 있다. 그러나 이슬람권에서 이민 온 이민자들의 경우는 이와 많이 다르다.[9]

첫째 이유는 이슬람의 예언자 무함마드의 설교에서 찾을 수 있다. 그는 "자녀를 많이 낳아서 이슬람을 번성케 하라."Abu Dawood, Nisai and Hakim 또한 "결혼하라. 그리하면 내가 많이 낳게 할 것이다."Ibn Majah(1:599)[10] 라고 하였다. 따라서 이슬람에서는 일반적으로 피임을 하지 않으며, 결국 이슬람 인구는 증가한다.[11] 이슬람을 가장 체계적으로 정리한 사상가로 알려진 마우라나 마우두디Maulana Maududi는 1943년에 저술한 그의 책《산아 제한Birth Control》에서 이슬람에서 피임과 낙태를 반대하는 이유를 설명하고 있다. 이 책에 의하면 무슬림들은 피임과 낙태를 알라의 창조 질서를 무너뜨리는 것으로 간주한다. 그 근거는 꾸란에 "알라가 창조하신 질서를 무너뜨리고 사탄을 선택하는 자들은 큰 손해를 보게 된다."(꾸란 4:119)고 되어 있기 때문이다.[12] 두 번째 이유는 유럽에서 시행 중인 출산에 대한 탁월한 복지 제도 때문이다. 무슬림들은 실업률이 높기에 이러한 혜택은 유럽 생활에서 경제적으로 크게 도움이 된다. 따라서 유럽 무슬림의 저출산을 기대하기는 어렵다. 지역마다 무슬림의 출산율이 낮은 곳도 있지만 다른 종교를 가진 여성들보다는 많이 낳는다. 오스트리아 가톨릭 여성의 출산율은 1인당 1.32명이고 개신교는 1.21명이다. 종교가 없는 무신론자들은 0.86명이었다. 그러나 무슬림 여성은 평균 2.34명이었다. 비엔나인구통계연구소VID에 따르면 2050년 15세 이하의 오스트리아인들은 무슬림이 되고, 오스트리아인 대다수가 무슬림이 될 것이다. 벨기에에서는 무슬림의 출생률이 벨기에인들보다 2.5배 높다. 벨기에의 수도 브뤼셀에는 25%가 외국인이며, 남자 아이들의 이름 가운데 가장 많은 이름은 무함마드, 아담, 라이언, 아윱, 메헤디, 아민 그리고 함자이다.[13] 여기에 있는 이름 가운데 라이언Rayan 하나를 제외하고 모두 이슬람 이름이다. 영국 통계청 자료에 따르면 2014년 영국에서 출생 신고된 남자 아기들의 이름 가운데 가장 많은 이름은 무함마드Muhammad와 그 변형으로 집계되었다. 무함마드는 2008년부터 가장 많은 남자 아기 이름 1위였다. 여자 아기의 경우 아멜리아Amelia(5328명)라는 이름이 2011년 이후 가장 많았다. 이 또한 이슬람 이름이다.[14] 덴마크의 국회 의원 모텐Morten Messerschmidt은 "20년은 아니더라도 최소 30-40년 안에 유럽의 대다수는 무슬림이 될 것이다. 그것은 유럽 문명의 종말을 의미한다."[15]고 하였다. 지금까지 살펴본 것처럼 유럽인들은 자녀를 많이 낳지 않고 결혼도 줄어들고 있지만 무슬림들은 이슬람의 교리에 따라 자녀를 많이 낳고 그로 인하여 사회 보장 제도의 혜택을 받기 때문에 시간이 지날수록 유럽 인구는 줄어들고 이슬람 인구는 많아지게 된다. 이렇듯 이슬람이 증가하는 가장 큰 이유는 생물학적인 원인이라는 것을 알 수 있다.

유럽은 근대화로 인하여 높은 이혼율과 낮은 결혼을 보이고 있고, 온라인 도박과 무질서한 성 문화 등이 일반화되었다. 그러나 유럽에 온 무슬림들은 이러한 문화를 혐오스럽게 바라보고 있다. 필자가 만난 영국의 중산층 무슬림들은 자기 자녀들이 유럽의 타락한 문화에 물들지 않게 하기 위하여 이맘을 초대하여 꾸란을 암송하는 과외를 시키고 있기도 했다. 무슬림 가정에서는 어려서부터 꾸란을 암기하는 것을 가족들의 자랑으로 여기며 이것이 건전한 문화라는 생각이 지배적이다. 이렇듯 유럽에 온 무슬림들은 또 하나의 사명감이 추가되었다. 바로 유럽의 타락한 문화에 자녀들을 맡기지 않겠다는 것이다. 이러한 현상은 유럽의 이슬람 사회 안에도 전반적으로 퍼져 있다.

3
무슬림의 결혼 제도

ISLAM

꾸란에 의하면 무슬림 여성은 무슬림 남성과 결혼해야 한다.(꾸란 2:221)[16] 반면에 무슬림 남성은 무슬림 여성, 유대인 여성, 기독교인 여성과 결혼할 수 있다.(꾸란 5:5)[17] 또한 꾸란은 독신주의를 허락하지 않는다. (꾸란24:32)[18] 이슬람 방식의 결혼은 유럽과 많이 다르다. 이슬람에서는 결혼을 부모가 주선한다. 독일 가족부에 따르면 독일에 살고 있는 터키 여성의 경우 결혼하기 전까지 상대방에 대하여 잘 알지 못하거나 사촌과 결혼하는 일이 가장 흔하다. 독일 내무부에 따르면 터키계 독일인들은 배우자를 터키에서 데리고 온다. 지난 몇 년 동안 2만 5000명(3분의 2가 여성)이 터키 영사관에 결혼 비자를 신청하였다. 1980년 중반부터 법적으로 독일에 온 여성들은 가족 재결합의 명분으로 그녀의 가족들까지 이민을 신청할 수 있게 되었다. 이로 인하여 연쇄 이민이 쇄도하였고, 불법 이민자

이슬람과 유럽 문명의 종말

를 철저하게 막았음에도 불구하고 터키 이민 인구는 증가하였다. 유럽 전역에서 비슷한 상황이 벌어지고 있다. 최근 영국 옥스퍼드 내 파키스탄 공동체에 대한 연구에 따르면 파키스탄 무슬림의 70-71%는 파키스탄에서 온 사촌과 혼인했다.[19] 프랑스에서 결혼을 통하여 이민 오는 숫자는 1990년 2만 3000명에서 2004년 6만 명으로 증가했고, 시민권을 신청한 78%가 가족들과 관련된 신청이었다. 덴마크에서 터키와 파키스탄 이민 1, 2, 3세대의 다수가 본국에서 결혼 상대자를 찾고 있었다. 터키 출신들의 90%는 본국에서 배우자를 데리고 왔다.[20] 또한 유럽 현지인과 결혼을 했을 경우에도 무슬림 남성은 꾸란에 따라서 무슬림 여성, 유대인 여성, 기독교인 여성과 결혼할 수 있기에 유대인이 많지 않는 유럽에서 대부분 기독교 여성과 결혼을 한다. 그리고 그 사이에 자녀를 낳으면 자녀는 아버지의 종교를 따르는 것이 이슬람법이기에 시간이 갈수록 이슬람 인구는 늘어간다.

영국 기자 시브 말릭Shiv Malik에 의하면 "영국에서 이슬람 원리주의가 성장하도록 돕는 것 가운데 하나가 바로 결혼이다. 이슬람에서 가장 중요한 원칙 가운데 하나는 무슬림이 인종이나 민족으로 분리되어서는 안 된다는 것이며 모든 무슬림은 하나라는 것이다. 따라서 무슬림들이 사촌들과 결혼하는 것이 이를 위한 가장 좋은 방법이다."[21]라고 하였다.

2001년도 영국 인구 조사에 따르면 어린 무슬림 여성들은 눈에 띄게 빨리 결혼하며 더 많은 자녀를 낳고, 다른 이민자 그룹보다 더 일찍 출산하는 것으로 나타났다. 16-24세의 무슬림 여성들 중 16%가 결혼했는데 국가적 평균은 3-4%이다. 신앙과 민족을 떠나서 결혼과 빠른 출산은 어린 여성들의 교육과 직업을 구하는 데 장해물이 된다. 부부 중 한쪽만 일하는 가정이 맞벌이 가정보다 상대적으로 가난하다. 통계 자료가 인종적, 종교적 그룹 간에 확연한 차이를 보여 주며 무슬림의 사회 경제적 지위가 다른 그룹에 비해서 뒤쳐져 있다고 단언할 수 있다.[22]

4
현지인들의 무슬림으로의 개종

ISLAM

이슬람의 세계관에서는 세상을 이분법적으로 이슬람의 집Dar al-Islam 과 전쟁의 집Dar al-harb 혹은 불신자의 집Dar al-kufr으로 나누는데 그들은 유럽의 문화와 문명을 '비이슬람적'이라고 비난하고 유럽에 정착한 무슬림들이 유럽인들과의 통합을 거부해야 한다고 보았다. 그들은 유럽의 기술과 산업 문명은 수용하지만 이슬람의 입장에서 서양 문명이 가지고 있는 죄와 악에 대해서는 거절하였다. 영성과 물질적 문명을 이분법적으로 구분하여 선별적으로 접근한 것이다. 또한 유럽인들을 적대적인 대상으로만 보는 것이 아니라 이슬람으로 개종할 대상Dar al-da'wa으로 보고 이슬람화될 수 있는 가능성 있는 땅으로 보아야 한다는 시각이 우세해졌다. 이슬람의 우월성을 믿는 무슬림들은 유럽에 거주하는 이유가 궁극적으로 유럽인들을 이슬람으로 개종시키는 데 있다고 믿는다. 이들은 비무슬림들에게 이슬람을 전파할 의무가 있다고 믿으며 유럽인들에게 전투적으로 이슬람을 전파한다.[23] 영국의 백인 무슬림은 21만 260명이다.[24] 과거에 영국은 인구 조사를 할 때 종교를 묻지 않았다. 그러나 2001년 인구 조사부터 종교 문항을 포함하기 시작했다. 최근 자료에 의하면 매년 평균 5200명이 이슬람으로 개종하고 있다. 영국에서 이슬람으로 개종하는 사람의 3분의 2가 여성인데 이들은 결혼 때문에 개종하는 경우가 많았다. 일부는 영국 사회에 환멸을 느껴서 개종하는 경우도 있고, 공동체가 주는 소속감을 찾아서 이슬람을 택하기도 한다.[25] 독일 무슬림 인구 가운데 약 10만 명은 게르만계 독일인이다.[26] 독일에서 1년에 약 4000명이 이슬람으로 개종한다. 이탈리아에서는 약 5만 명의 이탈리아인들이 이슬람으로 개종했고,[27] 이탈리아 여성과 무슬림 남성 간의 결혼도 2006년 조사에 의하면 전년 대비 10% 늘어난 2만 건에 이른다. 이에 대하여 바티칸 이주 노동자 사목 담당인 하마오 후미오C.S.Fumio Hamao 추기경은 "무슬림과 결혼할 경우 이탈리아나 다른 유럽에 살 때는 별문제가 없지만 남편의 고향인 이슬람 국가에 정착하면 여성의 의지와 상관없이 이슬람으로 개종할 것을 강요받는 경우가 많다."면서 이탈리아 여성과 무슬림 남성과의 결혼에 우려를 표명하고 나섰다. 또 이탈리아 주교회의 의장 루이니 추기경도 "무슬림과 결혼해서 가정을 꾸린 사람 가운데 자녀들의 정체성이나 교육 방식의 차이 등으로 고심하는 사례가 많다."고 언급했다.[28] 2012년 조사 결과에 의하면 프랑스에서는 매년 4000명이 이슬람으로 개종하고 있다고 〈르 파리

지앵Le Parisien〉이 보도하였다. 이 기사에 따르면 매년 가톨릭으로 개종하는 사람은 2900명인데 비해 이슬람 개종자는 4000명에 달한다. 프랑스의 이슬람 개종자는 8-10만 명에 달한다. 대부분 기독교 문화에서 성장한 청년들이라고 분석했다. 이슬람 사원은 예전에는 개종자들을 무조건 수용했지만 지금은 신앙심을 확인하고 교육도 강화하고 있다.[29]

노르웨이에서는 이슬람으로의 개종자들이 1990년대 말 약 500명에서 2015년까지 약 3000명으로 증가했다. 노르웨이 인구가 적기 때문에 성장률이 상당히 높은 것이다. 노르웨이의 이슬람 전문가이며 오슬로 대학교의 종교학 교수인 커리 보그트Kari Vogt는 "새로운 젊은 개종자들은 대부분 종교 또는 사회적 대안으로서 이슬람에 관심을 갖는 개인이다. 이슬람은 광범위한 삶의 스타일에 대한 지침이 있으며 선교적인 종교이다."라고 하였다.[30] 유럽의 개종자들이 일반 무슬림에 비하여 과격해지는 경우가 많이 있다. 2013년 5월 22일 영국 왕립 공병대에 속한 현역 영국 군인인 럭비Lee Rigby는 부대에서 퇴근하는 길에 두 명의 영국인 무슬림에게 기습적으로 공격을 받고 살해당했다.[31] 그들은 럭비를 차로 들이받은 후 30-40cm 길이의 마체테(날이 넓은 벌채용 칼)와 식칼로 찌른 뒤 끌고 다니다가 길가에 버려두었다. 런던에서 영국 군인을 살해한 이들은 마이클 아데볼라요Michael Adebolajo(29세)와 마이클 아데보웨일Michael Adebowale(22세)이었다. 그들은 자신을 알라의 군인으로서 이슬람 형제들에게 피해를 준 영국 군인에게 복수하기 위하여 살해하였다고 주장했다. 그런데 그들은 모두 흑인으로서 기독교 가정에서 자랐는데 아데볼라요는 2001년에, 아데보웨일은 2005년에 이슬람으로 개종하였다.[32]

그렇다면 유럽인들이 이슬람으로 개종하는 이유는 무엇일까? 그들이 개종하는 이유는 첫째, 무슬림들의 열성과 그들의 실천적인 신앙 때문이다. 둘째는 이슬람의 교리가 단순하고 쉽기 때문이다. 예를 들어 기독교 교리(성육신, 그리스도의 속죄, 구속, 삼위일체, 원죄 등)처럼 어려운 내용이 없으며 복잡하지 않다. 셋째, 공동체에 속하고 싶다는 욕구 때문이다. 유럽의 문화는 개인주의가 강하지만 이슬람은 대가족 중심이기에 가족 사이의 유대가 강하다. 이러한 문화가 매력적으로 다가왔던 것이다.

1990년대부터 영국에서 흑인들이 무슬림으로 개종하는 숫자가 급격히 증가하고 있다. 영국 흑인 사이에 기독교 다음으로 많은 종교가 이슬람이다. 흑인의 50%가 거주하는 런던에서 13%가 무슬림이며, 영국 전체 무슬림의 7%가 흑인이다. 영국 무슬림의 3분의 1은 중동이나 아시아인이 아니다.[33] 시간이 지날수록 많은 흑인들이 이슬람으로 개종하고 있다.[34] 흑인 기독교인들이 이슬람으로 개종한 이유는 첫째, 흑인들이 영국에 도착했을 때 영국 교회는 인종 차별적 태도를 취하였기 때문이다. 둘째로는 이슬람이 영국의 교도소를 선교의 장으로 활용하였다는 데 있다. 무슬림들은 그들을 돌보아 주었다. 세 번째 이유는 노예 제도에 대한 반성 없는 교회의 태도에 있다. 네 번째 이유는 흑인들에 대한 무슬림의 관심과 흑인들의 종교가 원래 이슬람이었다는 무슬림들의 주장이 그들에게 매력적으로 다가왔기 때문이다.

2000년부터 2016년까지 중반까지 유럽 무슬림의 증가(60%)는 이민으로 인한 증가였다. 이민으로 인해 약 350만 명의 인구가 증가하였다. 또한 이 기간에 약 16만 명이 다른 종교에서 이슬람으로 개종하였는데 이는 이슬람 인구 성장에 영향을 미쳤다.[35]

무슬림 난민들

ISLAM

난민이란, 사람들을 인위적으로 모아놓은 집단이 아니다. 그들은 폭력과 부패로 얼룩진 사회의 산물이다. 전쟁과 테러 등 다양한 원인으로 인하여 난민들이 발생했고, 이것이 망명으로 이어졌다. 2003년에는 이란, 이라크, 소말리아, 터키 동부 등 이슬람 세계에서 난민이 발생하였다. 미국이 이라크를 침공할 당시에는 몇 만명의 이라크인들이 난민이 되어 스웨덴으로 망명하였다. 이로 인하여 스웨덴은 20만 명에서 40만 명으로 이슬람 인구가 급증하였다.[36] 2006년 유엔 난민 고등관에 따르면 전 세계에 920만 명의 난민이 망명 신청을 하였다. 2001년에 많은 난민 망명을 받아들인 덴마크는 3년 후에는 신청자 중 10분의 1 정도만 망명을 허락해 주었다. 유럽 국가 중에서 극히 소수의 국가만이 망명이 거부당한 사람들을 본국으로 돌려보내고 있다. 망명이 거부당했음에도 불구하고 그 나라에 불법으로 체류하고 있는 사람들은 80%에 육박한다.[37] 영국에 망명을 신청하는 사람들의 숫자는 1982년 4223명에서 2002년 11만 700명으로 증가했다. 너무 많은 망명자들로 인하여 신청이 거절된 25만 명의 망명자들이 1998년부터 2003년 사이에 영국에서 불법 체류하고 있다. 2002년 영국에 망명을 신청한 11만 700명 가운데 17.5%가 이라크인이었고, 8%가 아프가니스탄, 7.5%가 소말리아인이었다. 망명자의 대부분은 이슬람 국가 출신들이다.[38] 최근에는 이슬람 국가IS로 인하여 발생한 난민들이 유럽으로 몰려오고 있다. 이로 인해 유럽은 제 2차 세계 대전 이래 가장 어려운 문제에 봉착했다. 2017년까지 독일에 약 141만 명, 프랑스에 40만 명, 이탈리아에 35만 명, 스웨덴에 33만 명, 오스트리아에 17만 명의 난민들이 정착하였다.[39]

퓨 리서치에 따르면 유럽 내 불법 이민자는 2014년 300-370만 명, 2015년 330-490만 명, 2016년 410-530만 명으로 꾸준히 늘어났다. 2015년부터 2016년 사이에 불법 체류자가 늘어났는데, 그 이유는 유럽 연합에 망명을 신청하는 이들이 130만 명에 달했기 때문이다. 이들 중에 일부는 난민 인정을 받지 못하고 불법 체류자가 되었다. 불법 체류자의 70%는 독일과 영국 이민자의 절반을 차지했으며, 그 외에 이탈리아나 프랑스에 살고 있다. 독일에 사는 불법 체류자는 2017년 기준 100-120만 명으로 유럽 국가 중 1위를 차지하였다. 영국에는 80-120만 명의 불법 체류자가 있다. 유럽 불법 체류자의 절반 이상이 남성이었고, 65%는 35세 미만으로 집계되

었다.[40]

이탈리아 정부 통계에 의하면 2019년에 1만 960명의 난민들이 지중해를 건너서 이탈리아로 들어왔는데 이는 2018년보다 절반으로 줄어든 숫자이다. 그 가운데 1000명 이상이 지중해를 건너다가 사망한 것으로 밝혀졌다. 또한 9만 5000명의 난민들이 이탈리아 난민 캠프에 머무르고 있다.[41]

쿠웨이트, 바레인, 카타르, 아랍에미리트, 사우디아라비아, 그리고 오만 6개국으로 구성된 걸프협력회의GCC 국가들은 단 한 명의 시리아 난민도 받지 않았다. 물론 에리트레아, 나이지리아, 방글라데시, 파키스탄 출신의 난민들에 대한 정책도 관대하지 않다. 2015년 9월 3살 된 시리아 난민 소년 아일란 쿠르디Aylan Kurdi의 시신이 터키 해변에 밀려온 뒤, 쿠웨이트의 고위 공무원인 파하드 알 살라미Fahad al-Shalami가 '프랑스 24시'와의 인터뷰에서 걸프 국가들이 왜 시리아 난민의 망명을 거절하는지 그 이유를 설명하였다. "쿠웨이트와 걸프 국가들은 물가가 비싸서 근로자들에게는 적합하지만 난민들이 살기에 적합하지 않다. 교통비도 비싸다. 쿠웨이트는 생계에 들어가는 비용이 레바논이나 터키에 비하여 많이 든다. 그러므로 난민들이 (그곳에 머물도록) 돈을 지불하는 것이 훨씬 쉽다. 결국 우리와 다른 사람들을 받아들이는 것은 옳지 않다. 내부의 스트레스와 외상으로 고통받는 사람들을 우리나라 사람들은 원치 않는다."[42]

사우디아라비아는 메카의 성지 순례에 참석하는 난민 순례자들을 위하여 세워지는 에어컨이 설치된 10만 개의 텐트 사용도 거부하였다. 2015년 위기의 절정에서 사우디아라비아의 킹 살만King Salman 국왕은 단 한 명의 난민도 받을 수 없다는 것을 분명히 하는 대신에 독일의 새로운 이민자를 위하여 200개의 새로운 모스크를 지어 주겠다고 제안하였다.[43]

미국의 퓨 리서치의 조사에 의하면 2016년 기준으로 유럽의 무슬림 인구(현재 유럽 연합에 속한 28개 국가와 노르웨이 및 스위스 포함)는 2580만 명으로 추정된다.[44] 그러나 이 수치는 매우 보수적인 계산이며, 3, 4대 무슬림들은 포함시키지도 않았다.

3부

서유럽과
북유럽의 이슬람

ISLAM

—

유럽의 인구 성장률을 보라. 무슬림 인구는 모기처럼 증가하고 있다.
서유럽의 여성들은 평균 1.4명의 자녀를 낳고, 서유럽의 무슬림 여성들은
평균 3.5명을 낳는다. 2050년 유럽 인구의 30%는 무슬림이 될 것이다.

_ 노르웨이의 이슬람 이맘, 물라 크레카Mullah Krekar

1
영국의 이슬람

ISLAM

영국에 이슬람 사람들이 살게 된 것은 19세기부터였다. 당시 오스만 제국의 항해사들과 무역 상인들이 영국을 자주 방문하였고, 그중 일부는 영국에 정착하여 살았다. 1881년 인구 조사에 따르면 머지사이드Merseyside에 8명의 이집트인과 44명의 터키인이 살고 있었다. 인도 무슬림들은 19세기 초반에 영국으로 들어왔다. 1840년대 인도인들은 영국의 지배가 지속될 것으로 생각하고 중상위층 인도 학생들을 런던과 스코틀랜드 대학교로 유학을 보냈다. 유학생의 숫자는 1845년 4명에서, 1890년 207명, 1910년 700명으로 증가했다.[1] 1911년 인구 조사에 따르면 당시 약 700명의 무슬림이 영국에 살고 있었다. 1930년 웨일즈의 수도 카디프Cardiff에 거주하는 아랍, 소말리아, 인도 및 이집트 인구는 1800명 정도였다.[2] 1940년 초반에는 2500명에서 3000명까지 증가했다. 1951년 영국에는 백인

이 아닌 국민이 2만 명도 되지 않았다. 1961년 영국의 무슬림 인구는 5만 명이었다. 이들은 영국 인구 전체의 약 0.01%였고 전국에 모스크는 7개뿐이었다. 그러나 2011년 인구 조사에 의하면 무슬림 인구는 약 5000배나 성장하였다.[3]

1945년 이후 영국은 부족한 노동력을 해결할 필요가 생겼다. 특히 교통 분야와 국민 건강 서비스NHS 인력이 필요하였다. 결국 영국은 1948년 제정된 국제법British National Act에 의해 이전에 대영제국이었던 곳(현재의 영연방 국가들)에서 이민자를 받기 시작하였고, 그 결과 1950년 초 1년에 몇 천 명의 외국인들이 영국으로 유입됐다. 1950년이 저물 무렵 이민자 수는 몇 만 명으로 늘어났고, 1960년대에 이르러서 그 숫자는 10만 단위로 늘어났다. 영국은 더 이상의 이민자 증가를 막기 위해 1962년 이민자들을 귀국하도록 설득하는 영연방 이민자법Commonwealth Immigrants Act을 제정했으나 이는 오히려 이민자들이 자신의 고향에 있는 친척들을 불러들이는 역효과를 가지고 왔다. 무슬림들은 이 법이 시행되면 더 이상 이민을 올 수 없다고 생각했던 것이다. 대규모의 이민을 허용할 계획이 없었던 영국은 많은 사회적 문제에 직면할 수밖에 없게 되었다. 그중 하나가 인종 간의 충돌이었다. 이민자들과 백인들 사이에서 폭동이 일어났던 것이다. 이 문제를 해결하기 위하여 국회는 1965년, 1968년, 1979년 인종 관련법들을 제정하여 '피부색, 인종, 국가' 차별을 불법으로 정의했다. 이민자를 처음 받아들이던 1948년 당시 인종 관련법이 준비되지 않았다는 사실을 고려해 볼 때 그 누구도 영국으로 오는 이민자로 말미암아 불쾌한 결과가 초래되리라고는 예상하지 못했다는 사실을 짐작할 수 있다. 1968년 4월 갤럽에서 실시한 여론 조사에 의하면 영국인의 75%가 이민에 대한 규제가 엄격하지 못했다고 생각했다. 이 숫자는 곧 83%로 상승하였다.[4]

이 무렵 보수당의 예비 내각Shadow Cabinet 장관을 역임하고 있던 국회의원 이녹 파월Enoch Powell이 등장한다. 당시 미국에서 마르틴 루터 킹Martin Luther King Jr이 암살되자 각 도시에서 인종 폭동이 발생했는데 그 2주일 후인 1968년 4월 20일 이녹 파월은 버밍햄의 미들랜드 호텔에서 영연방 국가로부터 들어오는 이민자에 대하여 다음과 같이 연설하였다. "이민자들은 구성원들을 결속하고 영국인들과 맞서는 선동 및 반대 운동을 할 것이며, 무지하고 잘못된 정보를 제공받을 뿐 아니라 각종 무기를 사용하여 국민들을 위협하고 지배하기 위한 조직을 만들 것이다. 영국의 미래를 전망할 때 불길한 예감이 든다." 또한 "우리가 미쳤나보다. 말 그대로 미쳤나보다. 영국은 미래의 인구 성장에 중심이 될 이민자들을 1년에 5만 명씩 받아들였다. 이것은 우리 스스로 우리의 무덤을 판 셈이다. 나는 고대 로마인들이 말했듯이 티베르 강이 피로 물드는 것을 보는 것 같다." 파월은 로마 건국의 시조 아이네아스의 서사시에서 시인 버질Virgil이 묘사한 '피로 물든 티베르 강을' 언급한 것이다. 이 연설로 인하여 그는 다음 날 보수당 각료직에서 해임되었다.

그러나 그는 이에 멈추지 않고 6개월 후 런던 로터리 클럽에서 더욱 불길한 연설을 하였다. "만일 이민이 지금처럼 지속된다면 요크셔Yorkshire, 미들랜드Midland 그리고 영국의 모든 도시와 마을이 아프리카-아시아 사람들로 가득 찰 것이다. 영국의 몇몇 도시는 워싱턴의 빈민가처럼 될 것이다. 이민으로 인하여 영국인들이 자기가 고향이라고 생각한 마을과 도시를 떠나게 될 것이며 나는 영국인들이 이를 견디기 힘들어할 것이라고 생각한다."고 하였다. 파월이 로터리 클럽에서 인구 통계학적인 사실을 거론했을 때 사람들은 그를 비웃었다. 그러나 그의 예측은 사실로 드러났다. 파월은 당시 "지금 영국 이민자는 100만 명도 안 되지만 2002년에 450만 명으로 늘어날 것"이라고 전망했다.(인구 조사에 따르면 2001년 영국의 이민자는 463만 5296명으로 집계되었다.) 파월은 1970년 대선 연설에서 울버햄튼Wolverhampton 사람들에게 버밍햄Birmingham의 5분의 1, 런던의 4분의 1이 이민자들과 그들의 후손이 될 것이라고 말했다.(2001년 인구 조사에 따르면 울버햄튼의 22.2%, 버밍햄의 29.6%, 런던의 34.4%의 사람들이 이민자들이었다.)[5]

2008년 영국 BBC방송은 파월의 경고 이후 40년 만에 영국 국민들의 인식 변화를 알아보기 위하여 여론 조사를 실시하였다. 조사 응답자 가운데 70%는 영국인과 이민자 사이에 높은 긴장이 존재한다고 생각했고, 63%는 영국 내 인종 간에 폭력 사태를 초래할 것이며, 60%는 이민자가 너무 많다고 대답했다. 다보스 세계 포럼을 위해 실시한 비슷한 여론 조사에서는 상당수 유럽인들이 평소 만나는 무슬림들로부터 위협을 받을까 두려워한다고 밝혔다.[6] 이녹 파월은 외국인 인구 증가에 대해 통계까지 비슷하게 맞추었지만

이슬람과 유럽 문명의 종말

이민자들 가운데 무슬림 인구가 다수를 차지할 것으로는 전망하지 않았던 듯싶다. 그는 이슬람의 존재를 언급한 적이 없었다.

2016년 영국 무슬림 비율은 총인구 6400만 명 가운데 6.3%로 410만 명이 넘는다.[7] 그러나 불법 체류자로 인하여 그 비중은 더 클 것으로 대중들은 인지하고 있다. BBC방송에서 영국에 불법 체류자가 몇 명이냐는 기자의 질문에 영국 내무부장관 데이비드 브런켓David Blunkett은 "잘 모른다. 내무부 장관이 불법 체류자가 몇 명인지도 모른다는 사실이 내일 신문에 보도되겠지만 나와 정부의 그 어느 누구도 그 답을 모른다."고 답변하였다.[8] 유럽은 불법 체류자들에 대한 제도가 마련되어 있지 않다. 유럽에는 한국처럼 주민 등록증이 없다. 나아가 지문을 찍는다든지 하는 일은 인권에 위배 된다고 보기 때문에 실제 인구 조사도 어렵다. 국민이라는 것을 증명하는 방법은 여권 혹은 운전면허증과 의료등록증 정도이다. 영국에서 이슬람 인구가 가장 빠르게 성장하고 있는 곳은 런던의 타워햄릿Tower Hamlet과 뉴햄Newham인데 두 지역에서만 지난 10년 사이 20%의 인구가 증가하였다. 이 지역은 2011년 인구 조사에서 응답률이 가장 낮았던 곳으로 인구의 5분의 1이 조사 서류를 반송하지 않았다. 이 모든 것들을 종합해 볼 때, 이슬람 인구에 대한 조사 결과는 실제보다 적다는 사실을 알 수 있다.[9] 또한 2011년 인구 조사 응답자 중 7%가 본인의 종교를 밝히지 않았다. 비공식적으로 이슬람 인구는 영국 인구의 10%에 가깝다고 추산한다. 이는 약 600만 명에 해당하는 숫자이다. 옥스퍼드 대학교의 싱크 탱크인 이민 연구소the migration observatory의 데이비드 콜먼David Coleman 통계학 교수가 2011년 이슬람 인구에 대한 연구를 바탕으로 2013년에 내놓은 연구에 의하면 현재의 이민 추세로 계속 간다면 2060년에는 영국에서 백인 영국인이 소수 민족이 될 것이다. 현재의 무슬림 인구와 출산율에 근거하면 2030년 무슬림 인구는 영국 총인구의 약 15%에 이르고, 2050년에는 50%가 넘는다는 것을 의미한다.[10]

그렇다면 이처럼 많은 무슬림 이민자들이 어떻게 영국에 들어오게 되었는지 살펴볼 필요가 있다. 1997년과 2010년 사이는 노동당이 집권하면서 토니 블레어Tony Blair와 고든 브라운Gordon Brown이 수상으로 재임하던 시기이다. 노동당이 개방된 이민 정책을 시행하면서 다문화주의가 활발하게 일어났다. 토니 블레어의 연설문 작성자이자 정책에 관여했던 앤드류 니더Andrew Neather에 의하면 "좌파인 노동당 정부는 대규모 이민을 통하여 다문화 사회를 조성하고, 그 다양성을 통하여 우파들을 낡은 정치 세력으로 만듦으로써 사회를 바꿀 수 있는 기회로 삼으려 했다."고 하였다. 이런 정책은 이민자들이 노동당을 지지할 것이라는 믿음에서 시작되었다. 노동당이 정권을 잡았을 때 가장 먼저 했던 일은 보수당이 주도하여 1993년 제정했던 이민 기본법의 폐지였다. 이 법은 기본 목적법Primary Purpose Law으로서 새롭게 영국 시민권을 받은 방글라데시와 파키스탄인들이 이민법에 반하면 가족이나 배우자를 본국에서 데리고 올 수 없는 법이었다. 이 법이 1997년에 폐지되자 이민자의 가족들과 배우자들의 대규모 이동이 시작되었으며, 그 결과 이후

10년 동안 영국의 파키스탄과 방글라데시 인구가 50%나 증가하였다. 노동당의 지도자인 에드 밀리밴드Ed Miliband가 공식 석상에서 당시 노동당의 이민 정책은 실수였다고 말하던 다음 날 당시 런던 시장이었던 보수당의 보리스 존슨Boris Johnson은 영국 일간지 〈텔레그라프Telegraph〉에 쓴 그의 칼럼 '이민을 생각하지 말고 통합의 씨앗을 뿌리자'에서 노동당이 이민을 많이 받아들인 이유에 대하여 "모든 것이 계산된 정치적 사안이었다. 바로 보수당을 고립시키기 위해서였다."라고 주장했다. 무슬림 이민자들이 압도적으로 노동당에 투표할 것이기에 비밀스럽고 계획적으로 진행되었다는 것이다. 이어 그는 이슬람이 공식 국가 종교로 기독교를 대체할 것이라고 주장하며 노동당은 영국의 미래보다 표에만 관심이 있었다고 비판했다.[11] 영국 국가 통계청Office National Statistics의 공식 자료에 의하면, 1991년 영국에 사는 무슬림 인구는 110만 명이었고, 2001년에는 160만 명, 2011년에는 270만 명이었으므로 영국 무슬림 인구수가 2001년과 2011년 사이에 거의 두 배 이상 성장했다는 것을 알 수 있다. 이것은 영국 사회의 다른 면보다 10배나 높은 증가율이다. 영국 내 무슬림의 68%는 남아시아 출신들이다. 그중 파키스탄이 가장 많은데 전체 무슬림의 43%였으며, 방글라데시인들이 17% 그리고 인도인들이 8%이다. 7%는 흑인들이며, 12%는 백인들이다.[12] 대부분의 무슬림이 잉글랜드에 살고 있지만 스코틀랜드에도 거주한다. 스코틀랜드 지방 정부Scottish Office에 따르면 스코틀랜드 외국인의 61%가 무슬림이다.[13]

이슬람 인구가 증가하면서 이슬람 지역에 존재하던 다양한 논쟁들이 영국으로 옮겨졌고, 무슬림과 비무슬림 사이의 갈등이 확산되기 시작하였다. 무슬림과 영국인들 사이에는 '알라'에 대한 신성모독이나 이슬람 문화적인 요소들과 함께 샤리아 법률과 같은 실제적인 문제들이 발생하였다. 이슬람과 영국 문화의 공존 가능성에 의구심이 들기 시작하였고 영국 전역에 걸쳐서 사회적 불안감을 야기하는 요소로 자리 잡았다.

그 첫 번째 사건은 1988년 인도계 영국인 작가 살만 루시디Salman Rushdie가 《악마의 시The Satanic Verses》라는 작품을 발표하면서 시작되었다. 《악마의 시》가 출판된 지 1년 후인 1989년 살만 루시디에 대하여 이란의 최고 지도자 호메이니Ruhollah Khomeini는 궐석재판에서 사형을 선고하였다. 죄목은 루시디가 그의 소설 《악마의 시》에서 예언자 무함마드를 불경하게 묘사했다는 것이다. 루시디의 책을 불태우는 시위가 영국 브레드포드Bradford와 올드햄Oldham에서 일어났고, 과격한 시위는 이슬람 국가 전역에서 발생하였다. 이는 1930년대 파시스트의 금서 태우기 운동과 비교되었다.[14] 호메이니는 그를 죽이는 자에게는 150만 달러의 현상금을 주겠다고 공포하였다. 이후 루시디뿐 아니라 관련 출판사, 신문사, 번역자들에게 수많은 테러가 일어나기 시작하였다. 이 소설의 무엇이 이슬람 세계를 그토록 분노하게 했을까? 이 책의 제목 《악마의 시》에서 나타난 의미는 꾸란과 이슬람 속에서 내려오는 기록에서 모티브를 잡았다. 무슬림들은 예언자 무함마드가 신의 계시를 받아서 꾸란이 기록되었다고 믿고 있는데, 무함마드가 악마의 계시를 받았다가 취소되고 곧바로 다른 계시가 내려왔다는 이슬람의 기록에서 그 근거를 찾을 수 있다.[15] 이 부분이 예언자 무함마드와 알라에 대한 신성모독이라는 것이다.

이 사건은 앞으로 영국에서 일어나게 될 이슬람과 영국인들 간의 심각한 갈등의 서막이 되었다. 2005년 7월 7일 오전 8시 49분, 런던 지하철에서 50초 간격으로 세 개의 폭탄이 잇달아 폭발하였다. 지하철 테러가 있은 지 약 1시간 후 2층 버스에서 네 번째 폭탄이 폭발하였다. 무슬림들에 의한 연쇄 자살 테러로 인하여 런던에서 53명이 사망했고, 약 784명이 부상당했다. 충격적인 사실은 네 명의 자살 테러범 가운데 세 명은 영국에서 태어난 파키스탄 이민자의 자녀들이었다. 실제로 영국에 있는 무슬림들의 절반 정도가 영국에서 태어난 무슬림들이다.

무슬림의 의견을 묻는 설문 조사에 따르면 16-24세의 젊은 영국 무슬림들은 그들의 부모 세대보다 종교적으로 더 보수적이다. 이들의 약 50%가 미국에서 일어난 9·11테러의 책임은 미국과 이스라엘에 있다고 믿고 있으며, 41%가 다이에나Princess Diana 전 영국 왕비가 무슬림과의 결혼을 막기 위하여 살해당했다고 믿는다. 또한 이슬람 공립 학교를 선호하며, 여자들은 히잡을 써야 하고, 영국 법보다 이슬람 법을 더 선호한다고 답변하였다. 더불어 3분의 1 이상이 이슬람에서 다른 종교로 개종하는 사람은 사형에 처해야 한다고 답변하였다.[16] 런던 정책 연구소Policy Studies Institute in London의 조사에 의하면 영국에 살고 있는 무슬림들은 종교가 얼마나 중요한 지에 대한 질문에 74%가 매우 중요하다고 대답하였다.[17]

2002년과 2003년 영국 저널리스트 안토니 브라우니Anthony Browne 는 〈더 타임즈〉에 "영국은 전례가 없는 지속적인 이민으로 인하여 인구의 대다수가 원하지 않는 사회로 변하고 있다. 영국은 정체성을 잃어 가고 있으며, 이로 인하여 삶의 질과 응집력에 피해를 입고 있다. 지난 5년 동안 방글라데시 인구는 30%로 성장했으며, 아프리카 인구는 37%, 파키스탄 인구는 13% 증가했다."[18]라고 썼다. 그는 같은 해에 〈스펙데이터The Spectator〉라는 잡지에 "제삼 세계 사람들의 이민은 너무 많은 병균을 들어오게 하는 것"[19]이라고 표현했다. 2005년 7월 런던 테러 이후 브라우니는 공격의 목표를 제삼 세계 이민자에서 이슬람으로 변경했다. 그는 과도한 다문화주의 관용이 '무슬림 게토'를 만들어 냈다고 주장하였다. 이러한 관용은 없어져야 하며 이슬람의 중매결혼과 무슬림형제단을 지지하는 이맘들을 추방해야 하고, 베일 착용을 금지하는 프랑스식 규제를 검토해야 한다는 것이다.[20] 브라우니는 '제삼 세계 식민지'를 도와주는 형태로 인식했던 파키스탄 및 방글라데시 여성들은 이제 극단주의적인 무슬림 남성에게서 구해 내야 하는 존재가 되었다고 주장했다.

영국에서 이슬람의 문제는 무슬림들의 낮은 경제 수준과 무관하지 않다. 영국 브리스톨 대학교 타리크 모두드Tariq Modood 교수의 연구에 의하면 1994년 영국의 방글라데시와 파키스탄 무슬림들 실업률이 40%에 육박하였다. 영국의 모든 인종 가운데 가장 높은

이슬람과 유럽 문명의 종말

실업률이고 백인의 실업률보다 두 배 이상 높았다. 파키스탄 여성의 3분의 1, 방글라데시 여성의 10분의 1이 일을 하고 있었다. 80% 이상의 방글라데시와 파키스탄 가정들이 영국 국가 평균의 절반도 안 되는 수입으로 살아가고 있었다. 또한 48%의 파키스탄인들과 60%의 방글라데시인들이 전혀 교육을 받은 적이 없었다. 파키스탄 여성들의 60%, 방글라데시 여성의 73%가 문맹이었다. 이는 영국의 소수 민족 중 가장 높은 수치이다. 오직 7%의 파키스탄 여성과 3%의 방글라데시 여성만이 고등 교육을 받았다. 이런 자료들을 근거로 영국의 무슬림들이 다른 인종들에 비하여 교육을 적게 받는다는 것을 알 수 있다.[21]

영국의 무슬림 위원회Muslim Council of Britain에 의하면 무슬림들은 영국에서 가장 궁핍한 생활을 하고 있다.

① 런던에서 가장 가난한 지역인 타워 햄릿 인구의 37%가 무슬림인 방글라데시인들이다.

② 99%가 무슬림인 파키스탄과 방글라데시인들은 영국에서 가장 가난한 민족이다.

③ 파키스탄과 방글라데시 남성은 다른 민족 및 백인들에 비하여 주당 수입이 150파운드(한화 20만 원) 차이가 난다.

④ 파키스탄 무슬림들의 실업률은 힌두교 무슬림 대비 3배 이상이며, 인도 무슬림 대비 두 배 이상 높다.

⑤ 방글라데시와 파키스탄 노동자의 실업률은 백인 대비 2.5배 이상 높았으

며, 저임금 노동자들이다.

⑥ 방글라데시와 파키스탄 가정의 3분의 2가 빈곤층이다.[22]

영국에 정착한 무슬림 1세대는 3D 업종에 종사하면서 본국에서
보다 나은 생활을 추구하였지만 영국에서 태어나고 자란 2세들은
영국에서 교육을 받았음에도 불구하고 영국 사회에서 적응하지 못
하고 그 대신 종교적인 정체성을 추구하고 있음을 알 수 있다. 또한
영국의 이슬람 인구 증가에 따라 이슬람 공동체의 요구 사항들에
대한 협상이 진행되고 있다.

① 이슬람 할랄 도축장 건설

② 무슬림들을 위한 이슬람 공동묘지 조성

③ 학교, 병원, 교도소와 같은 공공 기관에서 무슬림을 위한 할랄 음식 제공

④ 회사 내 무슬림들이 기도할 수 있는 기도 처소 확보

⑤ 이슬람 축제 때, 무슬림들이 축제를 즐기기 위한 휴가 허용

⑥ 이슬람의 아잔(기도 시간에 외치는 소리)을 각 모스크에서 확성기로 방송할
   수 있도록 허가.

현재 '백인 영국인'이라는 단어는 이제 영국의 통계에 사용되는
새로운 개념이다. 2001년 런던 인구 가운데 430만 명이 백인 영국
인이었다. 2011년에는 이 수치가 370만 명으로 감소하였다. 이는
런던 인구의 44.9%를 차지한다. 런던 인구의 18%가 아시아계이

다.[23] 주민 25만 명이 살고 있는 타워 햄릿의 백인들은 인구의 31%
로 총 7만 9000명이다. 방글라데시, 즉 이전에는 이슬람 동파키스
탄이라고 불린 곳에서 온 사람들은 8만 1000명으로 약 32%를 차
지해 타워 햄릿에서 가장 큰 인종 그룹이다. 이슬람이 타워 햄릿
을 지배한다는 것은 틀림없다. 타워 햄릿 주민들의 27%가 가톨릭
을 포함한 기독교이고, 34.5%는 무슬림이다. 세 번째로 큰 그룹인
19%가 무종교이고 시크교도, 유대교도, 그리고 힌두교도가 지역
인구의 2.5%를 차지한다. 런던 서쪽의 슬라우Slough는 백인 영국인
이 17%에 불과하며, 파키스탄 18%, 인도 16% 등으로 구성되어 있
다. 런던의 뉴햄Newham의 경우에도 백인 영국인 17%, 인도 14%, 아
프리카 12%, 방글라데시 12%, 파키스탄 10%로 구성되어 있다.[24]

데이비드 콜만 교수의 연구에 따르면 현재의 이민 수준이 계속된
다면 백인 영국인은 오늘날 살아 있는 청년들의 수명 내에서 50년
후 소수가 될 것이다. 이는 문화적, 정치적, 경제적, 종교적 국가 정
체성에 완전한 변화를 동반할 것이라고 경고하였다. 그는 다음과
같이 썼다. "현재 추세에 내포된 인종적 변화는 영국 사회에서 지
난 천 년 동안 전례가 없었던 주요하고 예상치 못한, 돌이킬 수 없
는 변화일 것이다."[25]

통계학자들은 이슬람이 잉글랜드와 웨일즈에서 가장 인구가 많
은 종교로 성장 중이라고 말한다. 영국 무슬림들의 거의 절반이 25
세 미만이고 기독교인의 4분의 1이 65세 이상이다. 영국 무슬림의
평균 연령은 25세이다. 2001년에는 25세 미만의 영국인 20명 가운

데 한 명이 무슬림이었는데, 2011년에는 25세 미만의 영국인 10명 가운데 한 명이 무슬림이다.[26]

영국의 2001 인구 조사에 따르면 이슬람 모스크 참석자가 영국 국교인 성공회 교회 참석자 수를 뛰어넘었다. 최소한 일주일에 한 번 이상 모스크에 출석하는 무슬림이 93만 명인데, 성공회에 일주일에 한 번 이상 출석하는 사람은 91만 6000명이었다. 이 결과를 근거로 무슬림 지도자들은 영국 내 이슬람 성장을 나타내 주는 경이로운 지지표라며 단언하며, 영국 성공회가 누리는 특권을 이제 이슬람에게 나누어 주어야 한다고 주장한다. 영국 웨릭Warwick 대학교의 소수 민족 관계 전공 모함메드 안와르Mohammed Anwar 교수는 여자와 아이들은 집에서 기도하기 때문에 그들 역시 숫자에 포함되어야 한다고 주장했다.[27] 영국에는 비헌법적인 군주가 존재함과 동시에 교회의 수장 역할을 하는 국가의 수장이 존재한다. 즉 영국 여왕은 영국 성공회의 수장이기도 하다. 여왕의 뒤를 이어서 왕이 될 것으로 예상되는 찰스 황태자는 "자신이 왕이 되면 영국 성공회의 신앙을 위한 수호자가 아니라 '종교의 수호자'가 될 것"이라고 발표하였다.[28]

영국 여론 조사 기관인 유고브YouGov와 캠브리지 대학교의 공동 조사에 따르면 전체 영국인의 60%가 이슬람 인구 증가가 영국을 이슬람화할 것이며, 유권자의 47%는 정부가 고의적으로 이슬람 인구를 축소해서 발표한다고 생각하고 있다. 이 조사 프로젝트의 연구원 휴고 레알Hugo Leal 박사에 따르면 2015년 난민들이 대규모로 유럽에 들어오기 시작하면서 이러한 여론이 조성되었다고 보고 있으며 영국인 다수가 이슬람과 관련하여 정부를 신뢰하지 않는다고 하였다.[29]

2
프랑스의 이슬람

ISLAM

프랑스는 유럽 전체에서 가장 많은 무슬림 인구가 사는 나라이다. 프랑스의 기본 이념은 자유, 평등, 박애인데 이것이 인본주의 사상을 이뤄 프랑스 혁명의 이념이 되었다.

프랑스에서 무슬림 이민의 첫 번째 물결은 제 1차 세계 대전 때였다. 프랑스 제국주의의 깃발 아래에 있었던 약 3만 명의 알제리인들과 모로코인들이 프랑스에 들어왔다. 1920년 제 1차 세계 대전이 끝난 이후 재건을 위한 사업에 노동력이 필요해짐에 따라 약 7만 명의 알제리인들과 거의 같은 수의 모로코인들을 받아들였다.[30]

두 번째 이민의 물결은 제 2차 세계 대전 이후였다.[31] 1945년 3월 3일 제 2차 세계 대전의 전쟁 영웅이었던 샤를르 드골Charles de Gaulle 은 한 연설에서 "프랑스의 회복을 위한 주요 장해물은 노동력"이라고 한탄했다. 당시 약 150만 명의 노동력이 필요하다고 집계되자 프랑스는 폴란드와 네덜란드에서 노동자를 찾기 시작하였다. 그런데 두 나라의 노동력도 부족하였다. 이탈리아로도 눈을 돌렸고, 이후 시칠리아 사람들이 프랑스로 이민을 오게 되었다. 그러나 프랑스의 노동력은 여전히 부족하였다. 1950년 프랑스 인구 조사를 보면 21만 2000명의 알제리인들이 살고 있었다. 알제리는 프랑스의 식민지였다. 알제리 총독은 프랑스에 10만 명의 노동자를 제안했지만, 프랑스는 사회보장제도와 도덕적인 위험이 따를 것을 우려하여 이를 거절하였다. 그러나 1954년에 시작된 알제리 독립 전쟁이 1962년 알제리의 승리로 끝나면서 독립하게 되자 프랑스 편에 섰던 알제리인들이 프랑스로 들어오기 시작하였다. 한 주에 7만 명의 알제리인들이 들어온 적도 있었다. 전혀 예상치 못한 일이었다.[32]

1970년에는 터키가 대규모의 노동력을 파견하였다. 다른 유럽과 마찬가지로 이러한 이민자들은 기술이 없는 미혼 남자들이 대부분이었고, 프랑스 사람들이 기피하는 분야의 일을 하였다. 값싼 노동자들은 단기간 계약을 맺고 입국하였기에 그들이 프랑스에서 오랫동안 살 것이라고 생각하지 않았다. 그러나 한 가지 예외가 있었다. 알제리 독립 전쟁 동안 프랑스 편에서 싸웠던 알제리 무슬림들이다. 프랑스는 이들을 아르키the Harkis라고 불렀다. 그들은 알제리가 독립한 후에 알제리 정부에 의하여 반역자로 몰렸기에 그곳에서 살 수가 없었다. 프랑스는 이런 무슬림들을 하층민Second Class Citizen이라기보다는 소작농과 같은 동료 시민Fellow Citizen으로 보았다. 1970년대에 이르러 경제적인 붐이 끝나자 더 이상 노동 이민

은 받지 않았으나 가족 결합 정책으로 인하여 노동자들의 부인들과 아이들이라는 새로운 이민이 생겼다.[33]

1990년에는 61만 6000명의 알제리인과 60만 명의 모로코인, 20만 명의 튀니지인, 20만 명의 터키인, 10만 명의 서부 아프리카인이 프랑스에서 살게 되었다.[34] 현재 프랑스에 거주하는 약 600만 명의 무슬림 가운데 알제리인이 35%를 차지한다. 다른 35%는 모로코와 튀니지 출신이다.[35] 드골은 "프랑스는 기독교에 위협이 되는 국가들과 관계를 단절해야 한다. 그렇지 않으면 나의 고향에 있는 두 개의 교회는 모스크가 될 것이다."라고 경고하였다. 드골의 염려처럼 그후 프랑스에는 모스크와 기도 처소가 급증하였다. 1980년 265개였던 모스크는 1999년 1500개로 늘어났다. 리옹Lyon에 있는 그랜드 모스크Grand Mosque는 2500명이 동시에 예배할 수 있는 규모를 자랑한다.[36]

파리에 살고 있는 무슬림은 프랑스 전체 무슬림의 38%로 추산된다. 이들은 알제리, 모로코, 튀니지 및 서부 아프리카와 터키, 동남아시아, 중동 및 사하라 이남 무슬림들이다. 파리 사원Paris Grand Mosque의 자료에 따르면 75개의 모스크를 비롯해 많은 기도 처소들이 파리에 존재한다. 이뿐만 아니라 파리에는 이슬람 자선 단체와 이슬람 의회, 각종 종파별 단체 협의회 등이 활동하고 있다. 파리의 무슬림 인구는 대부분 북동부에 떨어져 있는데 이런 지리학적 분리는 무슬림들에게 불만과 갈등의 원인이 되고 있다.[37]

프랑스 파리 북쪽에 위치한 생드니Saint-Denis는 프랑스의 역사와 문화 중심지로서 그 명칭은 그 지역 중앙에 있는 대성당에서 따왔다. 이 성당에는 3세기 때 파리의 대주교를 지낸 수호성인의 성 유물이 안치되어 있다. 현재의 성당은 12세기 때 만들어진 것으로서 성당이 지어진 곳은 6세기 때부터 프랑스 왕족의 공동묘지였다. 특히 이곳 초기 무덤에는 찰스 마텔Charles Martel도 안치되어 있다. 그는 프랑크 왕국의 지도자로서 이슬람의 예언자 무함마드가 사망한 지 100년 후 우마이야 왕조Umayyad Caliphate가 유럽으로 밀려올 때, 732년 프랑스 남부 투르 전투The Battle of Tours에서 승리함으로써 유럽 전역으로 번질 뻔했던 이슬람의 침공을 막았다. 만일 찰스 마텔이 이 전투에서 패배했다면 유럽의 어떤 군대도 유럽을 정복하고자 하는 이슬람 군대를 막을 수 없었을 것이다. 이슬람 군대가 711년 유럽으로 건너올 때, 그들의 지도자인 타리크 빈 자이드Tariq Bin Zayad는 그들이 타고 온 배를 불에 태우도록 명령하면서 다음과 같이 말하였다. "우리는 돌아가기 위해서 온 것이 아니다. 우리는 점령을 하거나 그렇지 않으면 모두 죽는다." 그러나 찰스 마텔이 그들을 막았고 이슬람 군대는 스페인에서 유럽으로 넘어올 수 없었다. 1000년이 지난 후 영국 역사학자 에드워드 기본Edward Gibbon은 "만일 망치The Hammer라는 별명으로 알려진 찰스 마텔의 승리가 아니었다면 아마도 우리는 꾸란의 해석을 옥스퍼드에서 가르쳐야 했을 것이며, 그 학생들은 할례 받은 사람들에게 무함마드가 받은 계시의 신성함과 진리임을 입증하고 있었을 것이다. 그런 재앙 중에 기독교 왕국Christendom이 한 사내의 천재성과 행운으로 살아났다."

고 찰스 마텔을 평가했다. 그러나 오늘날 찰스 마텔의 시신이 안장되어 있는 대성당을 방문한 사람들은 그가 진정으로 성공했는지 궁금해 할 것이다. 아니면 그는 성공했는데 후손들이 실패했는지를 되돌아볼 것이다. 왜냐하면 대성당 밖은 아랍 시장과 같기 때문이다. 점포에는 이슬람 여성들이 착용하는 베일을 팔고 있고, 이슬람 원리주의자들은 반국가적인 책들을 나누어주고 있다. 성당 안에 있는 성직자들은 노년의 백인이지만 성도들은 흑인 아프리카인들이자 비무슬림인 이민자들이 참석한다. 생드니는 프랑스에서 무슬림 인구가 많은 지역 중 하나이다. 이곳의 인구 30%는 무슬림이고, 15%만이 가톨릭이다. 이곳의 이민자들은 북부 아프리카와 사하라 이남에서 왔으며, 청소년 인구의 증가로 가톨릭 사립 학교조차 학생의 70%가 무슬림으로 채워지고 있다. 내무부 문서에 의하면 프랑스 전체 모스크의 약 10%인 230개가 이곳에 있다. 매주 금요일 기도 시간이 되면 무슬림들이 거리로 쏟아져 나와 더 많은 모스크를 지어야 한다고 요구하고 있다.[38]

프랑스는 영국과 달리 공립 학교에서 다문화주의를 위한 교육 모델을 거부하였다. 프랑스 학생들은 역사와 지리 시간에 이슬람 세계에 대한 짧은 내용을 제외하고 이슬람에 대하여 배우지 않았다. 1989년 10월 파리 북쪽에 있는 크레유Creil 공립 학교에 3명의 모로코 출신 여학생들이 이슬람 베일을 쓰고 학교에 등교하였다. 이슬람에서 무슬림 여성들은 베일을 쓰도록 한다. 그러나 프랑스에서는 1905년 헌법에 종교와 정치의 분리 원칙을 세웠기 때문에 대부분의 학교에서 가톨릭 신자는 커다란 십자가를 목에 걸지 못하며, 유대교 신자는 머리에 키파Kippah를 쓴 채 등교할 수 없다. 따라서 무슬림 여학생들이 쓰는 베일은 공공장소에서 사람들을 이슬람으로 개종시키려는 행동으로 받아들여졌다.[39] 프랑스는 이에 대해 강경하게 대응했고, 이는 유럽의 큰 이슈가 되었다. 베일에 대하여 프랑스인들은 그것이 무슬림 여성들에 대한 억압적인 측면이 있다고 보았다. 베일에 대한 논쟁은 2004년 종식되었다. 이때부터 프랑스 공립 학교에서는 무슬림 여학생들의 베일 착용이 금지되었다. 3명의 무슬림 여학생들은 학교를 떠나야 했고, 방송 통신 학교에서 공부해야 했다.[40] 이 문제는 프랑스 전체로 확산되어 프랑스에 사는 모든 무슬림 여성들에게 해당되는 법안이 통과되었다.

무슬림 여성들이 사용하는 베일에는 히잡hijab, 부르카Burqa, 니캅Niqab, 차도르Chador 등이 있다. 히잡은 머리카락을 가리는 두건이다. 얼굴을 전부 드러낼 수 있으며 스카프처럼 감아 머리와 목, 가슴을 가린다. 간편한 착용이 특징이다. 니캅은 눈 아래 얼굴을 가릴 수 있는 베일로 히잡과 함께 착용해 부르카와 유사한 복장을 만든다. 차도르는 얼굴만 내놓고 머리부터 쓰는 망토형 베일이다. 2011년 2월부터 프랑스에서는 얼굴을 가리는 베일을 착용하는 무슬림 여성들에게는 150유로(한화 약 20만 원)의 벌금을 부과하는 법안이 통과되어 실행되고 있다.[41]

프랑스는 1970년대 중반에 들어서면서 모스크를 열기 시작하였다. 그 당시에는 이민 1세대만이 이슬람 신앙을 표출했다. 이들은

1970년대에 들어서면서 프랑스에 정착하기 시작한 사람들이었으며 실업 문제가 대두될 때, 가족들을 프랑스로 데리고 온 사람들이었다. 1980년대 중반에 들어서면서 2세대 젊은이들이 모스크에 나오기 시작하였다. 1989년은 프랑스 이슬람에게 있어서 분수령과 같은 해였다. 프랑스에서 막 조직되기 시작한 이슬람 단체들은 전략적으로 '베일 사건'을 사회 문제로 부각시켰다. 특히 알제리의 이슬람 원리주의 단체인 알제리 구국 전선Front Islamique de Salut이 알제리를 장악하면서 알제리에 대한 인식, 그리고 프랑스의 식민지 유산에 대한 부정적인 인식이 팽배하게 되었다. 그러면서 알제리 사람들이 중심이 된 이슬람 단체가 프랑스에서 급부상하였다. 이때까지만 해도 이슬람은 권력의 변두리에 있던 단체라고 인식되고 있었다. 하지만 튀니지 출신 이슬람 운동가인 라체드 알 가누치Rachel al Ghannouchi가 프랑스 이슬람 연합The Union of Islamic Organizations in France에서 프랑스를 전쟁의 집dar el islam으로 규정하면서 큰 변화가 시작되었다. 가누치의 선언은 프랑스에서 살고 있는 무슬림들을 재이슬람화시키려는 목적을 규정하는 것이었다.[42] 이때부터 프랑스 내부의 이슬람은 프랑스의 이슬람으로 작용하기 시작하였으며, 동시에 중요한 변화를 겪었다.

프랑스 무슬림들은 인종적으로 다양할 뿐 아니라 사회적이고 경제적인 기준들에 의하여 나뉘어져 있다. 초기 이민자들은 대부분 문맹이었지만 이민자의 자녀들은 프랑스의 시스템 안에서 교육을 받았다. 그러나 여전히 경제적인 지위와 삶의 영역에 대한 제한으

이슬람과 유럽 문명의 종말

로 인하여 학생들은 학교를 중도에 떠난다. 따라서 대부분의 무슬림들은 낮은 사회 경제적 지위를 가지고 있다. 무슬림의 높은 실업률은 그들의 열등한 지위를 잘 보여 준다. 무슬림의 실업률은 평균 10.2%로 프랑스 평균의 두 배가 넘는다. 특히 젊은이들의 실업률이 높은데, 북아프리카 무슬림들의 실업률은 33%에 이른다. 이 수치는 지방으로 갈수록 높아진다. 브리카르데La Bricarde의 무슬림 실업률은 50%에 달한다.[43] 더욱이 인종적 차별 때문에 대부분의 무슬림들은 저임금 직업에 고용된다. 유럽의 다른 국가들과 다르게 무슬림들에 의해 운영되는 작은 사업들, 예를 들어서 식당이나 식료품 가게 등은 아직 개척되지 못하고 있다.[44]

퓨 리서치에 의하면 2014년에 프랑스 무슬림 인구는 650만 명에 도달했다. 이는 총인구 6600만 명의 약 10%로 프랑스는 유럽의 어떤 나라보다 무슬림이 많은 나라가 되었다. 그리고 사회적인 갈등은 만성적인 테러와 광범위한 무슬림 원리주의자들의 폭력으로 이어지고 있다.[45] 파리에서 발행되는 신문 〈피가로Le Fiagro〉의 기사를 살펴보면 사회주의자들과 이슬람이 협력한다는 것을 알 수 있다. 2012년 대통령 선거에서 좌파 정당인 사회당의 프랑수아 올랑드François Hollande가 당선되었다. 프랑스 무슬림의 97%가 올랑드에게 투표하였고 나머지가 우파인 니콜라스 사르코지Nicolas Sarkozy를 선택했다. 결과는 110만 표의 차이로 올랑드가 당선되었다. 당시 그는 불법 무슬림 이민자들 가운데 50만 명의 사면을 약속했고 또한 선거법을 바꿔서 프랑스 국적이 없는 무슬림들도 투표할 수 있게 하겠다고 공약했다. 이렇게 사회당은 무슬림 표로 정권을 잡게 된 것이다.[46] 2017년 프랑스 대통령 선거 당시 프랑스에서 가장 큰 모스크FGMP의 대표 이맘인 달릴 부바쿠루Dalil Boubakeur는 프랑스의 무슬림들에게 영적 세력에 대한 희망과 신뢰를 보여 주는 에마뉘엘 마크롱Emmanuel Macron 후보에게 투표할 것을 촉구하였다. "프랑스와 소수 민족의 미래를 결정할 중요한 선거에서 프랑스인들과 함께 외국인 혐오 신앙의 위협에 맞서 단결해야 한다."고도 주장했다.[47] 영국 또한 좌파가 집권하면서 무슬림 인구가 급증하였고, 무슬림들은 자신들에게 유리한 혜택을 주는 좌파 정권을 선호함으로써 공생의 관계를 이어가고 있다.

프랑스와 이슬람과의 관계는 복잡하게 연결되어 있다. 그 이유는 다음과 같다. 첫째, 프랑스의 세속주의(정교분리) 개념은 다른 유럽 국가들보다 엄격하게 지켜지고 있다. 둘째, 프랑스와 전 식민지인 알제리와는 밀접하면서 복잡한 관계이다. 셋째, 프랑스의 동화주의 전통은 강하다. 따라서 프랑스 사회로의 동화를 거부하는 무슬림들을 프랑스는 받아들이지 않았다. 하지만 지난 몇 년 동안 프랑스의 양극단적인 태도들은 두 가지 사실에 직면함으로써 변화가 시작되었다. 첫째, 프랑스에서의 이슬람 문제는 일시적인 현상이 아니라는 것을 깨닫게 되었다. 무슬림들은 그들이 왔던 나라로 되돌아가지 않을 것이며 유럽 사회에도 동화되지 않을 것이다. 최근의 경향은 점점 복합적인 정체성들이 늘어 가는 추세인데, 무슬림은 그들의 종교에 헌신하면서도 유럽에 속해 있고, 스스로를 유

이슬람과 유럽 문명의 종말

럽인이라고 생각하는 사람들이 주류를 이루고 있다. 둘째로 무슬림들은 그들의 이슬람 문화를 고수한 채, 그들이 거주하고 있는 나라에 사회적이고 정치적인 삶에 연결되기를 원하고 있다. 그러나 프랑스인들은 이런 이슬람에 대하여 불편한 마음을 감추고 있지 않다.

프랑스를 대표하는 주간지 〈르 누벨 옵세르바퇴Le Nouvel Observateur〉가 여론 조사 기관 입소스Ipsos에 의뢰한 결과가 2016년 2월 4일 공개되었는데, 프랑스 고등학생 중 자신을 가톨릭이라고 답한 비율은 33.2%였으며, 무슬림은 25.5%였다. 이제 어느 누구도 이슬람이 급속도로 성장하고 있다는 사실을 부정할 수 없다. 이 연구에서 자신의 종교가 중요하다고 생각하는 인구는 가톨릭이 22%였고 이슬람은 83%였다.[48]

2013년에 실시된 〈르몽드Le Monde〉지의 여론 조사에 의하면 프랑스인들이 이슬람에 대해서 부정적이라는 현실을 보여 준다. 그 내용은 다음과 같다.

① 74%는 이슬람이 불관용적이고 프랑스 사회의 가치들에 불일치한다고 생각한다.

② 10명 중 8명은 무슬림들이 자기의 종교적인 삶의 방식을 남에게 강요한다고 본다.

③ 프랑스인의 10%는 무슬림들을 이슬람 원리주의자라고 보고, 44%는 그들을 부분적으로 원리주의자라고 본다.

④ 프랑스인의 62%는 자신의 나라에서 '고향에 있는 것 같지 않다'고 답했다. [49]

프랑스에서 이슬람은 프랑스인들과의 동화를 거부하며 자신들의 영역과 영향력을 확장해 나가고 있다. 프랑스에서의 이슬람 인구 증가는 지난 50여 년 이상 노동력에 대한 필요로 시작되었고, 또한 프랑스 식민지의 직접적인 결과이기도 하다. 대부분 북부 아프리카에서 왔으며 다양한 종파적인 노선들로 나뉘어져 있어서 프랑스 사회와의 통합을 어렵게 만든다. 경제적, 사회적으로 무슬림들은 프랑스에서 많이 뒤쳐져 있다. 프랑스의 심각한 경제 위기나 무슬림의 급진 세력은 사회적 통합을 이루는 데 장해물이 되고 있다. 그들의 통합은 길고 어려운 길이 될 것이다.

3
독일의 이슬람

ISLAM

독일과 이슬람은 오스만 터키와의 관계로 인하여 오랜 역사를 가지고 있다. 1732년 초 프러시아의 황제 프리드리히 1세Friedrich I (1688-1740)는 그의 오스만 터키 용병 20여 명을 위하여 포츠담Potsdam에 이슬람 기도실을 만들었다. 그의 후계자 프리드리히 2세Friedrich II (1712-1786)는 1740년 술탄 모하메드 2세Mohammed II와 공식 외교 관계를 수립한 후 수 세기 동안 양국 간의 정치적 문화적 유대 관계를 이어갔다. 독일의 이슬람에 대한 정책은 대중들보다 엘리트들에 의하여 결정되었다. 무슬림들이 독일에 200여 년 동안 일시적으로 거주하였지만 1925년까지는 모스크를 허가할 만큼 충분한 인원이 정착하지 않았다. 독일은 제 2차 세계 대전 당시 나치를 위하여 싸우는 수만 명의 외국인 무슬림을 위하여 이맘들에 대한 훈련을 지원했다.[50] 참고로 독일과 터키는 제 2차 세계 대전의 동맹국이었으며, 1940년과 1950년에는 함부르크에 이란 사업가들이 모여서 비교적 큰 공동체를 형성하기도 하였다.

서독의 '외국인 근로자Der Gastarbeiter' 프로그램은 비교적 늦은 1955년부터 시작되었다. 당시 서독은 미국의 대규모 원조인 마셜 플랜Marshall Plan으로 인하여 '라인강의 기적'이라는 수식어가 붙을 정도로 비약적인 경제 성장을 이루어 가고 있었다. 1960년에 들어서 역동적인 경제 성장을 유지하기에는 독일인 노동자만으로는 턱없이 부족하였다. 이는 당시 고용 상황을 집계한 통계에도 명백하게 나타난다. 예를 들어 1961년 50만 개의 일자리가 공급되었으나 독일 출신 구직자들은 18만 명 정도에 지나지 않았다. 절대적인 노동력 부족이었다.[51] 이때 시행된 외국인 근로자 프로그램으로 남부 유럽과 북부 아프리카 지역의 근로자들을 모으기 시작하였다. 특히 단기 근로자들의 수요는 1961년 공산주의 동독이 서독과 교류를 끊었을 때 엄청나게 증가했다. 왜냐하면 그 이전까지는 공산주의 국가들이 노동력을 제공했기 때문이었다.

무슬림들이 들어오기 시작한 것은 1961년 터키와 단기 근로자 고용 협정을 맺으면서부터다. 이 협정으로 13만 2800명의 터키인들이 독일로 이주하였다. 단기 근로자 협정은 1963년 모로코, 1965년에는 튀니지와도 맺었다. 결과적으로 독일의 가장 큰 무슬림 그룹은 이 세 나라로부터 온 노동자들이다. 노동자들은 계약을 맺고 일시적으로 노동을 하려고 왔기에 사회적으로 상호 작용을 하려는 어떤 노력도 없었다. 1960년대 말에 이르러 독일은 단기 노동자들

이슬람과 유럽 문명의 종말

이 경제적으로 이득이 되지 않는다는 사실을 깨달았다. 독일 회사들은 어쩔 수 없이 미숙련 노동자들을 숙련된 노동자로 대체할 수밖에 없었다. 또한 노동자들도 짧은 시간 안에 많은 돈을 벌 수 없다는 것을 깨달았다.[52] 따라서 기업들은 정부를 압박하여 외국 근로자 계약과 관련된 제도를 다시 만들 것을 요구하였고, 근로자의 가족들이 독일에서 살 수 있도록 법을 개정하였다. 그 결과 본국의 가족들이 합류하면서 무슬림 인구가 증가하였다. 가족의 재통합 정책은 경제적으로 비활동적이며 의존적인 이민자들의 숫자를 증가시켰다. 독일에 있는 80%의 유치원들은 교회 안에서 운영되는데 무슬림은 자녀들을 유치원에 보내기를 거부하였다. 1973년 독일 인구의 6.4% 또는 350만 명의 외국인이 독일 법에 따른 외국인이었다.[53]

문제는 이러한 노동력의 부족이 언제나 지속되지 않는다는 것이다. 1973년 석유 파동 이후 더 이상 외국인 노동자들이 들어올 필요가 없어졌다. 독일 정부는 외국인 단기 근로자 프로그램을 폐지하였으며, 이로 인해 실업 인구가 많아지자 노동자들을 본국으로 돌려보내는 법안 설립에 착수하였다. 그러나 대부분의 노동자들이 10년 이상 독일에 살았기에 본국으로 돌아가도 일자리가 보장되지 않았고, 실업 수당 등 사회 보장 제도가 잘 되어 있는 독일을 떠날 생각이 없었다. 게다가 근로자들은 이미 독일 법으로 보호받고 있었다. 독일 정부는 무슬림 이민자들이 기독교 유럽 사회에 통합될 수 없다고 판단하고 1983년 노동자들을 고국으로 돌려보내는 법안을 통과시켰다. 1983년 10월 31일부터 1984년 9월 30일 사이에 고국으로 돌아가는 조건으로 유고슬라비아인, 터키인, 스페인인, 포르투갈인, 모로코인, 튀니지인뿐 아니라 한국인들은 독일 돈으로 1만 500마르크와 한 자녀당 1500마르크를 지급받았다. 이때, 약 25만 명의 터키인이 고국으로 돌아갔지만 나머지 65%는 독일에 체류할 것을 결정하였고 이 같은 경향은 장시간 지속되었다.[54]

유럽의 단기적인 노동 문제는 영구적인 인구 통계의 변화를 가져왔다. 1960년부터 1970년까지 독일인보다 더 높은 고용률을 보였던 터키인들은 많은 도시에서 40%에 이르는 실업률과 평균보다 3배나 높은 복지 의존율을 기록했고, 평균 퇴직이 50세라는 점에서 사회 경제적인 문제를 가져왔다.

또 다른 이민의 물결은 1970년대 중반에서 1980년대까지 내전이 발발했던 이란과 아프가니스탄 같은 나라에서 발생한 이민자들에 의해 시작되었다. 이들은 난민법 16조에 의해 이민을 요청했는데, 이 법은 박해받는 자들에 대한 망명의 권리를 보장하는 조항을 담고 있었다. 1980년부터 1989년까지 연평균 7만 명의 난민이 들어왔고, 1990년대 소련의 해체와 유고슬라비아의 내전으로 또 다른 무슬림들이 이민의 물결을 일으켰다. 1990년 19만 3000명의 이민자가 들어왔고, 1991년 25만 6000명으로 급등하였다. 대부분 보스니아 사람들이었는데 그들은 전쟁이 끝난 후에 대부분 고국으로 돌아갔다. 1999년 발효된 시민법 개정으로 34만 명의 터키인이 독일로 귀화하면서 그 숫자는 240만 명이 되었다. 독일은 1993년 난

이슬람과 유럽 문명의 종말

민의 증가를 막기 위하여 난민법 16조를 개정하였다. 새로운 법에 의하면 안전한 3국으로부터 독일로 들어가는 모든 사람들은 더 이상 독일에서 망명의 권리를 가질 수 없게 되었다. 이 새로운 법은 루마니아나 불가리아 같은 안전 국가들을 통해서 독일로 들어오는 이란, 이라크, 아프가니스탄 등의 정치적 박해 피해자들이 독일에서 망명 절차를 받지 못하고 돌려 보내진다는 것을 의미한다.[55]

1961년 독일에는 6500명의 무슬림이 살고 있었지만 1989년에는 180만 명으로 증가했으며, 2002년에는 340만 명으로 늘어났다.[56] 프랑스의 이슬람 인구 대부분이 북부 아프리카인이라면, 독일 무슬림의 대다수는 터키인들이었다. 오늘날에 이르러서는 터키인이 이슬람 인구 중 3분의 2를 차지한다. 현재 독일에서는 매일 터키 신문이 35만 장씩 팔릴 정도다.[57]

외국 노동자들 가운데 이탈리아, 스페인, 그리스, 포르투갈 등에서 이주한 사람들은 초기에는 무시와 차별을 당했지만 동일한 기독교 문화 배경, 유사한 피부색을 바탕으로 무리 없이 독일 사회에 안착하였다. 그러나 무슬림 이주자들은 독일 사회의 일환으로 자리매김하지 못하고 그들만의 사회를 이루면서 살아가고 있다. 현재 독일에서 태어나는 신생아의 25%가 무슬림으로서 앞으로 인구 성장이 급격하게 늘어날 것으로 예상된다.[58]

독일의 무슬림 공동체는 큰 도시 중심으로 집중되어 있다. 그 이유는 첫째, 공항이나 항구의 근접성 둘째, 고용 기회의 가능성 셋째, 사는 환경이 나아질 수 있다는 가능성 넷째, 본국에서 오는 친척들과 친구들이 쉽게 거주할 수 있기 때문이다. 대부분의 이민자들은 초기에 단기간 돈을 벌고 떠날 계획이었다. 따라서 저렴하지만 낡거나 버려진 아파트에 입주하였는데 이런 곳은 독일인이 거주하지 않는 지역들이었다. 베를린의 크로이츠베르크Kreuzberg, 뒤스부르크Duisburg, 막스로Marxloh 그리고 프랑크푸르트의 중앙역 등이 그런 곳이다. 또한 이민자들은 본국에서 온 이웃들과 가까이 살고 싶어 했지만 건물주들이 외국인들에게 집을 빌려 주지 않으려 했기에 이런 곳에 집중적으로 모이게 되었다. 그 결과 대도시 안에 만 명 이상의 인구들과 그들만의 모스크, 식료품점 등이 있는 터키 게토를 형성하였다.[59]

프랑스에서는 학생들이 베일을 착용하는 것에 대하여 반대했고, 영국에서는 학생과 교사의 자율적인 결정에 맡겼다. 그렇다면 독일은 어떤가? 베일에 대한 논쟁은 1998년에 시작되었다. 이에 대한 결정도 각각이었다. 주 문화부는 바덴 뷔르템베르크Baden-Württemberg의 작은 마을 공립 학교 교사 페레슈타 루딘Fereshta Ludin을 수업 중 베일 벗기를 거부했다는 이유로 직위 해제했다. 면직당한 루딘은 주 정부를 고소했다. 종교와 직업 선택의 자유라는 개인의 기본권을 국가가 침해했다는 이유에서다. 주 문화부 장관이었던 아네테 샤반Annette Schavan은 보수당인 기독교민주당 소속이었다. 그는 "베일 착용은 무슬림 여성의 의무는 아니다. 세계적으로 히잡을 쓰지 않는 무슬림 여성이 더 많다. 히잡은 오히려 정치적 분리주의이다."라고 주장했다. 독일 법정에서 열린 세 번의 재판에서 루딘은 모두 패소했다. 그러자 루딘은 이 문제를 최고 재판소인 연방 헌법 재판소로 가져갔다. 2003년 9월 연방 헌법 재판소는 8대 5로 교사의 베일 착용 여부는 각 주에서 자율적으로 결정할 일이라고 판결했다.[60] 즉 각 주의 자율적인 결정에 맡긴다는 의미였다.

독일의 이민자와 피난민을 담당하는 연방 정부 기관에 의하여 발행된 연구서《독일 무슬림의 삶Muslimisches Leben in Deutschland》은 무슬림 여인들 사이에 베일이 널리 전파된 이유에 대하여 경험에 의거한 자료들을 제시하고 있다. 이 연구서에 의하면 무슬림 여인들의 28%가 베일을 착용하며 나머지 72%는 이에 반대하지 않는다. 베일을 착용한 여성 중 10세 이하 소녀들의 비율이 2.5%였다. 즉 초등학교 여학생 중 소수만이 베일을 착용한 반면에 66세 이상에서는 50%가 베일을 착용한다. 연구 결과에 의하면 이슬람계 이주민의 제 2세대에서는 베일을 착용하는 빈도가 감소하고 있다.[61]

독일에서 이슬람은 가톨릭 그리고 개신교 다음으로 큰 세력을 형성하고 있다. 그럼에도 불구하고 무슬림들에게 종교적인 어려움이 있다. 예를 들어서 할랄 식품만 먹으려는 무슬림들에게 무슬림 의식에 의거한 도축은 동물보호법에 의하여 허락되지 않는다. 또한 어떤 지역에서는 이슬람 사원을 지을 때 세우는 첨탑을 허락하지 않으며, 기도를 알리는 소리 역시 금지하고 있다. 하루에 5번씩 기도하는 무슬림들은 직장에서 갈등을 유발한다. 무슬림 학생들이 많음에도 불구하고 그들을 위한 학교는 꾸란 학교가 유일하다. 무슬림 부모들은 학교에서 남녀가 함께하는 운동 경기와 야외 수업을 걱정하지만 학교 당국은 그들을 위한 배려를 하지 않는다. 이슬람의 공휴일에도 학생들은 학교에 와야 한다.[62]

일반 독일인들의 생활 및 경제 수준과 비교했을 때 터키인들의 상황은 열악하다. 대다수의 터키 노동자들은 독일인들이 꺼리는 3D 업종에 종사하고 있다. 이들 업종은 전문 지식이나 기술을 필요로 하지 않기 때문에 근무 환경도 열악할 뿐만 아니라 임금 수준도 높지 않다. 터키인들은 직장에서도 차별을 받고 있다. 숙련 기술을 요구하지 않는 직장에서 터키인의 19%가 불이익을 경험했고, 숙련 기술을 요구하는 직장에서도 터키인의 10%가 차별을 받았다. 1세대와 마찬가지로 다수의 2-3세대도 전문 지식을 요구하지 않는 분야에 종사하고 있다. 비숙련 노동자의 비율은 60세 이상에서 75%, 그리고 18-29세에서는 46.2%에 이른다. 또한 터키인의 실업률은 12.5%로 전체 실업률 9%에 비하여 높다. 또한 1992년까지 당시에 독일 거주 터키인이 170만 명이었는데, 부동산을 소유한 터키인은 약 2.6%인 4만 5000명에 불과했다.[63]

이러한 열악한 상황이 지속된다면 무슬림들과의 사회 통합은 어려워질 수밖에 없다. 1989년 조사에 의하면 4분의 3의 독일인들은 외국인이 독일을 떠나기를 원했다. 외국인 문제는 1990년 외국인 혐오증Xenophobia으로 인하여 정치권의 최우선 과제로 떠올랐다.[64]

터키인의 57%는 터키어만 사용하고, 10%만이 독일어를, 그리고 32%는 두 개의 언어를 섞어서 사용한다. 1998/99년 통계에 의하면 외국인 노동자의 자녀들 19.3%가 고등학교를 졸업하지 못하고 떠난다. 특히 터키 학생들은 30%가 학업을 중단했다. 독일 학생의 학업 중단율 7.9%와 비교한다면 현저히 높다. 그리고 독일 학생에 비해 두 배 이상 낮은 수준으로 평가되는 실업계 학교Sonderschule에 재학하고 있다. 독일 학생의 25%가 대학 교육을 받는 동안 무슬림 자녀의 9.7%만 동일한 수준의 교육을 이수하고 있다.[65]

2000년대에 들어서면서 이민자들의 범죄 집단에 의해 성폭력을 당하는 여성들에 대한 내용은 모두에게 알려진 비밀이었다. 이 내용은 아무도 언급하고 싶어 하지 않는다. 어두운 피부색을 가진 남성들이 백인 여성을 학대하는 것은 너무나 명백하게 혐오스럽고 인종 차별적 맥락에서 유래하는 것처럼 보였다. 첫째, 그런 일이 일어난다는 것은 상상조차 불가능해 보였고 둘째, 이런 것은 토론할 가치도 없어 보였다. 2015년에 들어서 유럽으로 오는 이민자들이 대부분 젊은 남성이었다는 사실을 언급하는 것조차 맹비난을 불러일으켰다. 하지만 2014년 독일에서는 여성들과 소녀들을 겨냥한 성폭행이 증가하고 있었다.

16세 소녀가 성폭행을 당한 바이에른Bavaria주의 메링Mering시의 경찰은 부모들에게 자녀들이 혼자 외출하는 것을 허락하지 말라고 경고했다. 포킹Poking에서는 강간으로 이어질 것을 대비하여 부모들에게 노출이 심한 옷을 딸들이 입지 않도록 해 달라고 요청하였다. 그리고 성인 여성들은 난민 센터와 가까이에 있는 기차역에 혼자 가는 것을 피해야 했다. 그로 인하여 독일에서 여성의 삶은 이슬람화되기 시작했다. 여성들은 남성이 동행할 필요가 생겼고, 몸을 가

릴 필요가 생겼다. 만일 그렇지 않다면 집안에 머물러야 했다. 이것이 독일의 미래다.[66]

독일 사회가 급격하게 변하는 동안 독일 당국은 이민 반대자들을 공격하였고 언론들은 불편한 진실을 보도하지 말라는 경고를 받았고, SNS에 혐오스러운 발언을 한 사람들을 체포하기 위한 경찰의 급습이 증가되었다.[67] 강간 사건이 일어나면서 독일인들이 외부 활동을 줄이자 오래된 축제들의 참석률은 기록적으로 낮아졌다. 2016년 9월 앙겔라 메르켈이 다시 당선되었고, 수십만 명의 무슬림 이민자들은 계속해서 독일로 입국하고 있다.[68]

독일인들이 이슬람에 대하여 어떻게 생각하는지에 대하여 권위 있는 일간지 〈프랑크푸르트 차이퉁Frankfurter Allgemeine Zeitung〉이 여론 조사를 실시했다. 이를 요약하면 다음과 같다.

① 응답자의 83%는 이슬람이 여성의 인권을 존중하지 않는다고 생각한다.

② 77%는 이슬람이 근본주의적인 종교라고 생각한다.

③ 70%는 이슬람이 광신주의나 급진주의와 연관되어 있다고 생각한다.

④ 64%는 이슬람은 폭력적이고, 60%는 혐오적이며, 56%는 이슬람은 수단 방법을 가리지 않고 정치 권력을 위해서 싸운다고 믿고 있다.

⑤ 44%는 미래에 서구 문화와 이슬람 문화 사이의 심각한 갈등이 있을 것이라고 보고 있으며, 25%는 그 갈등이 현실에서 진행되고 있다고 보았다.

⑥ 74%는 이슬람에서 오는 협박은 급진 단체들 때문이라고 믿고 있고, 19%는 이슬람 자체가 위협이라고 보고 있다.

⑦ 48%는 이슬람과 연관된 갈등은 미래에 증폭될 것이라고 보며, 29%만이 그럴 위협이 없다고 생각한다.

⑧ 47%는 무슬림들을 독일의 일부로 보지 않는다고 대답했으며, 38%는 무슬림 친구들이 있다고 대답했다.

그 조사에서 일부 긍정적인 내용도 있지만 대부분 매우 초라한 내용들이었다.[69] 2010년 독일 여론 조사에서 응답자의 47%가 독일에 이슬람이 들어오지 않기를 바란다고 하였다. 2015년이 되어서 이 수치는 60%로 상승하였다. 2016년에 독일 인구의 3분의 2가 무슬림을 원하지 않았다. 다만 22%의 인구가 독일 사회에서 이슬람이 통합될 수 있다고 생각하였다. 2017년 2월에 미국의 대통령 트럼프가 7개의 이슬람 국가 국민들에 대하여 임시 여행 제한 규제와 난민을 받지 않는 법안을 통과시킬 무렵에 왕립 국제 문제 연구소Royal Institute of International Affairs인 채텀 하우스Chatham House가 런던 싱크 탱크를 통하여 유럽인의 입장에 대한 조사를 발표하였다. 이 조사는 10개 유럽 국가 전역에 거주하는 1만 명을 대상으로 실시됐다. "이슬람 국가에서 오는 모든 이민은 중단되어야 한다."는 의견이 10개 국가 중에 독일을 포함하여 8개 국가가 압도적으로 많았다. 이는 미국의 유권자들뿐만 아니라 유럽에서도 마찬가지라는 사실을 보여 준다.[70]

독일의 무슬림 인구는 2006년 350만 명에서 2016년 600만 명으로 증가했다. 이슬람에 대한 독일인들의 태도는 해가 거듭될수록 부정적으로 변해 가고 있다. 2016년 봄에 2054명이 응답한 여론 조사에서 독일인의 60%가 넘는 사람들이 이슬람이 독일에 속해 있지 않다고 했다. 22% 정도의 응답자만이 이슬람이 독일에 속해 있다고 하였지만 이 숫자는 2015년 조사에 비하면 15%나 빠진 수치였다. '무슬림들이 독일에서 계속 살아야 하는가'라는 질문에 49%는 살아도 된다고 답했고, 30%는 안 된다고 대답했으며, 21%는 침묵하였다. 독일 국민들에게 이슬람이라는 종교와 이데올로기는 매우 회의적이었다. 무엇보다도 응답자의 46%는 독일이 이슬람화될 것을 두려워하였다.[71]

4

네덜란드의 이슬람

ISLAM

네덜란드의 첫 번째 무슬림 이민자들은 식민지였던 인도네시아인들이었는데, 이들은 20세기 초반 유학생이나 노동자 신분으로 들어왔다. 그들은 1932년 헤이그Hague에서 첫 번째 네덜란드 무슬림 조직인 인도네시아 이슬람 협의회Indonesian Islam Association를 설립했다. 인도네시아 독립 이후에는 인도네시아 몰루카Moluccas 군도의 70가족을 포함하여 많은 무슬림들이 네덜란드에 정착하였다.[72]

두 번째 무슬림 이민은 1960년에 이루어졌다. 이때 네덜란드와 모로코, 터키 사이에 체결된 협정으로 25만 명의 모로코인들과 30만 명의 터키인, 쿠르드인들이 외국인 노동자의 신분으로 들어왔다. 1965년 약 3분의 1이 본국으로 돌아갔지만 그 외의 무슬림들은 네덜란드에 귀화하였다. 네덜란드의 관대한 가족 재결합 정책으로 인하여 쉽게 많은 노동자들이 정착할 수 있었던 것이다.[73] 네덜란드 식민지였던 수리남의 무슬림들은 1950년에 왔으나 1970년 수리남 독립 발표 후 이민은 증가하였다. 1975년 말 네덜란드에는 18만 8000명의 수리남 무슬림이 있었다. 수리남은 남미에 있는 나라이지만 그 인종적 뿌리는 자바섬에서 찾을 수 있었다.

세 번째 무슬림 이민의 물결은 혁명과 내전으로 인한 정치적 난민들로 구성되었다. 1979년 이란 혁명이 일어났을 때, 반대편에 섰던 무슬림들이 망명을 시작하였다. 다른 난민들은 레바논, 이라크, 아프가니스탄에서 왔으며 이전에는 유고슬라비아와 소말리아에서 몰려왔다. 난민들은 이민 초기엔 본국으로 돌아가기를 희망했지만 시간이 흐르면서 경제적인 전망이 흐려짐에 따라서 돌아가지 못했다. 또 다른 무슬림 이민자들의 형태는 이슬람 국가에서 유학 온 학생들이 학업이 끝나고 네덜란드 시민과 결혼하여 영주권을 얻은 경우이다. 이들은 약 5000명 정도인데 이들은 양쪽 문화에 대한 이해가 있기에 무슬림 그룹과 정부와의 관계에 다리를 놓는 중재자 역할을 한다.

네덜란드의 암스테르담Amsterdam, 로테르담Rotterdam, 헤이그는 무슬림들 대다수가 집중되어 있는 도시이다. 이민자들의 교육 수준은 낮다. 1970년대에 모로코 이민자들의 50%가 문맹이었고, 11%가 초등학교를 졸업했으며 오직 4%만 중학교를 마쳤다. 1980년대와 1990년대에 네덜란드 산업의 기계화 과정에서 미숙련 노동자들이 실업자가 되었다. 사회 보장 시스템은 최저 생활비를 보장했지만 그들은 여전히 저소득 계층이었고 도시의 소외 지역에 거주

이슬람과 유럽 문명의 종말

하였다. 그럼에도 불구하고 이슬람 할랄 도축업, 상점, 본국을 방문하는 여행사 등 그들만의 '인종적 산업'이 크게 증가하면서, 이슬람 공동체에 새로운 경제적 기회를 만들어 가고 있다. 네덜란드에서 교육받은 무슬림 2세들은 더욱 용이하게 노동 시장에 접근할 수 있었지만 높은 학위를 갖거나 전문 영역이나 의학 계통에 있는 무슬림은 낮았다. 전문 기술의 부족, 언어의 한계, 이슬람 종교와 인종 차별은 그들의 경제적 전망을 어둡게 하였고, 그들 중에 다수가 범죄 활동과 연관되었다. 비서구 인구의 실업률은 1990년 14%였다. 네덜란드 평균 실업 인구 4%보다 훨씬 높았다. 또 15세에서 24세까지 네덜란드인의 실업자가 7%였는데 비서구인들은 12%였고, 이 수치는 1998년에 18%로 늘어났다.[74]

모로코인은 네덜란드에서 중요한 소수 민족이다. 네덜란드 내무부 조사 결과에 의하면 2011년 12세에서 24세 사이의 모로코 이민자 중 40%가 5년 동안 범죄 혐의로 체포, 벌금, 기소 또는 기타 혐의로 고발되었다. 모로코 이민자 청소년의 범죄율은 50%에 이른다. 이는 모로코 이민자 자녀들이 네덜란드 사회에 통합되지 않았음을 의미하며, 결론적으로 말해서 다문화 접근 실패에 대한 대가를 치르고 있는 것이다. 17세에서 23세 사이의 모로코 청소년들 60% 이상이 학업 수준의 미달로 학교를 그만두었다. 네덜란드 모로코 청년 실업률이 40%이며, 40세에서 64세 사이의 모로코 남성은 네덜란드의 사회 복지 혜택을 받고 있다.

1985년 수리남에서 온 무슬림들을 위한 타이바Taibah 모스크가 암스테르담에 문을 열었다. 네덜란드에는 390개의 모스크가 있다. 그중 약 200개는 터키인들 중심이며, 120개는 모로코, 40개는 수리남 무슬림들을 위한 것이다. 나머지 30개는 소수 종족 무슬림들을 위한 모스크이다. 네덜란드에 있는 모스크 중 120개는 터키의 외교부 종교청Diyanet에서 관리를 하고 이맘들을 파송하여 그들에게 월급을 준다. 터키 모스크들이 조직화되어 있는 반면 모로코 모스크는 독립적이고 국가적인 네트워크에는 느슨하게 연결되어 있다. 2000년에 실시한 모스크 조사에서 모로코 모스크의 64%는 모로코 국가와 연결성이 없는 것으로 보인다.[75]

네덜란드는 1950년대부터 다원주의적 사회가 되었다. 네덜란드 정부는 소수 민족을 향한 정책에서 두 가지 접근 요소를 다 가지고 있다. 공동체주의적 요소로서 터키와 모로코 초등학생들은 학교에서 그들의 모국어로 교육을 받는다. 이를 위하여 국가와 지방 자치 단체는 복지 기금을 조성한다. 정부는 재정적으로 이민자 조직의 활동을 지원하며 정부와 이민자 공동체 사이에 중재자로서 세워진 이민자 조직 위원회를 받아들여서 활용한다. 또한 그들의 문화적인 배경과 상관없이 개개인 이민자들에게 초점을 맞추어서 교육이나 고용의 기회를 제공해 준다. 이러한 태도는 정부 정책의 동화주의적 관점을 반영한다. 1990년대 이후에 이 관점이 더욱 강해졌다. '동화'라는 단어는 공적으로 사용하지 않으며 정치인들은 대신 '통합'이라는 단어를 더 좋아한다.

1998년 이후 32개의 이슬람 초등학교가 세워졌다. 네덜란드 무슬림의 약 6%가 이 학교에 다녔다. 그 후 2000년 9월 이슬람 중학교가 문을 열었다. 네덜란드 사회민주당Social Democrats과 자유당Livberals은 이 학교를 반대하였다. 그들은 이 이슬람 중학교가 다문화적 네덜란드 사회에서 이민자 통합의 장해물이 될 것이라고 보았다. 이 학교 학생들은 다른 문화적 종교적 배경에서 온 학생들과 상호 작용을 할 수 없다는 것이다. 또한 그들은 이 학교가 '블랙 스쿨Black School'이 될 것을 우려했다. 그들의 관점에서 모국어로 네덜란드어를 구사하지 못한다는 것은 성공적인 교육에 심각한 문제가 될 것으로 보았기 때문이다. 이슬람 학교를 지지하는 사람들은 무슬림들이 많이 살고 있는 지역은 이미 블랙 스쿨이 되었다는 점을 들어 문제가 없다고 주장한다. 왜냐하면 이 지역의 백인들은 모두 다른 곳으로 이사 갔기 때문이다. 따라서 이슬람 학교는 무슬림들의 특별한 문제를 해결하기 위해 더욱 좋은 장소로 본다. 즉, 이곳이 그들에게 안전을 제공하며, 그들만의 정체성 발전에 도움이 되는 동일한 환경을 제공한다는 입장이다. 그러나 최근에는 동화주의적 입장이 더욱더 탄력을 받고 있다. 왜냐하면 이슬람 학교가 존재한다면 그들은 정부의 정책을 반대할 수 있기 때문이다.[76]

네덜란드에서 태어난 대다수의 무슬림들은 시민권을 가지고 있다. 1999년 66%의 터키인과 50%의 모로코인들이 시민권을 획득하였다. 시민권은 무슬림들로 하여금 지방 자치 단체나 국민 투표를 실시할 수 있는 직종의 공무원도 될 수 있다. 또한 네덜란드에 5년 이상 거주하였으면 시민권과 상관없이 지방 선거에 참여할 수 있고, 시의원이 될 수 있는 자격을 갖는다. 네덜란드의 암스테르담 남동쪽에 위치한 지역 의회에서 무슬림 정당인 무슬림민주당이 1석을 차지하였다. 이곳은 수리남 무슬림들이 집중 거주하는 지역이며, 이 지역에서 가장 큰 모스크인 세계 이슬람 선교World Islamic Mission 모스크가 있는 곳이다. 모스크 근처에서 사는 사람들이 정당을 세웠고, 그들의 후보를 선출하는 데 성공하였다. 무함마드 랍개Muhammad Rabgae는 네덜란드 녹색당의 국회 의원이며, 터키인 무슬림인 코스쿤 코르즈Coskun Coruz는 기독자유당 소속 국회 의원이고, 모로코인 우사마 체리비Oussama Cherribi는 자유당 소속 국회 의원이다. 대부분의 다른 당들도 국회나 지역 의회에 무슬림 의원들이 있다.[77]

핌 포르퇴인Pim Fortyn은 사회학 교수이자 우익적인 요소가 전혀 없었던 정치인이었다. 사회학을 전공했고 마르크스주의자였으며 동성애자로서 1997년 그가 집필한《우리 문화의 이슬람화를 반대한다Against the Islamisation of our Culture.》라는 책에서 네덜란드 사회에 이슬람이 제기한 여러 가지 도전들에 대해서 초점을 맞췄다. 이 모든 내용은 그때까지 정치적인 좌파였던 그의 견해와는 다른 내용이었다. 그는 이 책을 통해 이슬람은 네덜란드가 이루어 낸 성과 가운데 하나인 정교분리를 아직 이루지 못한 점과 이슬람 여성들도 다른 문화권과 마찬가지로 해방의 권리가 있어야 한다고 주장하였다. 그는 이슬람 종교가 근본적으로 편협하며 서구 가치와 양립할 수 없다고 주장했다. 미국에서 9·11 사태가 일어났을 때, 그는 그의 열정을 정치에 모두 쏟아 부었다. 그는 이슬람을 후진 문화a backward culture라고 묘사했고, 결국 그가 몸담고 있던 노트르담 정당Livable Rotterdam에서 제명되었다. 그는 당에서 제명되자 자신의 이름을 딴 핌 포르퇴인 리스트Pim Fortuyn List를 창립하였다. 2002년 하원 선거에서 핌 포르퇴인의 주가는 파죽지세로 상승했다. 그는 네덜란드의 정체성에 대한 위협을 경고하였고, 무슬림들의 게토화로 인하여 사회 성장에 어려움이 닥칠 것을 주장했으며, '자정까지 5분 전'이라는 표현으로 네덜란드가 이 모든 것을 돌이킬 기회가 별로 없다고 말했다. 그는 선거를 일주일 남겨 두고 힐베르쉼Hilversum에서 진행된 라디오 인터뷰를 마친 후 주차장에서 볼케르 그라프Volkeert Graaf에게 살해당했다. 그는 근거리에서 연속적으로 총을 쏘았다. 그는 무슬림을 이용하여 정치적인 권력을 추구하는 포르퇴인을 무슬림을 대신하여 죽였다고 주장했다. 포르퇴인은 살해당하기 전 인터뷰에서 "나는 이슬람을 퇴행적 문화라고 여긴다. 여러 나라를 여행해 봤지만 이슬람이 지배하는 곳은 어디든 끔찍했다. 다들 위선적이었다. 그들의 이상과 표준은 너무 아득해서 인간으로서는 결코 지킬 수 없는 것이었다."라며 "정치를 통하여 무슬림 이민을 끝장내기"를 바란다고 말했다. 그가 피살당한 후 네덜란드 국민들은 핌 포르퇴인 리스트에 17%가 투표하여 네덜란드 의회 150석 중 26석을 차지하였다. 만일 살해당하지 않았다면 포르퇴인은 유럽 정치에 큰 획을 그었을 것이다. 네덜란드 공영 방송국KRO은 2004년 네덜란드인들이 뽑은 '역사상 가장 위대한 네덜란드인De

Grootste Nederlander '으로 핌 포르튀인을 선정하기도 했다.

포르튀인이 남기고 간 공백에서 계속적으로 발언한 사람은 영화감독인 데오 반 고흐Theo van Gogh였다. 그 둘은 친구였을 뿐 아니라 함께 텔레비전에 출연하기도 하였다. 포르튀인이 살해당한 후에 이를 주제로 한 영화를 만들기도 하였고 책과 기고문들을 썼다. 그가 2003년에 쓴 책인《알라가 가장 잘 안다Allah weet het Beter》의 표지에는 반 고흐가 무슬림의 터번을 쓰고 밖을 째려보는 모습으로 이슬람 원리주의자들을 흉내 내고 있었다. 2004년 이슬람 안에서 학대받는 여성들에 대한 짧은 다큐멘터리인 '복종Submission'을 만들기도 했다. 이 다큐멘터리의 극본은 네덜란드에 이민 온 소말리아 여성 아얀 하르시 알리Ayaan Hirsi Ali가 썼다. 이 다큐멘터리가 네덜란드 방송국에서 방영될 8월 말 즈음에 영화 제작자들에 대한 이슬람의 협박이 급증했다.

2004년 11월 2일 반 고흐가 자전거로 출근할 때 암살자 한 명이 따라붙었다. 무함마드 보예리Mohammed Bouyeri는 반 고흐를 총으로 쏜 후 그의 목을 자르고, 가슴에 칼을 꽂았다. 반 고흐는 죽어 가는 순간에 보예리에게 "그냥 말로 하면 안 되나요?"라고 말했다고 한다. 반 고흐의 몸에 찔려진 칼에는 아얀 하르시 알리에 대한 다음과 같은 협박 글이 있었다. "나는 당신(미국)이 몰락할 것을 알고 있다. 나는 당신(유럽)이 몰락할 것을 알고 있다. 나는 당신(네덜란드)이 몰락할 것을 알고 있다. 아얀 하르시도 몰락할 것이다."[78] 그녀는 재빨리 경호팀의 보호를 받으며 네덜란드를 떠나게 되었고, 이슬람 비판자들은 경찰의 보호에 들어갔다. 정치가 교수 저널리스트 등 이슬람을 비판하면 경찰의 보호를 받지 않은 이상 생명의 위협이 커진 다는 것을 뼈저리게 배웠다. 과거에 종교적인 비판을 발전시켜서 스피노자Benedict de Spinoza(1632-1677)와 같은 사상가를 배출하던 네덜란드가 이제는 종교에 대하여 매우 민감하게 반응하게 된 것이다.

네덜란드 통계청에 따르면 영화감독 반 고흐가 26세의 모로코인에게 암살된 2004년 이래 수만 명의 네덜란드인들은 더 나은 삶을 찾아 다른 나라로 이주하였다. 2011년 첫 6개월 동안에 5만 8000의 네덜란드인들이 본국을 떠났다. 그러나 네덜란드인들이 떠남에 따라서 이주민들은 더욱 증가하게 되었다.[79]

한때 유럽 게이들의 수도로 알려졌던 암스테르담에서 게이 모델인 마이클 뒤 프레Micheal du Pree는 패션쇼 무대에서 끌려 내려져 구타를 당했고, 게이들에 대한 공격에 반대하던 시위 도중 레즈비언 여성이 깨진 병으로 맞아서 부상을 입었으며, 암스테르담 프라이드의 창시자인 휴고 브라크후이스Hugo Braakhuis도 공격을 받았다. 2007년 암스테르담 대학교의 연구에서 동성애자에 대한 증오 범죄는 201건이었는데, 공격자의 3분의 2는 '무슬림 젊은이들'이었다.

네덜란드에서 꾸란을 '파시스트 책'이라고 비난한 반이슬람 정치인 헤르트 빌더스Geert Wilders는 무슬림 이민을 금지하는 계획에 착수했으며, 그 결과 지난 선거에서 그를 지지하는 사람이 2배 증가했고, 최근 생겨난 우파 연립 정부의 잠재적 킹메이커가 되었다. 빌더스는 네덜란드와 유럽이 이슬람화되는 것에 대한 두려움에 맞서 싸울 것을 선포하며 "두 세대가 지나기 전에 유럽이 완전히 이슬람화될 것이며 미국이 전체주의 이슬람에 대항하는 최후의 서양 문명이 될 것"이라고 강조했다. 빌더스는 인터뷰에서 "이슬람은 전체주의 이데올로기이다. 이는 경제, 가족, 법률을 포함한 모든 삶의 요소를 지배한다. 이슬람은 종교적 상징, 신神 그리고 경전을 가지고 있지만 종교는 아니다. 공산주의나 파시즘 같은 전체주의 이데올로기와 비교할 수 있다. 이슬람이 지배적인 지역에서 진실한 민주주의는 존재하지 않으며 종교와 정권의 분리는 발생하지 않는다. 이슬람은 우리의 가치관과 완전히 반대되는 것이다."[80]고 말했다.

자유롭고 관용적이며 평화로운 네덜란드의 국민들은 21세기에 정치적 암살을 목격했고, 선출된 국회 의원을 단지 연설 때문에 재판에 회부했으며, 영화 제작자가 거리에서 참수당하는 장면을 보았다. 정치인 중 일부는 목숨을 걸고 도망치고 있다. 이 모든 사건의 한 가지 공통점은 그들이 이슬람 비판자들이라는 것이다.[81]

2013년 네덜란드에서 실시된 여론 조사에서 답변자의 77%가 이슬람이 자신의 나라를 윤택하게 하지 않는다고 답했다. 73%는 이슬람과 테러는 관계가 있다고 답했고, 68%는 네덜란드에 이슬람이 너무 많다고 답변하였다.

5
스웨덴의 이슬람

ISLAM

영국, 프랑스, 네덜란드와 같이 식민지를 가지고 있는 나라들은 식민지를 독립시키고 식민지 사람들을 받아들임으로써 노동력의 부족을 채웠다. 그러나 식민지가 없었던 나라들은 가난한 나라들과 외국인 근로자 계약을 맺어서 노동력을 충당했다. 스웨덴은 이러한 계약의 선구자였다. 스웨덴은 제 2차 세계 대전 당시 중립국이었기 때문에 주요 제반 시설들이 폭격을 당하거나 국민들이 착취를 당하지 않은 채 경제는 빠르게 성장하였다. 1945년부터 1970년대에 오일 쇼크가 일어나기 전까지 매년 4%의 경제 성장률을 기록할 수 있었다. 경제 성장을 지속하기 위해서 이민자가 필요했는데 같은 언어권의 핀란드 사람들이 있었기 때문에 문제가 없었지만 시간이 지날수록 더 많은 노동자가 필요하게 되었다. 스웨덴은 철저하게 임시 노동자 제도를 고수하였다. 노동자들은 2년이 지나면 자기 나라로 돌아가야 했다. 그러나 이런 방법으로는 부족한 노동력을 충당할 수 없었다. 결국 20년이 지난 후 터키와 유고슬라비아의 노동자들이 유입됐다.[82]

스웨덴 통계청에 따르면 2017년 스웨덴 인구는 996만 487명인데 이 중 243만 9007(약 24.1%)은 외국인이었다. 1990년 858만 7353명의 인구 중 약 15%가 외국인이었다는 것과 비교하면 엄청난 인구 구조의 변화이다.[83]

1930년에 조사된 스웨덴 인구 조사에서 이슬람 인구는 15명이었다.[84] 오늘날 스웨덴의 이슬람 인구는 2017년 퓨 리서치에 의하면 약 81만 명으로 전체 인구의 8.1% 정도이다.[85] 지금 이슬람 인구는 스웨덴에서 기독교 인구 다음으로 많다. 스웨덴에 도착한 첫 번째 무슬림 그룹은 타타르족Tatar이었다. 그들은 19세기 핀란드가 러시아 제국에 속해 있을 때부터 그곳에 살고 있었던 소수 민족이었다.[86]

스웨덴에 거주하는 대부분의 이슬람들은 수니파였다. 하지만 이디 아민Id Amin이 아프리카 우간다의 대통령이었던 1972년에 모든 아시아인에 대한 추방 명령이 내려졌고, 그때 우간다의 이슬람 시아파 인도인들이 스웨덴으로 정치적 망명을 신청했다. 이들은 스웨덴 남서부의 트롤해탄Trollhättan에 정착하여 살아가면서 1976년에 의회를 설립하였고, 1986년 그들만의 모스크를 건립하였다. 1980년대와 1990년대에 정치 난민들이 이란, 이라크, 레바논에서 들어오면서 시아파 무슬림들이 증가하였다. 스웨덴에는 약 6만 명의 시아파 무슬림들이 있으며, 그들 대부분은 도시를 중심으로 거주했다. 직장을 구하기 위하여 초기 무슬림들이 살던 곳에 살기 시작하였기 때문이다. 스웨덴에서 무슬림들이 가장 많이 사는 도시는 수도인 스톡홀름Stockholm과 예테보리Gothenburg, 말뫼Malmo 등이다. 스웨덴 무슬림 인구의 절반 정도가 스톡홀름에 살고 있으며 말뫼에는 유고슬라비아의 무슬림들이 주로 거주한다.[87] 최근에 스칸디나비아 무슬림들의 15-30%가 스웨덴으로 귀화하였다. 스웨덴에는 349명의 국회 의원이 있는데 그중 3-4명이 무슬림이다. 스웨덴에는 이슬람 조직과 의회 등 약 115개의 이슬람 단체들이 있다. 국가에서 지원하는 이슬람 단체는 모두 세 개가 있는데 1974년에 세워진 스웨덴 이슬람 연합회UICS, 1982년에 세워진 스웨덴 무슬림 연합회SMF, 스웨덴 이슬람 문화 센터 연합회UICCS 등이다.[88]

2002년 스웨덴은 다문화주의적이고 관용적인 좌파 지도자들이 집권하였고, 사담 후세인의 몰락 이후 많은 이라크 난민들이 스웨덴으로 향하면서 인구가 1년에 1%씩 증가했다. 스웨덴 또한 영국처럼 정치 기관을 장악한 다문화주의자들이 인종 차별주의를 무기로 자신들의 권력을 행사했다. 한때 민주적인 사회주의 사회의 모델이었던 스웨덴은 현재 제한 없는 이민 정책으로 인하여 두려움에 떨고 있는 국가가 되었다.

2015년 스웨덴에 도착한 난민들은 16만 3000명이 되었는데 이 수치는 1990년 발칸 전쟁 때의 난민에 비하여 두 배로 증가한 것이다. 그들 중 대다수는 젊은 무슬림 남성들이었다. 약 3만 5000명은 미성년자들로 추정되며 그들 대부분 아프가니스탄에서 왔다. 스웨덴은 난민 미성년들이 가장 많이 들어온 국가이다. 이에 대해 경찰은 통합에 실패할 경우 많은 난민들이 정착한 '출입 금지 지역No Go zone'이 취약한 영역이 될 것이라고 경고하였다. 실제로 2016년 7월 스웨덴 실업자의 42%가 유럽 밖에서 태어났는데, 스웨덴의 한 연구에 따르면 7년 만에 난민 이민자의 절반만 고용되었다. 또한 290개의 지방 자치 단체 중 240개가 주택 부족에 시달리고 있다.[89]

말뫼에는 32%가 외국인이며[90] 그 가운데 무슬림 인구는 25%에 육박하는데 스웨덴에 있는 무슬림들의 요구는 종종 위협 혹은 폭력을 동반한다. 스웨덴 감옥에서 5년 이상 복역한 사람들 중(5년 이상의 형을 받기 위해선 강도 혹은 강간과 같은 범죄를 저질러야 한다.) 절반 정도가 외국 출신 수감자들이다.

스웨덴 전역에서 발생한 무슬림 빈민가들은 다른 유럽 국가에서도 발생했다. 스웨덴, 네덜란드 및 벨기에의 많은 국립 학교에서는 무슬림들을 자극하지 않기 위해서 점심시간에 할랄 음식을 제공하고 있으며, 이러한 두려움은 학교의 교과 과정에도 영향을 미쳐 유대인이 당했던 홀로코스트 혹은 찰스 다윈의 과학적 가설에 대한 교육이 이루어지지 않고 있다. 말뫼는 무슬림이 가장 많은 도시가 될 것이며, 무슬림 이민자를 받아들인 스웨덴의 사회민주당SAP은 그들의 폭력을 통제하지 못하고 있다. 2004년 스웨덴 내무부 장관인 옌스 오르백Jens Orback은 라디오에서 진행된 토론에서 "우리는 이슬람과 무슬림에 대해 관대하고 열린 마음을 가져야 한다. 왜냐면 우리가 소수 민족이 되면 그들이 우리에게 관대하고 열린 마음

이슬람과 유럽 문명의 종말

을 가질 것이기 때문"[91]이라고 말했다. 그러나 이는 그저 희망 사항일 뿐이다.

2015년 스웨덴은 난민이민법을 개정하여 국경 수호를 강화함으로써 불법 체류자를 막도록 노력하였다. 그 결과 다수를 차지하는 시리아 난민 이민자는 1/3로 줄어들게 되었다. 이후 2018년 선거에서 반난민, 반이슬람 정책을 내세운 스웨덴 민주당Swen Democrats이 17.6%를 득표하여 의회의 60석을 차지함으로써 좌파 정당과 힘의 균형이 이루어지자[92] 민주당의 지도자 지미 아케손Jimmie Åkesson은 "우리는 지금까지 스웨덴에 들어온 사람들을 수용할 수 있는 능력이 없다. 우리는 그들을 스웨덴 사회에 동화시킬 수 있는 능력도 가지고 있지 않다."[93]고 주장했다.

스웨덴 무슬림 협의회Muslim Council of Sweden는 국민 투표 바로 전에 스웨덴 정당들에게 무슬림의 요구를 담은 공개서한을 보냈다. 그 공개서한에는 이슬람 센터 건립을 정치적, 재정적으로 지원할 것, 이슬람 학교와 이슬람법에 따른 할랄 도축의 허용, 금요일 이슬람 예배 시간에 직장에서 무슬림들에게 예배할 시간 할당, 무슬림을 위한 공동묘지 마련, 스웨덴 대학교에서 이맘을 육성할 수 있는 과정 마련 등의 요구 조건이 담겨 있었으며, 그들의 요구를 받아들여 준다면 무슬림의 표를 얻을 수 있다는 조언이 포함되어 있었다.

2000년 8월 스웨덴 일간지 〈다겐 너터Dagen Nhete〉에 의하면 1999년 유럽 국회 선거에서 스웨덴에서 태어난 외국 배경의 젊은이들이 스웨덴 젊은이들에 비하여 더 높은 비율로 선거에 참여하였다. 이것은 외국 배경의 젊은이들 태도에 변화가 일어났거나 아니면 스웨덴 국민들의 투표 참여율이 저조하다는 것을 의미한다. 참고로, 정치적인 측면에서는 유럽의 무슬림들은 좌파적인 경향이 있다.

처음 봐서는 스웨덴 상황이 다른 유럽 국가들과 달라 보일 수 있다. 2015년 독일과 비슷한 비율로 난민을 받아들였지만 스웨덴은 독일과 다르게 자신들의 지난 역사에 대한 부담으로 억눌려 있지 않은 듯하다. 오히려 자신감이 있어 보이는 듯도 하다. 진보적이고 자비로운 인도주의 강대국이자 1000만도 안 되는 인구로 사회 복지, 높은 세율, 그리고 높은 삶의 질로 명성이 높다. 그러나 이슬람 인구의 증가로 인한 문제는 그 어디나 동일하다.

스웨덴 국민들이 그들의 정치적 엘리트와 같이 항상 이민을 찬성한 것처럼 추정되지만 1993년 스웨덴의 〈엑스프레센Expressen〉 신문의 편집장인 에릭 엠손Erik Månsson은 '그들을 밖으로 끌어내라'는 제목의 기사에서 스웨덴 국민의 63%가 이민자들이 그들의 나라로 돌아가기를 바란다고 밝혔다. "스웨덴 국민들은 이민과 난민 정책에 대하여 확고한 입장을 가지고 있다. 그러나 권력을 잡은 자들은 그 반대편에 있다. 이것은 말도 안 된다. 이는 곧 폭발할 '의견 폭탄'이 될 것이다. 그래서 이에 대하여 쓰는 것이다. 폭탄이 폭발하기 전에 있는 그대로 말한다." 이 글을 쓴 이후에 그는 신문사에서 해고당했다. 2015년에 들어온 16만 3000명의 난민신청자들에게 들어가는 주택과 서비스로 제공되는 비용이 500-600억 스웨덴 크로나이다. 2016년 국방 예산이 470억 크로나, 법무부 예산 420억

크로나와 비교해 보면 얼마나 많은 재정이 이민자들을 위하여 사용되고 있는지 쉽게 알 수 있다.[94]

스웨덴의 이란계 후손인 경제학자인 사난다지Tino Sanadaji는 1990년 스웨덴의 비유럽인 이민자는 3%였는데, 2016년에는 13-14%로 상승하였고 매년 1-2% 증가하고 있다고 밝혔다. 스웨덴의 세 번째 도시인 말뫼는 비스웨덴 인구가 대부분이다. 사난다지에 의하면 한 세대 안으로 다른 도시들도 말뫼와 같이 될 것이며 스웨덴 민족은 모든 도시에서 소수가 될 것이다. 이는 이민과 이민자의 높은 출산율, 이민자가 많은 도시에 대한 스웨덴 사람들의 기피가 가져 온 결과이다.[95]

2009년 스톡홀름시 주민 4200명을 대상으로 한 설문 조사에 따르면 림케비키스타Rinkeby-Kista 주민의 72%가 동네가 안전하지 않아서 어두워진 이후에는 외출을 꺼리고 있다. 스팡가-텐스타Spånga-Tensta에서는 66%, 헤셀비발링비Hässelby-Vällingby에서는 63%, 파스타Farsta에서는 59%, 스카홀멘Skärholmen에서는 71%가 이처럼 행동하고 있다. 폭행 및 기타 폭력 범죄에 대한 두려움도 높다. 가장 높은 불안감은 이민자들이 많이 살고 있는 지역에서 나타난다. 높은 실업률과 낮은 수입의 이면에 이 지역들이 이슬람 문화가 지배적이라는 특징이 있다. 그 속에는 시아파도 있고 수니파도 있다. 게다가 그들은 이슬람의 삶과 정체성을 지키기 위해 노력하고 있다.[96]

스웨덴에서 일어나는 범죄 중 가장 충격적인 것은 강간이다. 스웨덴은 현재 서구 세계에서 강간 비율이 가장 높다. 스웨덴 범죄 예방 담당국BRA은 2012년 여름 한 달 만에 총 1091건의 강간 사건이 보고되었다고 발표했다. 이는 전년 대비 18% 증가한 것이다. 15세 미만의 아동 강간 범죄는 같은 기간 대비 53%나 급증했다. 스웨텐의 강간 수치는 2017년에 10% 더 증가했다.[97] 영국독립당UKIP의 나이젤 패라지Nigel Farage는 다른 유럽보다 더 많은 젊은 남성 난민들이 스웨텐으로 가면서 강간 범죄가 증가하고 있다고 주장하며, 말뫼는 현재 유럽 강간의 수도가 되어 가고 있다고 강조했다. 미국 전 대통령 도널드 트럼프Donald Trump가 패라지의 말을 인용하자 영국 BBC 뉴스는 2017년 2월 스웨텐에서 강간 범죄가 증가하는 이유는 스웨텐 법률의 엄격성과 정확한 기록 때문이라는 견해를 제시하였다.[98]

브뤼셀에 있는 유럽 연합 펀드인 다프네 IIDapne II가 자금을 지원해 유럽 연합 11개국에서 일어난 강건 사건을 연구한 팀의 선임 교수인 리즈 켈리Liz Kelly에 따르면 스웨텐에서 일어나고 있는 강간 사건은 인구 10만 명당 23건으로 영국보다 두 배나 높으며, 남유럽과 동유럽에 비하여 20배나 높다. 스웨텐에서는 매년 5000건이 넘는 강간 사건이 보고되고 있다.[99]

연구 내용은 충격적이었다. 연구서는 스웨텐인에 대한 수많은 이민자들의 광범위한 증오 및 범죄 현황, 문명화되고 평화로운 스웨텐을 휩쓸고 있는 강간, 그리고 이 모든 문제에 대한 스웨텐 언론과 정부의 침묵 등을 묘사하고 있다. 여기서 스웨텐 언론이 정부의 재정으로 운영된다는 점에 주목할 필요가 있다. 따라서 스웨텐의 정치 지도자들은 아름답다고 알려진 스웨텐에서 일어나고 있는 일들

이슬람과 유럽 문명의 종말

을 대중들에게 알리기를 꺼려할 수 있다.[100] 이민과 마찬가지로 스웨덴에서 강간 범죄가 증가한 것은 논쟁거리가 아니며, 이민이 강간 수치에는 아무런 영향을 미치지 않은 것이 사실이라면 스웨덴 정부는 왜 이 문제에 대한 통계 제공을 거부하는가?

스웨덴 정부가 이런 정보를 국민에게 공개하지 않기 위해서는 언론과의 공모도 필요하다. 실제로 1987년 3월 21일 스웨덴 솔트요바덴Saltsjöbaden에서 스웨덴 언론인 협회Svenska journalistförbundet가 설립되어 특별한 합의가 이루어졌다. 이를 릴라솔트 협정Lilla Saltsjöbadsavtalet이라고 하는데, 이 협정은 스웨덴 기자들이 범죄 수치와 통계를 보도할 때 따라야 할 지침을 제공했다. 릴라솔트 협정은 이민자dslalswkemf에 대한 뉴스가 어떻게 진행되어야 하는지 명확하게 규정하고 있다. "외국인 출신 스웨덴 시민들을 긍정적으로 묘사해야 하며, 특히 스포츠 및 청소년 활동과 문화 행사에 이민자를 참여시키고, 범죄 활동에서 특정 종교에 대한 부정적인 영향을 체계적으로 침묵시킨다." 즉, 범죄 가해자의 민족이나 종교 공개 금지를 가이드라인으로 요구하고 있다.

스웨덴에서 릴라솔트 협정은 매일 지켜지고 있다. 실제로 칼스타트Karlstad에서 젊은 여성이 강간당했지만 신문은 인종 차별주의로 보일 수 있기 때문에 강간범에 대한 설명을 생략하였다. 언론에서 강간범에 대하여 자세한 설명을 하지 않음으로써 다른 여성들의 안전까지 위협하고 있다. 덴마크에서 소말리아인이 여성 사회 복지사를 칼로 찔렀을 때, 덴마크 언론은 그 남자의 국적을 언급하였지만 스웨덴 언론은 그러지 않았다. 더 나아가 〈아프톤블레이드Aftonbladet〉의 어느 한 기자는 "진실을 숨기는 것이 더 민주적"이라고 말하였다.[101]

스웨덴의 저명한 저널리스트 잉그리드 칼크비스트Ingrid Carlqvist는 이에 대하여 다음과 같이 말하였다. "스웨덴은 인종과 종교에 대한 통계를 금지했다. 그것은 완전히 어리석은 짓이다. 범죄와 범죄자에 대한 통계를 공개하는 이유는 우리 사회에서 무슨 일이 일어나고 있는지 알기 위함이다. 최근 범죄가 증가하고 있다는 것을 알 수 있지만(특히 강간) 그 원인이 무엇인지, 배후가 누구인지 알지 못하기에 그것에 대해 어떻게 대처해야 하는지 알 수 없다. 스웨덴인들은 어둠 속에 갇혀 있다. 그들은 미디어를 통해 모든 범죄에 대해 읽을 수 있지만, 범죄 예방 담당국BRA은 모든 것이 괜찮다며 걱정하지 말라고만 말한다. 그리고 우리가 대량 이민을 받아들이기 시작한 이후로 스웨덴에서 범죄가 폭발적으로 증가하고 있다는 사실에 대해 아무도 조치를 취하지 않고 있다. 그들은 그것이 사실이 아닌 척한다. 몇 년 전 나는 평생 통계를 다뤄 온 전문가와 이야기를 나누었다. 그는 정부가 자신의 업무 수행을 불가능하게 만들었다고 말했다. 정부가 왜 특정 범죄의 배후를 보여 주는 것을 불법으로 만들었는지 대답은 명백하다. 모든 것을 알게 된다면 대량 이민을 반대할 것이기 때문이다."[102]

이 국가적 강간 위기에 대한 스웨덴의 정치적 반응은 독일과 흡사하다. 즉, 이민을 계속 허용하면서 스웨덴 여성의 자유를 제한하

이슬람과 유럽 문명의 종말

는 것에 초점을 맞추고 있다. 인구 4만 5000명의 작은 호수 도시 외스테르순드Östersund에서 불과 3주 동안 8건의 성폭행이 발생했을 때, 경찰은 여성에 대한 이런 사건들을 본 적이 없다고 보고했는데, 이 사건들은 모두 외국인 남성들이 저지른 일이었다. 가장 충격적인 사건은 외스테르순드의 중앙 버스 정류장에서 10살짜리 소녀를 네 명의 남자들이 강간한 것이다. 그러나 경찰의 반응은 이 도시가 너무 안전하지 않으니 혼자 외출하지 말라는 기자회견을 열어서 여성들에게 실내에 머물 것을 경고하는 선에서 그쳤다. 이에 대하여 엔소피 앤더슨Ensophie Anderson 지방 정부 위원장은 성 학대 괴물의 요구에 적응하라는 말은 근본적으로 잘못된 것이라고 비판하면서 "여성이 범죄자들에게 적응하도록 요구하는 것은 잘못이다. 피해자가 가해자에게 적응해야 한다면 사람들을 잘못된 길로 인도할 위험이 있다."라고 말했다.[103]

500명의 난민들이 외스테르순드 외곽 지역에 정착한 후에 일어난 더 많은 성폭행 사건들로 인해 2016년 3월 지구촌 전기 끄기Earth Hour 행사도 취소하였다. 지구촌 전기 끄기는 기후 변화 문제를 강조하기 위하여 도시가 한 시간 동안 가로등을 포함한 모든 전등을 끄는 행사이다. 경찰이 여성들은 밤에 실내에 머물라고 경고한 지 불과 몇 주 후에 이루어졌다. 스티븐 제랜트Stephen Jerand 선임 연구원은 불을 켜면 안전이 확보되니 현재 상황에서 보안을 강화하려는 우리의 공통된 노력과 맥을 같이한다고 말했다. 그가 말하는 '현재 상황'이란 이민자들에 의해 스웨덴 시골의 작은 마을에서

광범위하게 자행된 여성 성폭행 사건이었다.[104]

스웨덴이 큰 위기에 봉착했다. 급격하게 악화되는 근무 환경으로 인하여 많은 경찰들이 다른 길을 찾고 있다고 현직 경찰 피터 라르손Peter Larsson이 노르웨이 방송NRK 뉴스에서 인터뷰하였다. 실제로 스웨덴의 폭력 범죄는 증가 일로에 있다. 사망 사건의 증가율을 보면 2014년 82건, 2015년 103건, 2016년 가을까지 107건이었다. 예테보리 지역은 2014년 11건에서 2015년 24건으로 증가하였다. 예테보리는 마피아들의 살인과 아파트에 대한 폭탄 투척 등의 수법으로 여러 차례 공격을 받았다. 게다가 경찰에 신고되지 않는 폭력 범죄는 더욱 많아지고 있다.[105]

2017년 1월에는 충격적인 수치들도 밝혀졌다. 경찰의 위기라고 불릴 만큼 사표를 내는 경찰의 숫자가 크게 증가하였다. 2014년에는 경찰관 638명과 1009명의 민간인 직원이, 2015년에는 경찰관 828명과 1437명의 민간인 직원이, 2016년에는 950명의 경찰과 1691명의 민간인 직원이 사표를 제출하고 떠났다.[106]

1970년 스웨덴은 선진국 중 네 번째로 부유한 국가였지만 1997년 15위로 하락했고 이런 추세는 계속되고 있다. 지난 20년간 이민으로 인해 스웨덴 도시들의 면면이 바뀌기 시작했으며 복지 혜택에 대한 많은 제약을 낳게 되었다. 이로 인하여 불안감이 증가하고 있는데 이는 다문화주의의 결과이기도 하다.

6
노르웨이의 이슬람

ISLAM

노르웨이는 세계에서 가장 부유한 국가 중 하나이다. 이는 북해에서 나오는 석유에 의한 것이지만 노르웨이 사람들은 돈을 낭비하지 않았고, 현재 노르웨이 국부 펀드Government Pension Fund라고 불리는 국립 석유 자금에 3500억 달러를 추가하여 미래 세대를 위한 투자를 진행하고 있다. 노르웨이의 의료 보험은 세계에서 가장 좋으며 모든 사람들에게 무료로 제공된다. 임신으로 인해 일을 쉬는 여성들은 80%의 임금을 받으며, 노인들은 정부가 운영하는 노인 공동체에 들어갈 수 있다.

노르웨이는 유럽 연합에 가입하지 않았지만 영국의 정책을 모방했다. 이민을 통제하지 않는 정책으로 인해 1995년부터 2010년까지 노르웨이로 가는 이민자의 숫자가 300% 증가했다.

1970년 초, 유럽인이 아닌 젊은 청년들, 주로 파키스탄, 터키, 그리고 모로코 출신의 청년들이 일을 구하기 위해서 노르웨이로 이주하였다. 1970년대 대부분의 정치인들은 파키스탄인들을 손님으로 대접하면 그들은 얼마 지나지 않아 노르웨이의 규범들과 예의 범절들을 채택할 것으로 예상했다. 또한 손님으로 온 근로자들이 노르웨이에 오랫동안 체류하지 않을 것이라고 생각했다. 즉, 그들은 기간이 정해진 계약 노동자들이므로 충분하게 돈을 저축하면 파키스탄으로 돌아갈 것이라고 생각하였다.

노르웨이 당국이 인구 성장에 대한 자료를 조사할 때, 사람들의 인종적 혹은 종교적 배경을 등록하지 않기 때문에 노르웨이에는 특정한 종교적인 집단에 대한 통계에 기반을 둔 예측이 없다. 그 대신 이민율과 이 이민자들의 국가들을 기반으로 이민 성장률을 추정한다. 노르웨이 인권 기관Human Rights Service의 연구원 리타 칼센Rita Karlsen에 의하면 노르웨이 수도 오슬로는 2029년까지 노르웨이인들은 소수가 될 가능성이 크다.[107] 또한 이민자들 10명 중 7명은 서양이 아닌 다른 인종적인 배경을 가지고 있을 것으로 예측한다. 현재 전국적으로 노르웨이에 있는 비서양인들은 소말리아, 이라크 그리고 파키스탄과 같은 이슬람 국가들에서 왔으며, 2050년대가 되면 이민자들이 노르웨이 인구의 다수가 될 것이다.[108]

1970년, 첫 번째 이슬람 조직이 세워진 이후 1998년까지 80여 개에 가까운 이슬람 단체들이 정부에 등록되었다. 노르웨이에서 가장 큰 무슬림 그룹의 국적은 파키스탄이며, 그 다음이 보스니아, 터키, 모로코 순이다.

인도에서 유럽으로 온 힌두교인들이나 시크교도인 스리랑카의 타밀족은 보통 이주하면서 문화적인 변화를 경험하지만 세속적인 서양 사회에 잘 적응한다. 그러나 이슬람은 종교보다 깊다. 이슬람은 개인적인 생활과 공동체 생활의 모든 면을 규제하는 법들로 구성된 단일신 종교이다.

노르웨이의 수도 오슬로도 유럽 전역에서 일어나는 일에서 자유롭지 못하다. 노르웨이 통계청SSB에 따르면 2010년 오슬로 인구의 73%가 백인 노르웨이 인구였다. 2015년에는 백인 노르웨이 인구 수치는 68%로 감소했다. 2015년에 오슬로 인구가 64만 8000명이었을 때, 22%인 14만 1000명이 비서구 배경을 가지고 있었다. 아프리카와 아시아의 이슬람 국가만 고른다면 비서구 인구의 43%가 이슬람이 지배적인 국가에서 왔다고 추정할 수 있다. 이는 약 9만 명의 시민을 말한다. 오슬로 시민 7명 중에 한 명이 무슬림이라는 뜻이다. 2014년 오슬로에서 태어난 신생아의 40%가 외국에서 태어난 어머니에게서 출생하였다. 그 어머니들 중에 71%가 비서구 국가에서 태어난 어머니들이었다.[109] 무함마드라는 이름은 오슬로에서 가장 일반적인 이름이 되었다. 최근 노르웨이 통계청에 따르면 4800명 이상의 남성과 소년이 무함마드라고 불리며 얀Jan(4667명)과 페르Per(4155명)처럼 유명한 노르웨이 전통 이름을 제치고 있다. 다양한 철자를 가진 무함마드가 지난 4년 동안 오슬로에서 남자 아기들 이름으로 많이 불렸지만 남자 이름 목록에서 1위를 차지한 것은 처음이다. 2012년 노르웨이 450만 명의 인구 중 무슬림은 15만 명이었는데 주로 파키스탄, 소말리아, 이라크 및 모로코 출신이었다. 한편, 노르웨이에는 '노르웨이의 이슬람화 중지Stop Islamization of Norway'라는 반이슬람 조직이 있는데 2008년에 설립되어 3000명 이상의 회원을 보유한 것으로 추정된다.[110]

노르웨이 통계청에 따르면 2015년 1월 1일 현재 이슬람 단체들과 모스크들에 등록된 회원들은 14만 1000명이었고, 이것은 5년 새에 44%의 증가 혹은 4만 2000명의 새로운 회원들이 늘어난 셈이었다. 이와 비교해서 유대인 회당에 등록된 회원 수는 747명으로 5년 사이에 9%나 감소되었다. 이처럼 이슬람은 노르웨이에서 계속 성장하고 있지만 유대인들은 감소하고 있다. 노르웨이의 기독교인은 53%인데 무슬림 인구는 25.2%를 차지해 노르웨이에서 이슬람은 두 번째로 큰 종교이다.[111] 오슬로와 아케르스후스Akershus 주만 해도 주 의회의 기록에 의하면 정부 차원의 지원을 받는 60개의 모스크들과 이슬람 문화 협회가 있다. 모스크들과 문화 협회들은 노르웨이의 주요 도시들에 집중되어 있을 뿐만 아니라, 더 작은 소도시들, 마을들, 그리고 읍들에서도 찾을 수 있다. 노르웨이에 가장 많은 무슬림들이 살고 있는 지역은 수도인 오슬로 주변과 아케르스후스, 베르겐Bergen, 드람멘Drammen, 스타방게르Stavanger, 트론헤임Trondheim 등과 같은 곳이다.

2011년 뉴스 보도에서 어떤 부모는 점점 더 '노르웨이 민족이 되기 어려워져서' 오슬로 밖으로 이주할 계획이라고 말했다. 유치원 교사인 패트릭Patrick은 평생 오슬로의 그루드달렌Groruddalen 지역에서 보냈지만 이제는 오슬로 외곽으로 이사 가기로 하였다. 그는 "이곳에서 노르웨이인이 되기가 어려워졌다. 이곳에서 우리는 외국인이었다. 노르웨이어를 할 줄 아는 아이도 부모도 거의 없는 유치원이 있으며, 학교 급식 때 이탈리아식 소시지인 살라미를 들고 오면 구타의 위협을 받는 학교도 있다. 여자 아이들은 금발이라는 이유로 괴롭힘을 당하기에 이를 방지하고 그들과 어울리기 위해서 머리를 어둡게 염색한다. 학교에서 동성애자, 무신론자, 특히 유대인만 아니면 괜찮지만 지난 3년 동안 일어나는 모든 일을 지켜보고 듣는 것은 특히 무서웠다."고 말했다. 그루드달렌에서는 지난 15년 동안 2만 명의 노르웨이인들이 그 지역을 떠났다. 그루드달렌의 노르웨이인은 82%에서 56%로 감소하였다.[112]

노르웨이의 국영 방송NRK은 2012년 초, 이민자 비율이 45%인 오슬로의 한 지역에 살았던 8살 소년 엘리아스Elias와 인터뷰를 하였는데 학교에 가면 "와우, 돼지고기를 먹는다.", "돼지고기를 먹으면 악마에게 간다."는 조롱을 받았다고 말했다. 엘리아스는 그곳에서 친구를 사귀기가 힘들어서 학교를 별로 좋아하지 않게 되었고, 다른 아이들도 그와 함께 놀지 않았다. 그는 또한 친구를 사귀는데 어려움을 겪었는데 그의 어머니는 "엘리아스가 키가 크고 금발이어서 쉽게 눈에 띄었다."고 말했다. 엘리아스가 다니는 학교의 교사들은 그곳의 노르웨이 학생들이 비무슬림이라는 이유로 괴롭힘을 당한다고 인정했다. 엘리아스는 학교뿐만 아니라 동네에서도 또래들과 같이 어울리지 못하였다. 동네 아이들은 대부분 무슬림이었으며 엘리아스가 기독교인이어서 지옥에 갈 것이라고 놀리며 때리곤 했기 때문이다. 그는 평범하게 살고 싶어 했지만 이곳에서는 그렇게 되지 않았다.[113]

수십 년 만에 노르웨이에서 일어난 가장 잔인한 살해 사건은 이슬람과 불가분의 관계에 있는 대규모 살인자 안드레스 베링 브레이빅Anders Begring Breivik의 이야기다. 2011년 7월 22일 브레이빅은 77명을 살해했다. 그들 중 다수는 어린이었다. 사건 당일 아침 브레이빅은 오슬로의 정부 청사를 폭파해 8명을 살해하고, 그날 오후 늦게 집권 여당인 노동당의 청소년 정치 캠프가 열리는 우퇴야Utøya 섬으로 이동하여 69명을 더 살해했다. 그의 목표는 그 섬에 있던 노르웨이 노동당 청소년 캠프였다.

그는 공격의 목적이 좌파, 특히 노동당에 의해 추진되고 있는 이슬람 인구의 이민으로부터 노르웨이와 서유럽을 구하기 위한 것이라고 주장했다. 그의 페이스북을 조사해 보면 그는 영국의 영국 방어 연맹EDL과 연계되어 있으며, 오슬로 서부의 부유한 지역에서 자라 노르웨이 왕자와 함께 사립 학교를 다녔으며, 오슬로 경영 대학원을 졸업한 후 유기농을 생산하는 회사Breivik Geofarm를 설립했다. 그는 극단주의 이슬람을 반대했으며 정부의 이민 정책을 비판하였다.[114] 브레이빅 사건은 다문화주의를 지지하는 좌 편향 언론들에 대한 반응으로 신속하게 나타났다. 브레이빅은 살해 사건 이전에 성명서를 작성하였는데 그 속에 이슬람과 샤리아를 반대하는 몇 명의 저명한 인사들이 등장한다. 그중에는 조지 오웰George

이슬람과 유럽 문명의 종말

Orwell, 에드먼드 버크Edmund Burke, 윈스턴 처칠Winston Churchill을 포함한 영국의 정치인과 작가 등이 있었다. 또한 그중 한 명이《런던니스탄Londonistan》의 저자 멜라니 필립스Melanie Phillips였는데 그는 이슬람에 대한 정당한 비판을 브레이빅의 범죄와 연관시키려는 좌파의 비열한 시도를 요약한 기사를 썼다. "이번의 잔학 행위는 영국, 유럽, 미국의 좌파 정치인들 사이에서 그 자체로 충격적이고 무시무시한 반응을 불러일으켰다. 토르보른Thorbjorn 노벨 평화상 위원회 회장은 폭력적인 공격에 대응하기 위하여 유럽의 지도자들은 다문화주의에 더 신중하게 접근해야 한다고 하였다. 영국 수상 데이비드 캐머런David Cameron은 소수들의 가치를 대다수의 가치와 동등하게 지위를 부여하는 다문화주의 교리는 실패하였으며 테러의 원인은 이슬람 극단주의라고 이야기하였다. 브레이빅의 끔찍한 범죄는 자신이 책임져야 하지만 유럽 그리고 어떤 곳에서도 이슬람에 대한 비판은 유효하다."[115]

노르웨이의 국영 방송NRK에 의하면 2007년에서 2010년 사이 오슬로에서 일어난 41건의 폭력적인 강간 사건은 모두 이민자들에 의하여 일어났다. 오슬로 경찰청의 선임 경찰 한네 크리스텐 로드Hanne Christen Road는 2010년 4월, 노르웨이 TV 채널에 출연해서 노르웨이 여성들에 대한 강간 사건에 대하여 "가해자들은 비교적 젊은 남자들인데, 그들은 종종 정신적 충격을 받은 난민 출신이거나 노르웨이인과는 전혀 다른 여성관을 가진 나라에서 온 망명 신청자들이다."라고 폭로했다. 또한 오슬로에서 노르웨이 남성들에 의

한 폭력적인 강간 사건이 있었느냐는 질문에 대하여 "아니다. 그런 사례가 없었다."고 답했다.[116] 당시 확산되어 가는 강간 사건에 대한 경찰의 대응은 겨우 "교육"과 "다른 기관과 협력"뿐이었다. 그 대응의 핵심은 남성들에게 노르웨이의 여성들을 강간하지 말라고 정중히 부탁하는 것이었다. 만약 그것이 효과가 없다면 어떻게 해야 하는가라는 공분에 대해 노르웨이의 인류학자인 유니 위키안더Unni Wikan는 "나는 노르웨이 여성들이 강간당한 것을 비난하지 않는다. 노르웨이 여성들은 우리가 다문화 사회에 살고 있다는 것을 이해하고 적응해야 한다."고 말했다.[117] 그의 말대로라면 결국 노르웨이로 들어오는 폭력적인 여성 혐오증 이민자들을 수용하기 위해 노르웨이 여성들은 그들 자신의 행동을 바꾸고 그들의 자유를 스스로 제한해야 한다.

몇 년 동안 노르웨이에 거주했던 미국인 작가 브루스 바워Bruce Bawer는 2013년 노르웨이 정부 통계를 기반으로 했다는 "이민자 배경을 가진 사람들이 노르웨이인과 더 비슷해지고 있다."라는 〈알텐포덴Aftenposten〉 신문 기사에 대하여 "노르웨이 통계청이 그 숫자를 조작한 많은 기록을 가지고 있다."라고 주장했다.[118]

이렇게 노르웨이 수도 오슬로에서 성폭행이 폭증하자 2011년에는 이를 조사하기 위해서 다른 지역에서 추가 경찰들이 선발되기도 했다. 오슬로 경찰에 따르면 3년 동안 오슬로에서 일어난 모든 폭력적인 강간은 "비서양 이민자"에 의해 행해졌다.[119] 하지만 노르웨이의 좌파 정당은 이에 대하여 강간 피해자들에게 원인이 있다고 보고, 이슬람 문화가 여성에게 위험하다고 주장하는 사람을 인종 차별주의자일 뿐이라고 일축했다.

노르웨이 출신 작가 한느 허랜드Hanne Herland는《경종! 문화의 위기에 대한 고찰Alarm!Thoughts on a Culture Crisis》이라는 자신의 책에서 "노르웨이 사람들은 인종 차별주의자라는 소리를 듣는 것을 두려워하여 이슬람에 대한 자신의 목소리를 내지 못하고 있다."고 적었다. 실제로 노르웨이에 있는 금발 여성들은 공격을 피하기 위해 머리를 검은색으로 염색하고 무리를 지어 다닌다. 수도의 한 부분은 현재 무슬림들만 거주하는 지역으로 변했으며 샤리아 법의 지배를 받고 있다. 이런 사태에 대한 잘못된 분노로 브레이빅은 무고한 사람들을 살해하기에 이른 셈이다. 브레이빅 사건 이후 노르웨이 언론에서 이슬람에 대한 비난은 사라졌지만 이슬람의 문제가 사라진 것은 아니다.[120]

한편, 인구 6000명에 불과한 인리스레비Lisleby에서 많은 젊은이들이 시리아로 건너갔다. 그 동네에서 자란 7명의 청년 중 토레이프 압둘Torleif Abdul, 산체스 해머Sanches Hammer, 아부 에델비에프Abu Edelbijev, 그리고 압둘라 차이브Abdullah Chaib 등은 출신 지역이나 인종이 달랐음에도 하나의 공통된 꿈을 공유했다. 그들의 꿈은 지하드 전사였고, 시리아와 이라크의 IS를 위해서 싸우는 것이었다. 그 모든 청년의 꿈은 이루어졌다.[121] 그들은 모두 IS에 가입하였으며 그 후에 아무도 돌아오지 못했다.

덴마크의 이슬람

ISLAM

덴마크에서 이슬람의 출현은 1950년대에 있었다. 초기 무슬림들은 이슬람의 한 종파인 아흐마디야Ahmadiyya였다. 아흐마디야는 인도의 이슬람 지도자였던 미르자 굴람 아흐마디Mirza Ghulam Ahmad(1835~1908)가 스스로 만든 종파로서 자신을 예언자의 재현이며, 예수 그리스도 혹은 지상에 내려온 힌두교의 신 크리슈나라고 주장하였다. 아흐마디야 종파는 꾸란의 가르침을 믿지만 굴람 아흐마디를 선지자 무함마드에 이어서 나타난 선지자로 여긴다. 1958년 덴마크의 수도 코펜하겐 교외에 아흐마디야 종파에 속한 이슬람 모스크가 세워졌다. 1970년대 이민 노동자들과 1980년대와 1990년대 정치적 난민들이 들어오기 이전인 1960년대에는 스칸디나비아 국가에 살고 있는 무슬림은 몇 명 되지 않았다.[122] 덴마크 무슬림들은 1970년대 중반부터 조직화하기 시작하였다. 덴마크에는 현재 많은 모스크와 이슬람 센터가 있다. 코펜하겐의 교외에 위치한 이슬람 센터는 1976년에 열었다. 이 센터에는 주로 아랍인과 파키스탄인 무슬림들이 모인다. 대부분의 무슬림들은 본국과의 연계가 다양하게 이루어지고 있다. 터키 정부의 종교청에 대항하는 터키인들이 중심이 된 또 다른 밀리 구르스Milli Görüş는 이슬람의 정치 문화 운동으로서 덴마크 터키 무슬림 사이에서 활발하게 활동하고 있다.

덴마크에서 첫 번째 이슬람 초등학교는 1978년 코펜하겐에 설립되었고, 1990년대 중반 11개의 이슬람 초등학교가 세워졌다. 그들은 덴마크에서 어떻게 무슬림으로 살아갈 수 있는지, 어떻게 이슬람의 정체성을 지킬 수 있는지에 대한 해답을 찾고자 노력한다. 이슬람 단체와 모스크들은 무슬림 세계 연맹과 같은 국제단체들로부터 재정적인 지원을 받기도 한다.

2000년 9월에 실시한 국민 투표에서 이민과 이슬람을 반대하는 덴마크 국민당Dansk Folkeparti이 15%의 지지를 받았다. 덴마크의 내무부 장관을 지낸 카렌 제스퍼Karen Jesperson는 범죄를 저지른 이민자는 반드시 섬으로 유배 보내서 고립시켜야 한다고 주장하였다.[123] 이런 움직임은 이후 덴마크가 유럽 연합에 가입되어 있음에도 불구하고 무차별적인 이민을 금지하는 법안이 무수히 생겨나는 결과로 나타났다.

2002년 덴마크는 이민자들이 자동적으로 배우자를 데려올 수 없게 만들었고, 7년간 복지 혜택을 누릴 수 있는 권리를 제한했다. 2011년 통합장관Integration Ministry실의 보도에 따르면 덴마크의 엄격한 이민법에 대한 손익 계산 결과 국가로 하여금 주거 및 복지에 대한 지출을 효과적으로 감소시켰다. 통합장관은 〈질란트 포스텐Jyllands-Posten〉지에 "이제 국가에 누가 들어오느냐가 중요한 변수로 떠올랐다. 나는 덴마크에 이익을 가져다주지 못하는 사람들을 막는 정책에 대해 전혀 양심의 가책을 느끼지 않는다."고 말했다. 실제로 2011년 5월까지 덴마크는 540만 인구 중 5.9%인 32만 명의 이민자를 보유하고 있었음에도 불구하고 이들에게 덴마크 복지예산의 40%가 지출되었다.

2011년 5월 4일 덴마크 국민들은 이민에 호의적인 헬레 소밍-슈미트Helle Thorning-Schmidt가 이끄는 신노동당을 선택했다. 집권 이후 그녀가 처음 만든 변화는 덴마크의 이민국 폐지와 망명 신청자에 대한 혜택 부여였다. 이민자들에 대한 복지 혜택은 다른 덴마크 사람들과 같은 수준으로 격상되었으며, 부모가 어떤 나라 출신이든 그리고 범죄 경력이 있든 없든 덴마크에서 태어나는 모든 아이들에게 시민권을 부여하게 되었다.

가족의 재결합을 결정했던 성공적인 점수 제도도 폐지되었으며, 덴마크 시민권을 신청하는 비용이 큰 폭으로 감소했고, 영주권과 귀화 및 이중 국적에 대한 조건도 완화시켰다. 전임 이민부장관 쇠렌 핀드Søren Pind는 "덴마크 국경은 활짝 열릴 것이다."라고 말하며 새로운 정권의 대규모 이민 허락은 복지 혜택의 남용이라고 경고했다. 현재 덴마크는 터키를 통해 그리스로 들어오는 불법 이민자들이 가장 원하는 목적지가 되었다. 덴마크에서 무슬림들은 수도인 코펜하겐과 오르후스Arhus, 올보르그Aalborg, 오덴세Odense, 로스킬레Roskilde 같은 도시에 집중적으로 살고 있다.

2005년 9월 30일 덴마크 신문인 〈질란드 포스텐Jyllands-Posten〉은 무함마드를 묘사한 12개의 만화를 실었다. 아마도 이 만화들 중 가장 잘 알려진 그림은 터번에 폭탄이 박힌 무함마드일 것이다. 이슬람의 예언자 무함마드에 대한 시각적 묘사는 이슬람 전통에서 신성 모독으로 간주된다. 이 신문은 서구의 이슬람을 둘러싼 자기 검열 문제에 대한 논쟁을 불러일으키기 위해 이 만화를 게재했다고 밝혔다. 이에 대한 대응 논의를 위해 덴마크에서 이슬람 단체들이 모였다. 그 결과 이슬람 단체 모임은 〈질란드 포스텐〉이 덴마크 형법 140조와 266b조에 의거한 범죄 행위를 저질렀다고 소송을 제기했다. 하지만 검찰은 이 같은 주장에 대하여 출판물은 공익적인 문제이기에 대답할 만한 사례가 없다고 판결하면서 소송은 종료되었다. 하지만 이슬람 협력 기구OIC와 아랍 연맹은 덴마크 총리에게 우려를 표명하는 공동 서한을 썼다. 터키, 사우디아라비아, 이란, 파키스탄, 이집트, 인도네시아, 알제리, 보스니아 헤르체고비나, 리비아, 모로코 대사로부터 탄원을 받았고, 이들은 2005년 10월 덴마크 총리와 면담을 요청했다. 이 서한에는 "덴마크 언론과 공공 대표자들은 우리 모두가 공유하는 가치인 민주주의, 표현의 자유, 인권의 이름으로 이슬람에 대한 모욕을 허용해서는 안 된다."고 적혀 있다. 그런데 사우디아라비아, 이란, 파키스탄은 모두 만화 관련자들에게 신성 모독죄로 사형을 언도하면서도 표현의 자유를 주장하는 것이 매우 흥미롭다. 이에 대해 안데르스 포그 라스무센Anders Fogg Rasmussen 총리는 "표현의 자유는 덴마크 민주주의의 토대"이며 "덴마크 정부는 언론에 영향을 줄 방법이 없다"고 맞받아쳤다.

이러한 덴마크의 태도에 화가 난 이맘들과 이슬람 단체들은 이 사건을 중동으로 가지고 갔다. 그들은 덴마크에서 무슬림들이 당한 끔찍한 학대의 증거 자료들을 만들었다. 프랑스 '돼지소리 대회'에 참가한 한 남자의 사진을 포함시켰는데 이 사진은 질란드 포스턴 신문사와 전혀 관련이 없었다. 이 자료들을 가지고 이슬람과 무함마드가 덴마크에서 언론의 자유를 가장한 모욕과 조롱을 받고 있다고 주장했으며 곧 중동 전역에 배포되었다.[124] 중동에서 시위와 폭동이 뒤따랐고 수백 명이 목숨을 잃었다. 중동의 교회들은 표적이 되었고, 대사관이 불타 버렸으며, 만화가들에게 여러 건의 살해 협박이 가해졌다.[125] 무함마드가 터번을 쓴 만화의 제작자인 커트 웨스터가드Kurt Westergaard는 소말리아 무슬림인 모하메드 질레Mohamed Geele에 의해 아루스Aarhus에 있는 자신의 집에서 공격을 받았다. 질레는 도끼와 칼을 들고 웨스터가드의 집에 들어가 "너는 죽어야 한다.", "너는 지옥에 갈 것이다."고 외쳤다.[126]

덴마크 자유 언론 협회 회장인 라스 헤데가드Lars Hedegaard는 덴마크 대법원에 의해 이슬람에 대한 비판적인 논평에 대한 증오 연설 혐의로 기소되었다. 그는 2009년 12월 테이프 인터뷰에서 "이슬람 문화가 지배하는 지역에서 아동 강간과 가정 폭력 발생률이 높다."고 하였다. 이에 대하여 덴마크 검찰청은 헤데가드가 덴마크 형법

제 266b 조를 위반하였다고 기소하였다. 형법 제 266b 조에는 "공개적으로 또는 대중에게 보급하고자 하는 의도를 가지고 인종, 피부색, 국적 또는 민족, 종교 또는 성적인 표현으로 인하여 집단이 위협, 모욕 또는 거부되는 현상에 대하여 최고 2년의 형을 받으며 벌금형에 처한다."고 되어 있다. 헤데가드는 자신이 모든 무슬림이나 대다수 무슬림이 그렇다는 뜻은 아니라고 주장했지만 1심과 항소심에서 유죄 판결을 받았다. 2012년 4월 20일 덴마크 대법원은 헤데가드가 자신이 인터뷰한 내용이 대중에게 알려질 것을 인지하지 못했다고 판단하여 무죄를 선언하였다. 그러나 그가 인터뷰한 내용, 즉 이슬람에 대한 대중적인 비판이 형법 제 266b 조를 위반하였기에 감옥에 갈 수 있는 범죄라고 강조하였다. 결국 이 사건은 헤데가드가 잘못을 저질렀다는 사실과 함께 언론의 자유에 대한 법적 제한을 확인한 셈이 되었다. 헤데가드의 사례는 오스트리아, 핀란드, 프랑스, 이탈리아 및 네덜란드에서 벌어졌던 최근의 사례와 유사하다. 유럽 법원은 샤리아 이슬람 법원의 증가 문제에 대한 대중의 토론을 침묵시키기 위해 언론의 자유를 제한하고 있다.[127]

이슬람을 통한 문화적인 충돌에 대하여 덴마크의 인구통계학자 폴 마티센Poul Chr. Matthiessen 교수는 1999년 8월 29일 〈질란드 포스텐〉을 통하여 다음과 같이 경고하였다. "비서구권에서의 이민은 덴마크 문화와 종교 및 삶에 영향을 미칠 것이다. 덴마크의 포괄적인 변화에 이슬람은 결정적인 요인이 될 것이다. 이슬람이 세속화될 것인가 아니면 이슬람이 더욱 보수화될 것인가? 무슬림들은 보수화될 것이며 전통 및 관습에 대한 존중을 요구할 것이다. 이로 인하여 문화적 충돌이 일어날 것이다." 그는 이 연구로 인하여 정치권으로부터 인종 차별주의자라는 말을 들어야 했다. 6년 후 그는 다시 한 번 〈질란드 포스텐〉을 통하여 덴마크 정부에 경고하였다. 또한 비서구 국가에서 온 젊은 이민자와 후손들의 범죄율이 젊은 덴마크인들보다 두 배가 높으며, 그들의 자녀들은 학교를 마치지 못하고 덴마크 사회에서 고립되어 가고 있다. 그는 덴마크의 역사 속에서 이민자들이 덴마크의 가치와 규범에 대해 적대적인 적은 역사상 처음이라고 경고하였다. 1970년대 중반까지 모든 덴마크 이민자들은 덴마크의 규범과 가치에 빠르게 적응하였다. 16세기에 이민 온 네덜란드 농부들, 17세기에 신앙의 자유를 찾아서 이주한 프랑스 위그노들, 19세기 스웨덴과 폴란드 노동자들, 1990년에 덴마크로 온 러시아 유대인들이나 1970년의 칠레인들 모두 덴마크 사회에 빠르게 적응해서 하나가 되었다. 폴 마티센은 중동과 아프리카의 정세 불안 때문에 유럽으로의 이민은 계속될 수밖에 없다고 보았다. 중동의 인구는 25년 안에 3억 7700만 명에서 5억 1900만 명으로 증가할 것이다. 중동의 경제 및 사회 발전 수준은 유엔 보고서에 언급되어 있듯이 열악할 수밖에 없기에 유럽으로의 이민은 불가피하다고 본 것이다. 폴 마티센의 염려는 구체화 되어 가고 있다. 유엔의 인구 예측에 의하면 15년 사이에 아프리카의 인구는 11억에서 15억으로, 2050년에 이르러서는 24억으로 증가할 것이다.'[128]

4부

유럽의 다문화주의 실패 선언의 배경

ISLAM

———

이슬람 샤리아 법이 영국의 문을 두드리고 있다. 샤리아법이 시행되어
도둑의 손이 절단되는 것을 한번 본다면 아무도 도둑질 하지 않을 것이다.
단 한 번만이라도 간음하는 자가 투석형을 받는 것을 본다면 누구도 간음하지
않을 것이다. 이 나라를 평화의 안식처로 만들 수 있는 법을 영국에 제공하고 싶다.
만약 그들이 받아들인다면, 그들에게 이익이 될 것이고, 그것을 받아들이지
않는다면 점점 더 많은 감옥이 필요할 것이다. 알라께서는 이미 내가 지배하게
될 것이라고 선포하셨다. 물론 지배는 정치적 지배이다. 이슬람의 정치적 지배는
도둑의 손을 절단하고, 간통자와 술주정뱅이들을 채찍질하고,
비무슬림들을 상대로 지하드를 펼치는 것이다.

_ 영국 이슬람 샤리아 협의회 사무총장, 수하이브 하산Suhaib Hasan

제 2차 세계 대전이 인종 차별주의자들로부터 시작되었기에 유럽 인들은 다문화 사회를 건설함으로써 그런 일이 재발되지 않을 것 이라고 생각했다. 그래서 다문화주의가 시작되었고, 값싼 노동력과 함께 이민자들이 유럽으로 들어왔다.[1] 동질 문화권의 이동은 사회 적인 문제를 동반하지 않는다. 유럽 안에서의 유럽인 이주는 문제 가 되지 않는다. 그러나 다른 문화와의 만남은 충돌이 불가피하다. 특히 이슬람과의 만남은 더욱 그렇다. 1400년 동안 유럽과 이슬람 은 서로 경쟁했으며, 서로 적대하고 때때로 서로 부딪히기까지 했 다. 유럽 사람들의 19%만이 이민자들이 자국에 좋은 영향을 끼쳤 다고 답변하였다.

유럽의 정치 지도자들도 다문화는 실패했다고 공언하였다. 앙겔 라 메르켈Angela Merkel 독일 총리는 2010년 10월 "다문화 사회를 건설해 공존하자는 접근법은 완전히 실패했다."고 선언하였다. 프랑스 사르코지 대통령은 2011년 2월 10일 '프랑스식 이슬람'이 아닌 '프랑스 안에서의 이슬람'은 반대한다고 선포하였다. 영국 데이비드 캐머런 총리는 2011년 2월 5일 독일 뮌헨의 국제 안보 회의 연설에서 "무슬림 테러리즘 뒤에는 '정체성에 대한 질문'이 존재한다. 최근 몇 년 동안 계속되었던 이슬람에 대한 수동적인 관용은 이슬람 극단주의로부터 영국의 가치관을 지키기 위하여 포기해야만 한다. 무슬림들은 이슬람에 대한 충성보다도 영국인이라는 사실에 주목해야 한다. 이제 실패한 정책(다문화주의)을 접을 시간이 됐다." 고 밝혔다.[2] 스위스 베른대학교의 크리스티앙 요프케Christian Joppke 교수는 "적어도 유럽에서는 무슬림들 때문에 다문화주의가 후퇴했다."고 발표했다.[3] 캐머런 총리가 다문화 실패를 선언하자 2월 7일 레오 미킨스트리Leo McKinstry는 영국의 신문 〈데일리 익스프레스Daily Express〉의 칼럼을 통해 유럽에서의 다문화 실패 원인을 네 가지로 꼽았다. 첫째는 무슬림에 의한 테러, 둘째는 무슬림에 의한 성폭력, 셋째는 폭력적인 범죄, 넷째는 마약의 만연이다.[4]

　　　　　　　　　　　　　　　이슬람과 유럽 문명의 종말

1

무슬림에 의한 테러

ISLAM

이슬람에서 지하드Jihad, 즉 알라를 위한 전쟁은 이슬람의 교리로서 무슬림들의 의무이며 참전하다가 죽으면 순교자가 되고 동시에 천국에 이르는 유일한 길이다(꾸란 4:74; 3:169). 본래 전쟁, 즉 지하드는 테러를 의미하지 않는다. 이슬람의 법에 의하면 전쟁은 전투적 행위를 가리킨다.[5] 그러나 현존하는 테러는 급진적인 이슬람에 의하여 재해석되었다. 이슬람 급진 사상을 체계적으로 정리한 사람은 지하드의 아버지로 불리는 사이드 쿠틉Sayyid Qutb(1906-1966)이다. 그는 관용을 강조하는 꾸란의 지시는 이슬람이 정치적으로 승리하고 진정한 이슬람 국가가 세워진 이후에야 가능하다고 주장하며, 무슬림들에게 예언자를 모델로 하여 주류 사회에서 떨어져 나와 지하드에 참여하라고 말했다. 이슬람 원리주의가 폭력을 정당화하는 명분은 우주적 전쟁Cosmic Jihad이다. 이슬람은 선이고 타 종교나 세속적 서구는 악이기 때문에 폭력을 통해서 악을 제거해야 한다는 것이다. 원리주의 지도자들은 테러범들을 '자유의 전사들'로 인식한다.

2001년 10월 6일 이슬람 지도자 함자 알가자위Hamza al-Ghazawi는 영국에서 테러의 이슬람적 정의를 발표하였다. "이슬람 법률에서 허락하는 테러는 알라의 법에 의한 처벌로서 위선자, 세속주의자, 겁쟁이 및 반란자들에게 겁을 주는 행위이다. 언론에서 말하는 테러라는 의미는 알라를 위한 지하드이다. 지하드는 알라의 적에 대한 공포의 절정이다."[6]

또한 이슬람에서 자살은 죄로 간주하고 자살을 하면 영원히 지옥의 벌을 받는다고 말한다. 자살은 그가 평생 덕을 쌓으며 살았다고 해도 천국이 아니라 지옥에 가는 죄이다. 이 규칙과 신앙은 이전의 이슬람 시기에도 존중되었다.[7] 그러나 자신을 희생하는 자살 테러가 지하드로 바뀌면서 구원을 보장하는 행위가 되었다. 따라서 좌절하고 분노한 젊은이들에 의하여 테러가 열정적으로 일어나고 있다.

영국 정보부 M15에 의하면 2017년 이후에 영국에서 25건의 테러 공격을 막았고, 3000명의 테러 용의 감시자가 있다. 또한 400명의 영국 국적 IS 전사들이 시리아에서 돌아왔으며, 700명이 테러와 관련하여 조사 중에 있고, 2018년 한 해 동안 52명의 테러 용의자들이 감옥에서 풀려났다.[8]

유럽에 살고 있는 많은 무슬림들은 그 사회의 2등 시민으로 분류

된다. 그들이 접근할 수 있는 곳은 슈퍼마켓, 패스트푸드점 그리고 영화관이 전부이다. 그들은 피부색과 민족으로 인하여 인종 차별 혹은 적대적인 편견을 경험하였다. 많은 무슬림 젊은이들이 자신의 정체성을 찾기 위하여 종교로 돌아가면서 '나는 아랍인 혹은 흑인이 아니라 무슬림이다.'라고 말한다. 무슬림이라는 말은 유럽 사회에 적응하기를 거부하는 외국인이라는 암호가 되었다. 2019년 런던 브리지 근처에서 두 명을 살해하고 사망한 우스만 칸Usman Khan은 테러를 일으키기 이전에 자신이 헤이우드Haywood 고등학교에 다닐 때 당했던 왕따에 대하여 진료소에서 의사와 많은 대화를 나누었다고 밝혔다.[9] 불평등과 트라우마를 통하여 무슬림의 정체성이 형성되는 현상은 현재 진행형이며 지속적이라는 것을 알 수 있다.

마크 세이지먼Marc Sageman은 정신과 의사로서 아프가니스탄 전문 CIA 작전 장교였다. 그는 1987년부터 1989년까지 이슬라마바드에 거주하면서 아프간 무자혜딘Mujahedin과 함께 작전을 수행하였다, 그는 '많은 사람들Bunch of Guys' 이론으로 잘 알려진 포괄적인 급진화 이론을 발전시켰다. 마크 세이지먼은 '많은 사람들'이 급진화되는 과정을 철저히 조사하여 테러를 지지하는 단계에 도달하기까지 어떤 것들이 영향을 끼치는지 연구하였다. 그는 네 가지 과정을 언급하였다. 첫째, 세계에 존재하는 불공평함에 대한 도덕적 분노, 둘째, 도덕적 갈등에 대한 분노를 야기하는 이슬람과의 전쟁에 대한 유능한 해석, 셋째, 이슬람 전쟁의 또 다른 원인이 되는 차별과 같은 개인적인 경험, 넷째, 동원 네트워크 등이다. 따라서 이슬람 극단주의 집단인 살라피스트Salafist의 영향을 받아 형성된 이슬람 단체에 대한 강렬한 충성이 소외된 젊은 무슬림들로 하여금 광적인 테러범이 되게 한다.[10]

자국에서 태어난 무슬림 2세들이 중심이 되어 일으킨 2005년 7·7 런던 테러로 인하여 정보국은 조직의 재정립이 필요하게 되었다. 특수 부서들은 대테러 부서로 편입되었고 영국 전역에 M15와 협력하는 8곳의 테러 정보 연합 기관이 만들어졌으며, 2003년부터 2008년까지 테러를 방지하기 위한 경찰 병력은 1700명에서 3000명으로 늘어났고, M15 직원은 3500명으로 두 배나 증가하였다.[11] 그 후 2년이 지난 2007년 11월 영국 총리 고든 브라운이 취임하자마자 가장 먼저 한 일은 테러 대비 예산 편성이었다. 브라운 총리는 테러를 전담하기 위하여 2000명 이상의 새로운 경찰을 모집하고, 테러를 조장하는 사람을 감시하기 위하여 2억 4000만 파운드를 사용할 것이며, 3500개의 경찰팀을 구성하는 계획안을 발표하였다. 또한 그는 "테러를 위한 대비는 6년 전보다 세 배가 증가하였다."고 발표하였다. 2017년 말 정부 기관에 대테러 전담 부서Counter Terrorism가 새로 설치되었다.[12] 영국의 재무부 장관인 조지 오스본George Osborne은 테러 용의자들을 감시하는 데 지난 몇 주 동안 1억 파운드(한화 약 1600억 원) 이상 지원되었다고 밝혔다.[13]

1970-1979년 사이에는 단 한 건의 테러가 사우디아라비아 메카에서 있었다. 1980-1989년 사이에 5건의 테러가 일어났으며, 그 다음 10년간 10번의 테러 공격이 발생해 총 343명이 사망하였다.

2000년대에는 새천년을 기념해서 발생한 약 20건 이상의 테러로 총 5311명이 사망하였다. 그들 중 2996명은 2001년 9월 11일 뉴욕에서 사망하였다. 그 다음 해에 인도네시아 발리에서 202명이 살해당했고, 240명은 부상당했다. 그 희생자들 중에 다수는 서양의 관광객들이었다. 2004년에 알카에다의 영향을 받은 스페인 테러 단체에 의하여 마드리드에서 192명의 사망자와 약 2050명의 부상자가 발생했다. 2005년 7월 7일에는 영국에서 태어난 무슬림 테러범들에 의하여 런던에서 53명이 죽었고 784명이 부상당했다. 한편 2004년 9월 1일 러시아의 학교에서 344명이 사망하였으며, 이라크에서 2007년 8월 14일 수니파 무슬림 테러범들은 야지드Yazidi라는 이라크 민족을 796명이나 살해했다.

2010년부터 2019년까지 271건의 테러가 있었고 8353명이 사망하였다.[14] 그러나 희생자들이 모두 통계 수치에 잡힌 것도 아니다. 예를 들어서 나이지리아에서 이슬람 원리주의 단체인 보코하람이 2015년 1월 8일 최소한 200명을 죽였고, 2000명이 행방불명되었지만 어떻게 되었는지 알지 못한다. 또한 IS에 의하여 죽은 사망자의 숫자는 정확하게 알 길이 없다.

2015년 11월 13일 프랑스 파리에서 3시간이나 계속된 6곳의 연쇄 공격들 뒤에는 테러리스트들의 잘 조직된 네트워크가 있었는데 모두 IS와 연관이 있었다. 기관총, 수류탄, 그리고 폭탄을 사용하여 130명을 죽이고 350명이 부상당했다. 파리 테러 발생 후 총리인 마누엘 발스Manuel Valls는 국가 안보에 위협이 되는 사람들 2만 명을 첩보 기관에 등록했다고 발표했다. 이중에 1만 명은 원리주의 이슬람 단체들과 연관이 있었지만 대부분은 감시를 받고 있지 않았다. 그들 중 여러 명은 '샤를레 엡도Charlie Hebdo'를 습격한 자들이었지만, 프랑스 대혁명 기념일인 바스티유의 날Bastille Day에 니스Nice에서 19톤 대형 트럭으로 보행인들을 밀어붙인 테러범은 명단에 포함되어 있지 않았다. 그 명단의 잠재적인 테러범들 중 30%가 여성들이었고, 25%가 최근 개종자들이었다. 이들 가운데 1000여 명이 IS에 다녀왔으며 898명이 그곳에 가고 싶어 했다. 2147명이 IS와 연계되어 있는 것으로 추정된다. 잠재적인 테러범들은 1만 500명이라고 판단하는 것이 안전하다.[15] 파리 테러 후, 몇 주간은 경찰들이 2345개의 개인 주택들과 건물들을 습격해 232명을 체포했고, 군사용으로 분류된 332점의 무기들을 회수했다. 반년 뒤 당국은 폭력적인 지하드를 미화하는 모스크 20개를 강제 폐쇄했다. 프랑스에는 총 2600개의 모스크가 있는데 불법적으로 운영되거나 증오 설교를 전파하는 모스크는 조만간 폐쇄될 것이라고 말했다.[16]

이슬람과 유럽 문명의 종말

2

무슬림에 의한 성폭력

ISLAM

유럽으로 오는 무슬림들은 남성에게 여성이 종속되는 문화를 가지고 있는 이슬람 국가에서 오는 사람들이다. 이슬람 문화에서는 여성이 남성에게 종속되는 것을 사회적으로 용인한다. 그런데 유럽 사회는 남녀가 동등한 사회이기에 이 두 문화 사이를 채울 수 있는 방법은 없다. 유럽에서 2006년 퓨 리서치의 여성에 관한 인식 연구에 의하면 다음과 같다. "60%의 영국인들은 무슬림 남성이 여성을 존중하지 않는다고 생각한다. 다른 유럽 국가들도 마찬가지이다. '무슬림 남성이 여성을 존중하는가?'라는 질문에 83%의 스페인 사람들은 '아니다.'라고 답변하였다. 12%만 '그렇다'고 답변했다. 반면 스페인에 사는 무슬림들에게 '스페인 남성은 여성을 존중하는가?'라고 물으면 83%가 그를 부정했으며, 13%만이 '그렇다'고 답변한다. 이슬람 남성들은 베일을 쓰지 않는 여성들을 성적으로 타락했다고 생각한다." 타락을 방치하기 때문에 존중하지 않는다고 생각한다.[17] 이렇게 두 문화 사이에 여성에 대한 생각의 차이가 크다.

2013년 초부터 7개월 동안 스웨덴의 수도 스톡홀름에서 1000명이 넘는 스웨덴 여성들이 무슬림 이민자들에게 강간을 당했다고 신고하였다. 그중에서 300명 이상은 15세 미만이었다. 2012년 대비 사건 수가 16%나 증가해 스웨덴은 전 세계에서 강간이 두 번째로 많은 나라가 되었다.[18] 영국 국회 청소년 위원회Children's Commissioner 부대표인 수Sue Berelowitz의 연구에 의하면, 2010년부터 2011년까지 14개월 동안 영국에서 2409명의 소녀들이 아시안 조직 폭력배들에 의하여 성폭력을 당했다.[19] 참고로 유럽에서 '서인도인'과 '아프리카인'은 '흑인'이라는 개념에 속하며, '파키스탄'과 '방글라데시인'들은 '아시아인'으로 분류한다.[20] 방글라데시와 파키스탄은 이슬람이 국교인 나라이기에 유럽에서 '아시안 조직 폭력배'라고 하면 일반적으로 무슬림을 의미한다.

2013년 1월 15일 BBC 뉴스에 의하면 옥스퍼드와 버크셔Berkshire에서 9명의 남자들이 2004년부터 2012년까지 결손 가정에서 자란 11세에서 15세 사이의 영국 소녀들을 강간하고 인신매매했다. 당시 소녀들은 마약 때문에 자신에게 무슨 일이 일어나고 있는지 알지 못했다고 말했다. 그들은 소녀들을 자신들의 성적 만족을 위하여 이용한 후 성매매를 시켰다. 소녀들은 복종하지 않으면 집을 불태우고 가족들을 살해하겠다는 협박에 시달렸다. 이에 소녀들은 자해를 하는 등 지옥 같은 생활을 했으며 하루빨리 그곳에서 벗어나고 싶어 했다. 방송에서 밝힌 남자들은 아사드 후세인 Assad Hussain(32세), 모함메드 카를Mohammed Karrar(38세), 모함메드 후세인Mohammed Hussain(24세), 지산 아하메드Zeeshan Ahmed(27세), 빌랄 아하메드Bilal Ahmed(26세), 카멜 자미르Kamar Jamil(27세), 아흐다르 도가Akhtar Dogar(32세) 등으로 모두 이슬람식 이름들이었다.[21]

2001년 노르웨이에서 일어난 강간 사건의 65%는 무슬림 남성들에 의하여 일어났다. 경찰 보고서는 오슬로에서 일어난 강간 통계들을 자세하게 분석해 놓았다. 이 보고서는 2010년 당시 노르웨이 인구의 1.5%에 불과한 무슬림들이 나라 전체에서 일어난 강간 사건의 50%를 차지했다고 보고하고 있다.[22]

2015년 2월 4일 영국 로더햄Rotherham 시에서 복지 담당 공무원인 루이스 케이시Louise Casey는 〈로더햄의 어린이 성 착취에 대한 독립적인 보고서 1997-2013 Independent Inquiry into Child Sexual Exploitation in Rotherham 1997-2013〉를 발표하였다. 1997년부터 2013년까지 일어난 어린이 성적 착취에 대한 보고서였다. 보고서에 의하면 이 기간동안 로더햄에서 최소한 1400명의 어린 소녀들이 성적인 착취를 당한 것으로 밝혀졌다. 그러나 조사 후에도 1510명이 추가로 착취를 당했는데 피해자들은 전부 그 도시의 비무슬림 백인 여성이었으며, 가장 어린 피해자는 겨우 11세였다. 모두가 야만스럽게 강간을 당했으며 어떤 소녀는 페인트를 온몸에 들이붓고 불을 지르겠다는 협박을 받았다. 어떤 소녀는 총으로 위협을 받았다. 이 조사에서 가해자들은 대부분 파키스탄계 남성 무슬림들이었지만 가해자의 인종과 출신이 밝혀지면 인종 차별주의자로 비판받을까 봐 염려된다고 보고서는 적고 있다. 용의자는 110명이었고 38명이 체포되었으며, 18명이 기소되어 4명이 총 30년의 유죄 판결을 받았다. 재판을 담당한 판사들에 의하면 가해자들의 말은 모두 일치했다. 그 소녀들이 비무슬림이었기에 강간했다고 진술했다. 그들은 남성 우월주의가 팽배한 이슬람 문화를 파키스탄에서 가지고 온 것이다.[23] 로더햄 시의 25만 명 인구 중 무슬림은 약 1만 명이다. 어떻게 문명화된 영국에서 이런 일이 일어날 수 있었으며, 공무원과 사회 복지사들은 왜 침묵하고 방관할 수밖에 없었는가?[24] 경찰 정보국의 2010년 기밀 보고서에는 "특히 로더햄과 셰필드에서 젊은 백인 여성들을 착취하는 아시아 남성들의 네트워크에 중대한 문제가 있다."고 상세하게 기술되어 있었다.[25] 로치데일Rochdale, 옥스퍼드Oxford, 버밍엄Birmingham, 뉴캐슬Newcastle 등에서 무슬림 조직 폭력배들이 기소되면서 사태가 전국적이라는 사실을 알게 되었다. 영국의 일간지 〈익스프레스Express〉는 2017년 8월 형사 고발, 정부 보고서, 그리고 후속 조치에 대한 약속에도 불구하고 로더햄의 무슬림 갱단들에 의한 강간은 여전히 '산업적인 규모'로 일어나고 있다고 보도했다.[26] 영국에서는 인종 차별주의자로 불리지 않으려는 경향이 강하기 때문에 지방 의회도 침묵을 지키고 있으므로 수천 명의 어린 소녀들은 아직도 이슬람 조직 폭력배들에 의해 강간과 매춘을 당하고 있다.

이슬람 세계에서 온 이민자들과 망명 요청자들의 일정한 흐름이 유럽으로 홍수처럼 몰려오면서 부상한 가장 심각한 결과 중 하나는 공공장소에서 벌어지는 여성들과 소녀들의 자유에 대한 억압이다. 2015년 독일에서 쾰른Cologne 새해 축제에서 목격된 집단 폭행에 충격을 받은 유럽 시민들은 중동에서나 볼 법한 여성들에 대한 변질된 관점이 유럽으로 유입되었음을 깨달았다. 공공장소에서 여성들에 대한 집단 폭행은 아랍어로 타하루시 가마이Taharrush gamea 라고 특정해서 부른다. 번역하면 '집단 성희롱'이라는 의미이다. 이 집단 성희롱은 2012년에 카이로의 타하르 광장Tahrir Square에서 벌어진 시위로 인해 널리 알려졌다. 이집트 여성은 그녀가 그곳에서 당한 폭력을 자세하게 설명했다. "나는 몇 백 개의 손이 내 옷을 벗기고 나를 잔인하게 범하고 있었다는 사실밖에 기억하지 못한다. 탈출구가 없었다. 그 이유는 모든 사람들이 나를 지키고 보호하기 위해서라고 주장하고 있기 때문이지만, 나와 몸을 접하고 있던 모든 사람들에게서 내가 느낀 것은 사방에서 뻗친 손으로부터 강간당했다는 것과 누군가는 억지로 키스하려고 했다는 사실이다. 완전히 나체였던 나는 나를 둘러싼 남자들에 의해서 하디스 식당 뒤편 골목으로 끌려갔으며 매우 밀접하게 짜인 원 속에 갇혀 있었다. 내가 도와 달라고 소리 지를 때마다 폭력과 강간은 더욱 증가되었다."[27] 이런 행태에는 패턴이 있다. 남성들은 그룹으로 조직되어 있으며, 그들 중 일부는 여성을 폭행하고 그녀의 몸을 만지면서 그들의 손가락을 넣을 수 있는 모든 곳에 넣는다. 그리고 강제로 키스하거나 둘러싼 원을 그리고 돌아가면서 성폭행을 하였다. 이런 식으로 그들은 경찰이 여성에게 접근하지 못하게 막았다. 폭행당하는 여성은 그 와중에 도둑질까지 당한다. 2013년 유엔 여성 보고서에 의하면 이집트 여성들의 99.3%가 성희롱의 희생자들이라고 밝혔다. 인구의 절반이 집을 떠나는 것이 매일 악몽이 될 수 있는 사회이다.[28]

2015년 마지막 날 밤에 쾰른의 거리에서 바로 이런 일이 일어났고, 처음에 경찰은 이를 부인하였다. 경찰은 축제가 평화로웠다고 보고했지만 그것이 거짓이라는 게 바로 드러났다. 증인들의 증언들이 SNS에 퍼졌으며 더 이상 감출 수가 없었다. 그후 내부적인 경찰 보고서가 미디어에 유출되면서 말도 안 되는 이 사건이 폭로되었다. 알고 보니 경찰은 잘 조직된 공격자들의 숫자 때문에 통제할 수 없었던 것이다. 보고서에 의하면 경찰은 그저 공격자들을 보고만 있을 뿐 아무것도 할 수 없었다. 쾰른 폭행의 결과는 끔찍했다. 그날 밤의 범법 행위는 1527건이나 되었고, 그중 529건이 성폭행이었다. 1218명의 희생자들이 나왔고, 그들 중 절반은 성적 폭행이나 도난을 당했다. 이날 범죄를 저지른 용의자는 모두 153명이었다. 그 가운데 149명이 비독일 국적자였으며 그중 103명은 모로코와 알제리인이었다. 용의자 가운데 68명은 망명 신청자 신분이었고, 18명은 불법 체류자, 47명은 외국인 법상 분류되지 않은 신분이었다. 4명은 미성년 난민이었고, 10명만이 거주 허가를 받은 사람이었다.[29] 경찰들은 '완전히 다른 단계의 폭력'에 직면하게 되었다. 하지만 이 사건 이후에 내려진 첫 번째 조치는 쾰른 시장인 헨리에트 레커Henriette Reker의 행동 강령 제안이었다. 행동 강령은 '성폭행을 예방하기 위해 여성들은 낯선 사람들과 팔 거리 만큼 유지할 것'이라는 어이없는 내용이었다.[30]

가장 큰 피해는 퀼른의 여성들이 입었지만 비슷한 성폭행들과 개인적인 폭행들이 유럽의 각 도시에서 발생했다. 뒤셀도르프Dusseldorf에서는 65건, 함부르크Hamburg에서는 133건의 폭행이 발생했다. 이뿐 아니라 프랑크푸르트Frankfurt, 슈투트가르트Stuttgart, 그리고 스위스의 취리히Zurich, 오스트리아의 잘스부르크Salzburg, 프랑스 파리에서도 발생했다. 특히 스웨덴의 작은 도시인 칼마르Kalmar에서도 성폭행 건수가 80여 건이나 접수되었는데, 희생자들은 대부분 16-20세의 소녀들이었다. 말뫼와 칼스타드Karlstad에서도 똑같은 일이 일어났고, 말뫼에서는 '몇 천 명'의 아프가니스탄 출신 미성년자들이 여성들과 소녀들을 대상으로 폭행을 저질렀다. 다만 핀란드의 수도인 헬싱키Helsinki에서는 난민 요청자들의 성폭행 모의를 미리 알고 있었기 때문에 경찰들이 미리 대비하고 있었다. 그럼에도 불구하고 이라크 출신의 난민들과 이민자들 1000여 명이 모인 헬싱키의 중앙 기차역에서 세 건의 사건이 발생했다. 이런 종류의 성폭행은 2016년 여름에도 지속되었으며, 여러 국가에서 개최된 실외 축제에서도 일어났다.[31]

여자들과 소녀들에 대한 공중 안전의 저하는 우리가 이전에는 보지 못한 후유증으로 이어졌다. 예를 들면, 독일 기차 회사는 직원 칸 바로 근처에 여자들을 위한 별도의 칸을 마련하였다. 곧 독일의 모든 기차들도 그렇게 할 것으로 예상된다. 당시 영국 노동당 당수였던 제레미 코빈Jeremy Corbyn은 기차와 기차역에서 발생하는 성범죄가 25% 증가했다는 영국 교통 경찰BTP의 보고서가 나온 후 여성 전용 철도 칸을 고려할 것이라고 말했으며, 이에 대하여 클레어 페리Claire Perri 철도 장관도 그럴 만한 가치가 있다고 응답했다.(참고로, 영국에서 여성 전용 칸은 1977년까지 사용된 적이 있었다.) 실제로 영국 교통 경찰의 조사에 의하면 2014-2015년 사이에 잉글랜드, 스코틀랜드, 웨일즈에서 1399건의 성범죄가 발생했는데 이는 이전 해보다 282건 증가한 것이다.[32]

데이비드 콜만은 이민의 결과에 대하여 다음과 같이 말하였다. "AD 2000년 이후에 우리는 '되돌릴 수 없는' 문화적 변화에 직면할 것이다"[33]

3
폭력적인 범죄

ISLAM

무슬림들이 모여서 사는 지역의 난폭함은 사회적 통합의 중요 장해물이다. 사회학자 파하드 코로카바 Farhad Khosrokhavar는 "이슬람은 프랑스의 최대 감옥 종교일 것이다."라고 하였다. 프랑스 감옥의 수감자 중 무슬림은 약 50%를 차지하며, 특히 교외 감옥에는 무슬림 수감자가 80%에 육박하기도 한다. 이탈리아의 도시 튜린Turin에 있는 수감자들 중에 약 45%(모로코, 튀니지, 알제리, 아랍인들이 상위권에 속한다.)가 무슬림인데, 이는 47%를 기록한 이탈리아 사람들보다 조금 적은 수치이다. 지난 몇 십 년 동안 발생한 루마니아 사람들의 대규모 유입이 정치적인 논란의 중심이 되었지만 사실 사적인 대화에서 가장 많이 언급되는 부분은 북부 아프리카 출신 사람들이다. 2006년에 한 기자는 이탈리아에서 범죄가 발생하면 "당신은 모로코 사람일거야."라는 소리를 종종 들을 수 있었다고 말했다.[34]

1991년부터 1995년 사이에 영국 감옥의 이슬람 수감자는 40%나 증가하였다.[35] 영국의 조사 기관인 파수꾼Watchdog에 의하면 영국의 교도소에 있는 무슬림 수감자들 중 65% 이상이 18-30세 사이의 젊은이들이었다. 1991년에는 영국 교도소에 무슬림이 1957명 수감되어 있었지만 2013년에는 11683명으로 대폭 증가하였다. 이는 22년 만에 596% 증가한 것이다. 특히 무슬림들은 감옥에서 서로의 동질성으로 인한 형제애를 키우고 이슬람 신앙을 굳게 다지며, 매주 금요일마다 예배에 참석하여 꾸란을 배우고 설교를 들으며 이슬람 원리주의에 심취하고 있다. 수감자들은 이미 살인과 폭력에 익숙한 사람들이기에 미래의 이슬람 과격화를 가속화시킬 것으로 보인다. 2019년 12월 런던 브리지에서 테러를 일으키다 죽음을 당한 우스마 칸Usman Khan이나 2020년 1월 런던에서 테러를 하다가 사망한 수데 암만Sudesh Amman은 테러 혐의로 교도소에 있다가 가석방된 후에 사건을 일으켰다. 2019년 9월 테러 혐의로 감옥에 갇힌 224명의 수감자 중 77%가 이슬람 극단주의 견해를 가지고 있었고, 17%가 극우 이데올로기를 지지하는 것으로 간주되었다.[36] 특히 영국에서 가장 악명 높은 강력범들을 수감하고 있는 캠브리지주Cambridgeshire 교도소의 경우 수감자 10명 중 4명이, 벨마쉬Belmarsh 교도소의 경우에는 전체 수감자의 3분의 1이 무슬림이다.[37]

프랑스 파리 외곽의 클리쉬 수 브와Clichy-sous-Bois에서 시작된 폭동은 최근 몇 십 년 동안 서유럽에서 발생한 사건 중 가장 광범위하고 폭력적인 행태를 보였다. 2005년 10월 27일 당시 중학생이

였던 2명의 청소년인 지에드 벤나Zyed Benna(17세)와 부나 트라오레 Bouna Traore(15세)가 이웃 동네에 갔다가 돌아오는 길에 절도 사건 용의자를 검거하기 위하여 출동했던 경찰의 검문을 피하기 위해 울타리가 없는 '프랑스 전력 공사EDF' 송전소로 뛰어들었다가 변압기에 감전되어 사망하였다. 그 청소년들은 늘 그랬듯이 신분증을 소지하지 않았기에 경찰서에서 조사를 받아야 한다는 두려움 때문에 도망친 것이다. 이들은 프랑스에서 태어나서 불어를 사용할 줄 아는 프랑스인이었으나 과거 식민지였던 아프리카와 중동에서 온 이민 2세들이었다. 그리고 그들의 종교는 이슬람이었다. 하지만 그들을 잠재적인 범죄자로 취급했다는 이슬람의 분노가 터져 나왔다. 특히 원인을 알 수 없는 최루탄이 모스크 근처에서 터지면서 사태는 더욱 확대되었다. 그날 밤 일어난 시위는 마르세유Marseille, 리옹Lyon, 툴루즈Toulouse, 보르도Bordeaux, 릴Lille, 낭트Nantes, 디종Dijon, 스트라스부르Strasbourg로 확대되었고, 헨느Renne, 오를레앙Oléans 그리고 루앙Rouen 등 프랑스의 주요 도시에서 시위에 연대를 표시하는 이민자 2세대 청소년들이 자동차를 불태웠다. 이 사태의 정점으로 기록된 11월 7일 하루 동안 전국적으로 총 1408대의 자동차가 불에 탔다. 결국 11월 8일, 프랑스 정부는 국가 비상사태를 선포하기에 이르렀다. 내무부 보고서에 의하면 21일간 총 9193대의 자동차가 파손되었다. 이 과정에서 전국적으로 2921명이 연행되었으며, 56명의 경찰이 부상을 당했다.[38] 2002년 유럽 연합 통계에 따르면 프랑스는 10만 명 당 4244건의 범죄가 발생하여 미국보다 범죄가 더 많이 발생하는 국가로 떠올랐다. 대부분의 범죄들은 이민 소수 민족들과 그들의 후손들에 의한 것이다.[39]

스웨덴의 수도 스톡홀름의 인구 25%가 무슬림이다. 2014년 10월 24일 발표된 스웨덴 경찰청의 보고서에 의하면 법과 질서가 무슬림들이 많이 사는 지역의 범죄 집단에는 적용되지 않으며, 주로 마약 밀매와 그것을 지탱하기 위한 폭력이 주요 경제 활동이다. 그 보고서에 의하면 무슬림 지역에는 그들만의 검문소를 운영하는데 특히 그 안에서 범죄가 증가하고 있다. 2010년 덴마크의 일간지 〈질란트 포스텐〉이 자체적으로 조사한 결과에 따르면, 인구의 5%를 차지하는 무슬림들에게 복지 예산의 40%가 지출되며, 코펜하겐의 모든 범죄의 70%를 무슬림이 일으킨다. 또 다른 도시 타스트럽Taastrup 시의 연구에 의하면 이민자들과 그의 후손이 타스트럽 시 전체 인구의 21%인데, 도시에 할당에 복지에 대한 사기 사건의 75%의 배후가 그들이라는 것을 지적했다.[40]

유럽에 이주한 무슬림 1세대들은 단순한 직업을 가지고 살아갈 수 있었다. 그러나 무슬림 2세들은 유럽에서 태어나서 자랐기에 유럽인이면서도 하층민 생활을 면치 못한다. 이로 인하여 좌절한 무슬림 2세들은 쉽게 범죄에 빠져들며, 실업률이 높기에 사회 보장 제도의 혜택을 받을 수밖에 없는 구조적인 악순환이 되풀이되고 있다.

이슬람 가정에서 태어났지만 그 굴레에서 벗어난 소말리아 출신 전 네덜란드 국회 의원 아얀 하르시는 "폭력은 이슬람에 내재되어 있다. 그것은 파괴적이고 허무주의적인 죽음을 숭배한다. 이슬람 테러리즘에 반대하는 전투에서 이슬람 종교 속에 극단주의적 요소가 있다는 것을 궁극적으로 이해하는 것뿐만 아니라 이슬람 이데올로기 자체가 위험하다는 것을 깨닫지 못하면 승리를 거둘 수 없다."[41]고 하였다.

4

마약의 만연

ISLAM

1990년대 영국 감옥에는 무슬림 수감자들의 숫자가 급증했으며 그 중의 4분의 1이 마약 관련 혐의로 잡혀 온 사람들이었다. 무슬림 수감자들 중 65% 이상이 18-30세 사이의 젊은 무슬림들이었다. 런던의 타워 햄릿의 자치구 경찰 발표에 따르면 마약 관련 혐의를 받은 사람의 50%가 방글라데시 젊은이들이었다. 그리고 많은 사람들은 대마초를 이용하고 있었다.[42] 이들은 마약 복용으로 인한 범죄가 주류를 이룬다. 특히 흑인과 소수 민족이 전체 수감자의 42%에 이른다.[43] 영국으로는 영국 밖에 있는 지하드 조직에서 마약이 밀려들어오며, 그로 인하여 살인, 강간, 그리고 아동 학대 등 범죄의 쓰나미가 발생하고 있지만 미디어는 이를 보도하지 않는다.[44] 우리는 이슬람 원리주의자들이 아프가니스탄에서 마약을 재배하여 테러 자금을 확보한다는 것을 매스컴을 통하여 듣고 있다. 마약은 슬

이슬람과 유럽 문명의 종말

럼가를 중심으로 만연되어 있다. 영국의 청소년 무슬림들은 학교의 무단결석, 반달리즘, 마약 밀매, 범죄 및 조직 폭력과 연루되어 있다. 브레드포드, 버밍엄 및 올드햄의 무슬림 빈민가에서는 높은 실업률, 도시 부패 및 이슬람 공동체에서의 부패를 경험한 젊은 무슬림들이 가정에서 벗어나 폭력적으로 변하거나, 꾸란에서 안식을 찾기 위하여 모스크로 향한다.[45] 1984년까지 파키스탄 학생이 많았던 브레드포드의 드럼몬드 중등학교Drummond Middle School의 교장이었던 레이 허니퍼드Ray Honeyford는 다음과 같이 주장하였다. "파키스탄은 폭군 및 독재자에 의해 통치되며, 서구의 지원에도 불구하고 막무가내로 퇴보하여 모든 곳에 부패가 만연하기에 민주주의가 이루어질 수 없다."고 하였다. 그는 "파키스탄은 종교적으로 상상할 수 없을 정도로 편협하고 야만적이고 임의적이다. 또한 세계의 마약 중심지이기도 하다. 중요한 것은 이 모든 일이 아시아 인구가 있는 영국 도시에서도 발생하고 있다는 사실"이라고 덧붙였다. 허니퍼드는 영국의 파키스탄 사람들이 파키스탄에서 발생하고 있는 문제들, 특히 마약 문제들을 영국 도시에 들고 왔다고 판단했다.[46]

레이 허니퍼드 교장은 교육자로서 학생들을 올바로 교육하기를 원했으나 이러한 발언이 인종 차별적인 의도가 있다고 하여 학교에서 퇴임 당하였다. 영국의 조직범죄 수사단SOCA은 영국의 무슬림 조직 폭력범들에 대한 수많은 보고서들을 통해 이들이 납치와 매춘뿐 아니라 마약 밀매에도 관여되어 있다는 것을 폭로했다. 이 갱들은 매년 수백만 파운드를 버는 것으로 추정되는데 경찰이 그들에 대하여 수사하거나 자금 흐름을 조사한다는 보고는 없다.[47] 지난 10년이 넘는 기간 동안 영국에서 무슬림 조직 폭력배들이 마약 중독과 성매매 납치 등으로 여학생들을 유인하는 새로운 현상이 존재해 왔다는 것은 의회 조사에서도 드러났다.

무슬림들이 암페타민Amphetamine이라는 마약을 먹고 화학적인 힘을 얻고서 자살 폭탄 테러를 감행한다는 보고가 유엔 국제 연합 마약 범죄국UNODC을 통하여 드러났으며, 시리아와 다른 중동에서는 캡타곤Captagon이 유통되는 것을 확인하였다. 실제로 2015년 11월 프랑스에서 130명을 죽였던 테러리스트들이 캡타곤을 복용하고 범죄를 실행한 것으로 보인다. 이는 파리와 브뤼셀의 테러 주동자였던 압데슬람Abdeslam이 머물렀던 호텔 방에서 경찰이 주사기, 플라스틱 튜브 등 마약 투약 도구를 발견함으로써 알려졌다. 특히 수니파 무장단체 IS 조직원들이 암페타민을 주성분으로 하는 각성제의 일종인 캡타곤을 즐겨 사용하는 것으로 조사되었다. 이뿐 아니라 IS는 캡타곤을 제조, 판매해 자금원으로 삼고 있는 것으로 알려져 있다. 캡타곤을 먹으면 원기가 왕성해지고, 밤새 전투를 해도 피로나 고통을 모르며 두려움도 느끼지 않는다고 한다. 요르단 국경에서 요르단 경찰은 12명의 무장 게릴라를 사살하고 200만 개의 캡타곤 알약을 찾아냈다. 2015년 한 해 동안 요르단 경찰은 시리아에서 넘어오는 마약 상인들을 잡아서 1676만 8684개의 캡타곤을 압류하였다. 2012년에는 11건을 적발했지만 2015년에는 185건으로 늘어났다. 터키 정부에 의하면 2015년 11월 터키와 시리아 국

이슬람과 유럽 문명의 종말

경에서 1100만 개의 캡타곤을 압수하였다. 이는 2톤에 가까운 분량이다. 레바논에서는 2015년 4월 1500만 개, 12월에는 5톤가량의 캡타곤을 압수하였다. 시리아에는 내전 이전에 거대 제약 회사들의 공장이 있었는데 이 회사들이 IS에 넘어가면서 거대한 마약 비즈니스가 형성되었다. 캡타곤은 한 개에 1페니(약 12원)면 만들지만 시장에서는 5-20달러(약 5700-2만 3000원)에 거래되고 있다. 무엇보다도 마약은 IS 대원에게 사용되고 있으며 그들의 전투력을 강화시켜 준다는 데 큰 문제가 있다.[48]

5부

유럽 이슬람
인구 증가로 나타나는
다양한 문제들

ISLAM

—

볼셰비키주의는 프랑스 혁명의 특징과 이슬람 부상浮上의 특징을
합쳐 놓은 것이다. 볼셰비키주의를 수용하는 사람들에겐 과학적인 근거가
무용지물이 될 것이며, 지적인 자살을 자행할 것이다. 종교들 가운데
볼셰비키주의는 기독교나 불교보다는 이슬람교와 가깝다. 기독교와 불교는
기본적으로 개인적인 종교로써 그들은 신비한 교리들과 사색에 대한 애정을
중심으로 한다. 이슬람교와 볼셰비키주의는 실용적이고, 사회적이고,
영적이지 않으며, 이 세상의 모든 나라를 이기는 데 혈안이 되어 있다.

_ 영국의 철학자, 버틀란드 러셀 Bertrand Russell

1

근친결혼을 통한 이슬람 인구 증가

ISLAM

한국처럼 조상이 같다는 이유로 동성동본同姓同本 사이의 결혼이 금지되는 나라가 있는가 하면 이를 허용하는 문화가 있다. 이슬람에서는 동성동본은 물론 근친결혼까지 허용한다. 이슬람의 예언자 무함마드가 그의 딸 파티마Fatimah를 사촌 관계인 알리Ali와 결혼시킴으로써 동성동본의 결혼과 근친결혼의 선례를 남겨 놓았다.[1]

유럽에 살고 있는 보수적인 무슬림들은 본국에서 부인을 데리고 온다. 대부분의 부인들은 사촌 관계이다. 28세 자이납Zeynep은 세 아이의 어머니이고 12년 동안 독일의 함부르크에서 살고 있지만 독일어는 한마디도 하지 못한다. 그녀는 독일에 살고 있던 터키 남자와 결혼을 하면서 독일로 왔다. 이들은 보통 15세나 16세에 결혼을 하고 독일로 입국하는데 유럽인들 입장에선 어린 신부들의 인권 침해가 심각해 보이기에 그녀들을 노예 여성으로 인식한다.[2]

무슬림 이민자들이 결혼하는 방식은 그들이 유럽 사회에 동화되지 않는 핵심 요소이다. 2000년 독일 청소년 협회German Youth Institute는 16세에서 29세 사이의 터키 여성 중 53%는 어떤 경우에도 독일인과 결혼하지 않을 것이라고 대답했다. 독일에서 터키인이 터키인과 결혼하는 것은 이슬람 종교에 대한 반영이라고 볼 수 있다. 그렇다면 독일인들은 터키인과 친척이 되는 것에 대하여 어떻게 생각할까? 독일 서부의 15%와 동부의 7%만이 터키인과의 결혼을 반대하지 않았고 그 외의 대다수는 이를 '불쾌한 일'이라고 대답했다. 뒤스부르크의 노스라인-웨스트팔리아North Rhine-Westphalia에서 25세에서 34세의 터키인 80%가 결혼하였는데 평균 결혼 연령이 여성은 21세, 남성은 24세였다. 터키인이 아닌 사람들 가운데는 이 연령대에는 32%만이 결혼하였으며, 평균 결혼 연령은 여성 29세, 남성 32세였고, 출산율은 1.36명이었다. 2004년 독일 통계에 의하면 독일에 사는 터키 여성의 출산율은 평균 2.4명으로 독일 사람에 비해 거의 두 배나 높았다.[3]

영국에서 영국인들과 분리될 수밖에 없는 새로운 이민자들이 나타났다. 영국에 살고 있는 파키스탄인과 방글라데시인들의 1%만이 백인 영국인과 결혼하였다. 캐리비안 사람들의 20%가 영국인들과 결혼한 것에 비하면 훨씬 낮은 수치이다.[4]

덴마크 출신 심리학자 나콜라이 세넬스Nicolai Sennels는 무슬림의 근친결혼에 대한 대대적인 연구를 실시하였다. 근친결혼 패턴의 가장 충격적인 결과는 낮은 지적 능력이었다. 그의 연구에 의하

면 근친결혼한 부모에게서 태어난 자녀들이 일반 부모에게서 태어
난 자녀들의 평균 IQ에 비하여 10-16점 낮다는 것을 보여 준다. 낮
은 IQ와 비판적 사고를 금지하는 이슬람 종교로 인하여 무슬림들
이 최첨단 사회에서 성공하기는 매우 어렵다. 덴마크에서 2007년
조사한 내용에 따르면 근친결혼을 하는 이슬람 배경의 이민자 자
녀 중 3분의 2가 10년 동안 덴마크 학교에서 공부했음에도 불구하
고 64%가 글을 읽거나 쓸 줄 몰랐다. 학습 능력이 떨어지는 아이들
을 위한 특별 교육에 대한 추가 비용 지출은 덴마크 학교 재정의 3
분의 1에 해당한다. 미국 국립과학원NAS는 "IQ 70 이하의 아이들
이 태어날 확률이 일반 부모에서는 1.2%이지만 근친결혼의 경우는
6.2%로 나타났다. 이는 평균의 다섯 배 이상 높은 수치"라는 조사
결과를 발표했다. 또한 "악성 종양, 선천적 기형, 정신적 지체 및 육
체적 장애가 보통 부모 사이의 아이보다 근친결혼을 통한 아이에게
더욱 많이 나타난다."고 밝혔다. 근친결혼이 정신장애에 걸릴 위험
이 더 높다는 증거도 있다. 이는 국가의 재정 지출을 높이게 된다.[5]

2013년 영국 BBC방송은 2007년 3월부터 2010년 12월까지 영
국 브레드포드Bradford시의 왕립 병원에서 태어난 1만 3500명의 아
이들에 대한 장기적인 연구 결과를 보도하였다. 그 결과 이곳에서
선천적으로 기형을 가지고 태어난 아기들이 전국 평균보다 두 배
나 높았다. 영국에 살고 있는 파키스탄인이 영국 총 출산의 3.4%를
차지하고 있지만 그들이 난청, 실명, 그리고 배설물이 배출되지 않
는 점액지질증과 같은 유전적인 기형을 가지고 태어나는 아기들의

30%를 낳았다. 그들을 치료하고 입원시키고 특수학교에 보내는 비용은 모두 국가가 감당해야 한다. 근친결혼을 거듭할수록 임신할 때, 조현병Schizophrenia과 같은 정신적인 질환과 육체적인 장애인이 될 확률이 높다는 것은 의학적으로 잘 알려진 사실이다. 브레드포드의 파키스탄인들은 75%가 사촌과 결혼한 것으로 나타났으며, 영국 전체의 파키스탄인 중 60%가 사촌과 결혼한 것으로 조사되었다. 이로 인하여 근친결혼을 법으로 금지해야 하지만 그럴 경우 인종 차별주의자 혹은 이슬람 포비아 조성자라는 비난을 들을 수 있기에 어느 누구도 나서지 못하고 있다.[6]

2
모스크의 급격한 성장

ISLAM

초창기 유럽 이민자들의 관심사는 종교가 아니었다. 무슬림들이 유럽에 온 첫 번째 이유는 경제적인 성공이었다. 대부분의 노동자들은 남성이었고 가족과 떨어져 있었기 때문에 그들의 월급은 고국으로 송금되었다. 장기적인 계획이 없었기에 종교적인 행위는 부분적으로 실행한다고 해도 모스크Mosque 건립 같은 것을 요구하지는 않았다. 그런데 유럽에서 1970년부터 시행된 가족 재결합 정책에 의하여 가족들이 유럽으로 들어오면서 그들이 귀국을 생각하지 않게 되자 교육, 종교, 복지를 포괄하는 이슬람 공동체의 필요성을 느끼게 되었다. 그 결과 무슬림들에게서 교육, 문화적 요소와 함께 모스크와 꾸란 학교 설립 등 새로운 정치적인 요구들이 늘어나기 시작했다.

모스크를 기독교의 교회나 유대교의 회당Synagogue과 똑같은 것으로 생각하면 오해이다. 물론 일주일에 한 번 모여서 예배하는 곳이고 기도하러 간다는 의미에서는 서로 통하지만, 동시에 로마의 포룸Forum이나 그리스의 아고라Agora와 같은 장소이기도 하기에 모스크는 무슬림 사회의 중심을 이루는 곳이다. 제정일치를 추구하는 이슬람이 정복한 곳이라면 모스크의 민바르Minbar라고 일컫는 설교단에서 관리의 임명, 새로운 군주나 총독의 소개, 정책의 설명, 전쟁과 정복에 관한 소식 등 중요한 결정이나 공지 사항이 선포되는 곳이기도 하다. 초기 이슬람 도시에서는 관청과 군대 막사와 모스크가 모두 중앙 성채 안에 모여 있었고, 설교단에서 중요한 사항을 공지하는 것도 군주나 총독이었다. 설교단에 올라선 사람은 칼이나 활 또는 지팡이 등을 드는 관습이 있었는데, 이는 주권과 이슬람의 권위를 상징하기 위함이었다.[7] 따라서 예배하고 기도하는 건물과 장소라는 의미에서는 기독교의 교회와 모스크를 동일시할 수 있겠지만 제도로서의 교회와 모스크는 다르다. 이슬람 세계는 모스크에서 모든 명령이 내려지고, 모스크에 의해 지배된다.[8]

그러므로 모스크는 총체적인 이슬람 사회의 중심이 되는 곳이다. 만일 유럽인들이 1950년대와 1960년대부터 시작된 터키, 모로코, 알제리 등의 무슬림들 이주 당시, 50년 안에 엄청나게 많은 모스크들이 생길 것을 예측했다면 이민 정책을 절대로 쓰지 않았을 것이다. 유럽인들은 단기간의 경제적 이익을 위하여 아주 오랜 기간 인내와 폭력을 겪어야 하는 위협의 씨앗을 심게 되었다.[9]

제 2차 세계 대전이 끝난 직후부터 1970년대 초반까지 모스크

이슬람과 유럽 문명의 종말

가 지어진 과정은 비슷했다. 먼저 개인이 기도할 장소를 마련한 후에 이슬람 인구가 성장하면 작은 건물들로 기도 처소Musalla[10]를 만들었다. 그리고 기도 처소는 더 큰 모스크로 발전되어 갔다. 모스크가 빠르게 성장한 세 가지 원인이 있다. 첫째, 본국인들이 떠난 공장에 무슬림 노동자들이 자리를 잡았다. 그리고 그 지역에 그들을 위한 모스크를 만들었다. 둘째, 무슬림들은 자신의 언어를 사용하는 자기 민족끼리 모이고 싶어 했기에 같은 지역 출신들을 중심으로 모스크가 만들어졌다. 셋째, 각 이슬람 종파들이 경쟁적으로 자신들의 종파를 따라 모스크를 만들어 갔다.[11] 이슬람은 시아파, 수니파 이외에도 약 200여 개의 종파가 존재한다. 처음에는 무슬림들만 모여 사는 도시 외곽에서 시작되었지만, 현재는 도시의 가장 중앙에 모스크를 건립하기 시작했다. 도시의 중심에서도 도시 외곽과 같은 현상이 일어났다. 즉, 백인 사회 중심가에 모스크가 생기면서 그 지역이 게토ghetto화 되자 땅값이 떨어졌고, 자녀들의 교육에 문제가 발생하게 되자 현지인들이 이사를 가기 시작하였다. 이런 현상으로 인하여 해당 지역은 더욱더 이슬람화되어 갔다.

2000년에 들어서면서 유럽 전체에는 약 9000개의 모스크가 세워졌다. 독일 2400개, 프랑스 2600개, 그리고 이탈리아, 스페인, 네덜란드를 합쳐서 1000여 개가 있다. 1980년부터 이슬람의 각 종파들은 유럽 종교의 상징이었던 거대한 성당과 교회 건물과 경쟁하면서 그들의 건재를 과시하였다. 예를 들어서 프랑스에는 거대한 모스크가 8개 있는데 동시에 1000여 명이 기도할 수 있을 정도로 크다.[12] 게다가 이슬람 국가들은 유럽 무슬림들을 통제하고 주요 도시에 모스크를 짓는데 재정적인 지원을 하는 등의 많은 노력을 기울이고 있다. 보통 모스크는 이슬람을 가르치는 이맘들을 고용하는데 리비아, 파키스탄은 무슬림들에게 기금을 기부 받아서 이맘들을 지원하며, 터키 외교부의 종교청은 국제 정부 협력을 통하여 1200명의 이맘을 유럽에 주둔시키고 있다.[13] 사우디아라비아는 석유 수출을 통한 천문학적인 재정을 세계 곳곳에 이슬람을 전파하는 데 사용하였다. 2002년에 발표한 자료에 따르면 사우디아라비아가 전액 또는 부분적으로 지원한 곳은 약 210개의 이슬람 센터, 비이슬람 국가에 세워진 1500개 이상의 모스크, 202개의 대학교와 2000개의 종교 학교 등이다.[14]

영국 이슬람 자료에 따르면 영국의 1800개 모스크 가운데 두 곳만 꾸란에 대한 현대적 해석을 따른다. 모스크는 일반적으로 남성 중심이기에 그 안에 여성을 위한 구역이 있는 모스크는 비교적 자유로운 곳이다. 그러나 영국에 있는 모스크의 4분의 1은 여성의 예배 공간이 따로 마련되어 있지 않다. 와하비즘Wahhabism의 영향 아래 있는 영국의 모스크는 6%이며, 45%는 데오반디Deobandi 운동의 영향권에 있다. 데오반디 운동은 19세기 후반 인도의 데오반디 마을에서 일어난 이슬람 부흥 운동으로 살라피스트의 평등 모델을 따른다. 데오반디 학자들의 공통점은 이슬람에 대한 해석이 보수적이라는 것이다. 영국의 데오반디 운동의 대표적인 학자인 무프티 알 카우타리Mufti al-Kawthari는 "여성들은 얼굴을 가려야 하며, 남성

이슬람과 유럽 문명의 종말

친척이 동행하지 않는 한 48마일(77.2킬로미터) 이상의 여행을 허용하지 않는다."라고 말한다. 이러한 해석은 아프가니스탄의 해석과 유사한데 그 이유는 탈레반 운동이 파키스탄의 데오반디 신학교에서 탄생했기 때문이다.[15] 영국의 26개 이슬람 신학교 가운데 17개가 데오반디에 의하여 운영되고 있으며, 여기에서 훈련받은 이맘들이 영국 전역의 이맘 중 80%를 차지한다.[16] 따라서 유럽의 모스크를 통하여 보수적인 이슬람 신앙이 유지되며 이는 점점 과격화되어 가고 있다.

3

이슬람의 여성 할례 선호

ISLAM

여성 할례는 여성 생식기 절단FGM [17]인데, 세계 보건 기구가 발표한 바에 따르면 아프리카와 중동의 28개국에서 행해지고 있으며, 약 1억에서 1억 4000만 명의 소녀들과 여성들이 할례를 받았다. 유엔UN은 1993년 빈 인권 회의에서 여성 할례를 명백한 인권 침해로 규정했다.[18] 하지만 여성 할례는 유럽에서 계속 증가하고 있는 실정이다. 영국에서는 1985년에 할례 금지 법안이 마련되었음에도 불구하고 이를 어기고 매년 1만 5000명 이상의 소녀가 할례를 받고 있다.[19]

이슬람의 경전인 꾸란에는 여성 할례에 관한 이야기가 한 구절도 나오지 않는다. 그런데 왜 이슬람에서는 여성 할례를 하는가? 꾸란에는 나오지 않지만 무함마드의 언행록인 하디스Hadith에 기록되어 있기 때문이다. 하디스에 기록된 여성 할례에 대한 내용은 다음과 같다. "확대하지 말고 조금만 도려내라. 그것이 남성을 더 기쁘게 하는 일이기 때문이다.", "할례는 남성에게 순나(규범적 관행)이고 여성에게는 명예로운 행위이다.", "여성 할례는 명예로운 행위일 뿐이다. 이외에 어떤 의미도 없다.", "조금만 도려내라. 아주 없애지 말라. 이것이 여성에게도 즐겁고 남성에게도 좋은 것이기 때문이다."[20]

이슬람에서 꾸란과 하디스 가운데 무슬림의 행함에 더 많은 영향을 끼치는 것은 하디스이다. 하디스는 무함마드의 언행록인데 꾸란에서도 무함마드의 모범을 따르라고 명령하고 있기 때문에 더욱더 그렇다. 예를 들어서 꾸란에는 리왓liwat, 즉 부정한 행위를 한 남자와 여자는 100대의 가죽 태형을 때리라(꾸란 24:2)고 기록되어 있다. 그런데 부르나이Brunei Darussalam와 같은 이슬람 국가에서는 여자에게 돌을 던져서 죽이는 사형이 실행된다. 이 내용이 꾸란에는 없지만 무함마드가 간통한 여인을 돌로 쳐서 죽이는 사형을 주관한 내용이 하디스에 기록되어 있다. 따라서 이슬람의 행함에는 하디스가 우위에 있다는 것을 알 수 있다. 여성 할례가 비록 꾸란에는 없지만 무함마드가 허락하였기에 오늘날까지 실행하고 있다.

7세기 때 사막의 문화는 일반적으로 9살 이전에 여성의 할례를 실행하였다. 음핵을 잘라 냄으로써 젊은 여성에게 성적인 쾌락을 뺏는 것은 그녀의 명예를 보호하고, 그들의 남편이 지하드를 하느라 오랫동안 집을 비웠을 때 순결을 지키는 방법으로 여겨졌다. 그리고 이것은 많은 잔혹한 사막 부족의 관습과 같이 모든 시대를 위한 법으로 성문화되었다.[21] 물론 학파에 따라서 약간의 차이가 있기도 하다. 예를 들어 수니파에는 네 학파가 있는데 그 가운데 샤피Shafi'i 학파는 여성 할례가 의무라고 생각한다. 샤피 학파의 권위 있는 안내서인 '여행자의 지침서The Reliance of the Traveller'에는 "할례는 의무적인 것으로 남성은 성기 귀두의 포피 조직을 제거하는 것이고, 여성은 음핵을 잘라내는 것이다."[22]라고 서술되어 있다. 인도네시아는 샤피 이슬람이 지배적이기에 여성 할례가 실행되고 있으며, 이집트, 남부 아라비아, 바레인 쿠르드족, 소말리아, 부르나이 같은 곳에서도 비교적 많이 행해지고 있다. 수니파 중 하나의 학파를 만든 아흐마드 이븐 한발Ahmad ibn Hanbal은 무함마드가 다음과 같이 말했다고 한다. "할례는 남성을 위한 법이며 여성의 명예 보존이다."[23]

암스테르담 자유 대학교Free University의 연구에 따르면 여성 할례는 유럽에서도 일반적으로 진행되고 있으며, 이슬람 사회에서는 당연시되고 있다. 벨기에 국회의 엔트워즈Wentworth 상원 의원은 벨기에에서 여성 할례를 금지시키기 위하여 노력했으나 살해 위협을 받고 중단하였다. 여성 할례는 음핵을 제거하는 것과 음부를 꿰매는 것 등 다양한 방법으로 행해지고 있다.[24] 잉글랜드와 웨일즈에 있는 약 17만 명의 여성들이 지난 10년 동안 할례를 받았다. 그중 11살 이하의 무슬림 어린이 가운데 약 2만 4000명이 이 수술에 노출되어 있으며, 언제 수술이 이루어질지도 모른다. 여성 할례를 금지하는 영국 법이 잘 지켜지지 않아서 2003년에 더욱 강화되었지만 이 수술은 합법적인 수술이 아니기 때문에 집안에서 은밀하게 실행되고 있다는 데 더 큰 문제가 있다.[25] 영국 법에 따르면, 여성 할례를 할 경우에 14년의 징역형을 선고받는다. 수많은 무슬림 여성들이 여성 할례를 하고 있음에도 불구하고 이 범죄에 대한 유죄 판결은 단 한 번도 없었다.[26]

영국 진료소 의사인 피비 에이브Dr. Phoebe Abe에 의하면 한 여인이 찾아와서 고민스럽게 음핵 재생 수술을 해 줄 수 있는지 물어보았다고 한다. 이에 놀란 그녀는 할례에 대해 연구하기 시작했다. 그리고 할례로 인해 소변을 보는 데 문제가 있고 등허리에 아픔이 있는 여성들이 많다는 사실을 발견했다. 아프리카나 중동에서 온 여성들은 대부분 이런 문제를 가지고 있었다. 1년 동안 그녀의 런던 서부 진료소에서 자기가 관할하는 5104명의 시민 가운데 53명의 여자가 여성 할례를 받았다는 사실을 알아냈다. 그 가운데 5명은 15세 이하였고 30대 여성도 있었는데, 할례 때문에 콩팥이나 허리 통증으로 고생하고 있었고, 임신을 해도 자궁이 열리지 않아 제왕 절개 수술을 하는 경우가 많았다. 그녀의 환자들은 9살 여자 아이부터 72살 할머니까지 골고루 분포되어 있었다. 소말리아에서 온 36세 여인의 경우에는 여성 할례로 인하여 소변이 온 사방으로 퍼져서 아랫도리가 항상 젖어 있기도 했다. 피비 에이브는 10만 명의 사인을 받아서 이러한 연구 결과를 국회에 넘기면서 국가 차원의 전략을 세우도록 종용했다.

영국 하원 의원들은 2000년 보고서에서 이 심각한 범죄에 대한 처벌이 없는 주된 이유는 문화적으로 민감한 문제라는 것을 인정했다. 하원 위원회의 보고서는 다음과 같이 기록하였다. "특히 영국 내의 많은 소녀들이 여성 생식기 절단 등의 위험에 처해 있다. 자국 내에서 여성과 소녀에 대한 폭력 문제를 다루지 못함으로써 영국의 국제적 리더십이 약화되고 있다. 영국 내의 여성 생식기 훼손과 같은 문화적으로 민감한 관행을 해결하기 위해 강력한 조치를 취해야 한다."[27] 왜 이러한 범죄가 아무런 방해도 받지 않고 진행되는가? 이는 타문화와 신앙에 대한 존중 때문이다.

2014년 한 해 동안만 노르웨이에서 여성 할례가 4000여 건 신고되었다.[28]

4

이슬람의 명예 살인 확장

ISLAM

명예 살인은 대부분 이슬람 국가들과 유럽에 사는 이슬람 가정에서 행해지고 있다. 명예 살인이란 가족 혹은 공동체의 명예를 더럽혔다는 이유로 가족 혹은 조직 내 구성원을 살인하는 행위를 말한다. 명예를 지키기 위해 살인도 정당화될 수 있다며 자행되고 있다. 그렇다면 명예 살인이 왜 이슬람권에서 일어나는가? 아랍어로 '명예'를 의미하는 단어 '샤라프sharaf'는 여성의 '정조'를 의미한다. 이슬람 세계에서 남성의 명예와 가문의 명예는 전적으로 가문 여성들의 정절에 달려 있다는 의미이다. 명예 살인은 그 대상이 대부분 여성이며, 여성의 섹슈얼리티를 통제하는 역할을 하고 있다. 남성의 명예를 유지하기 위하여 언제든지 목숨을 잃을 수 있는 소모품 정도로 여성을 치부하는 사고방식이 명예 살인을 가능하게 한다.[29]

무슬림 여성들에게 순결은 중요한 덕목이다. 그러나 서양 여성들은 성적인 자치권을 보장받아야 한다고 생각한다. 이 둘은 양립할 수가 없다. 무슬림 부모들은 산부인과 의사에게 자기 딸의 처녀막을 확인해 달라고 요구하곤 한다. 네덜란드에서는 2004년 5월 보건부 장관에 의해 금지되기 전까지 처녀막 재생 수술이 국가 의료 기관에서 진행된 적이 있으며, 2007년에는 영국 국가 의료 기관에서 2년 동안 처녀막 재생 수술을 실행했다는 것이 여론에 공개되기도 했다. 영국인 한 의사는 "종종 처녀막에 인공적으로 만든 혈액을 넣었다."고 시인했다.[30]

명예 살인에 대하여 이슬람법은 두 가지 태도를 취하고 있다. 첫째로 이슬람법은 결혼하지 않은 자가 간음을 했을 경우에 매를 때리고, 둘째로 결혼을 했거나 결혼을 앞두고 간통을 저지른 여성은 샤리아 법에 의하여 살해를 당해도 살인죄가 성립되지 않는다.[31]

명예 살인은 독일에서 떠오르는 문제가 되고 있는데 베를린에서만 4개월 동안에 6건의 명예 살인 사건으로 여성이 살해되었다. 다문화주의는 이슬람 원리주의를 이슬람 국가에서보다 유럽에서 더욱 쉽게 이룰 수 있도록 도와주고 있다.[32] 2005년 독일 연방 범죄 조사국에 따르면 2000년부터 2005년까지 독일에서 45건의 명예 살인이 이루어졌다.[33] 이슬람에서 남성은 자신의 부인, 또는 딸들과 그들의 공간인 집을 외부로부터 지킴으로써 명예를 획득하며, 사회적 상황에 따라서 요구되는 의무를 수행하여 공적인 명예를 지킬 것을 강요받는다. 여성은 순결을 잃으면 살해당하는데, 이는 그녀를 벌주기 위함이라기보다 가족의 체면을 유지하기 위해서다.[34] 유엔 인구 활동 기금UNFPA에 의하면 오늘날 전 세계에서 1년에 무려 5000명 정도, 하루 평균 14명 정도의 여성들이 명예 살인에 의하여 희생되고 있다.[35] 또한 집안에서 아내를 협박(구타)하는 것은 많은 무슬림 문화권에서 일반적인 일이다. 이를 통해 이슬람 사회에서 천 수백 년 동안 일어났던 명예 살인이 유럽에 이슬람 인구가 많아지면서 그 문화가 그대로 유입되었다는 사실을 확인할 수 있다.

꾸란 4장 34절에 이런 구절이 있다. "남자는 여자보다 우위에 있다. 알라께서 서로 간의 사이에 우열을 붙인 것이다. 또한 남자가 생활에 필요한 돈을 대고 있기 때문에 남자가 여자보다 우위에 있다. 따라서 정숙한 여자는 남자에게 순종해야 하며, 반항적으로 되기 쉬운 문제 있는 여자는 잘 타이르거나 잠자리에 방치해 두어도 되고, 구타해도 무방하다."[36]

무함마드가 직접 아내를 때렸다는 기록도 하디스에 존재한다. 권위 있는 하디스인 사히 누슬림Sahih Nuslim(4:2127)에 따르면 무함마드의 부인 아이샤가 "그는 (주먹으로) 내 가슴을 때렸다. 나는 가슴이 아팠다."라고 말했다는 기록이 있다. 또 다른 하디스 아부 다우드 Sunnan Abu Dawd(11:2142)에 의하면 무함마드는 "(아내는 자신을 때린) 남자에게 왜 때렸는지 질문하면 안 된다."라고 말하였다. 그렇다면 어떤 경우에 남편이 아내를 때릴 수 있는가? 이슬람 학자 미시캇 알마사비Mishkat Al-Masabih에 따르면 첫째, 남편이 입으라는 옷을 거절할 때, 둘째, 남편이 동침을 요구하였으나 정당한 이유 없이 거절하였을 때, 셋째, 기도하기 전에 씻으라는 말을 거절했을 때, 넷째, 남편의 허락 없이 외출하였을 때이다.[37]

영국 버밍햄에 거주하는 바나즈 마흐모드Banaz Mahmod는 남편에게 다섯 차례나 구타와 강간을 당했다고 경찰에 진술한 젊은 이라크의 쿠르드족 여인인데, 이런 사실을 경찰들에게 알렸다고 그녀는 가족들로부터 협박을 받았다. 그러나 다섯 번 모두 경찰이 그녀의 억울함에 대하여 아무런 조치를 취하지 않자 그녀는 경찰에게 "나에게 만일 무슨 일이 생기면 남편과 가족들이 그렇게 한 것이다." 라고 말하였다. 그녀는 2006년 버밍햄에서 여행 가방에 담겨 죽은 채로 발견되었다.

검찰청의 대변인 나지르 아프잘Nazir Afzal은 경찰이 이 사태를 외면함으로써 결국 끔찍한 범죄가 벌어지도록 방관한 이유에 대해 이렇게 말했다. "이 지뢰밭에 발을 들여놓고 싶어 하지 않는 경찰이 전국에 많이 있다. 왜냐하면 그들이 이 문제에 대하여 이야기하는 순간, 그들은 인종 차별주의자로 낙인찍히기 때문이다."[38] 부정확한 일에 개입함으로써 인종 차별주의자로 비난을 받게 되면 경찰들의 일자리가 위협 받을 정도로 이 문제가 정치화되었기 때문이다.

2006년 터키의 한 여성 잡지는 베를린에서 4개월 동안 6명의 무슬림 여성이 명예 살인을 당했다는 기사를 게재했다. 이 기사에는 독일의 판사들이 명예 살인에 대한 '문화적 차이'를 존중하기 위해 낮은 형량을 내리는 경우가 많다는 내용도 포함되어 있었다.[39]

2012년 발간된 독일의 주간 시사 잡지 〈슈피겔Der Spiegel〉은 지난 몇 년 동안 이슬람법과 독일 법률 시스템이 동시에 작용하고 있다고 주장하였다. 즉, 독일은 현재 두 가지 법체계를 갖추고 있으며 그 결과 독일 여성들이 큰 고통을 겪고 있다는 내용이었다.[40]

현재 이슬람권에서는 간통한 여자를 돌로 쳐서 죽이는 투석형이 여전히 행해지고 있다. 간통한 여자에 대해 모세는 "돌로 쳐서 죽이라."(신명기 22:24)고 하였지만, 예수는 "너희 가운데 죄 없는 자가 먼저 돌로 치라."(요한복음 8:7)고 하면서 투석형을 폐지하였다. 그러나 무함마드는 투석형이 모세 법에 충실한 재현이라고 생각했다. 무함마드 시대의 유대인들은 자신들의 경전인 토라Tanakh에 적혀 있던 투석형을 폐지하였다. 그러던 중 622년 무함마드가 메디나에 도착했을 때 간통 사건이 발생했다. 당시 메디나에서 중심 역할을 하던 유대인들은 이에 대한 형벌을 논의하였다. 무함마드는 유대인 학자들이 토라에 기록된 대로 처벌하지 않는다며 화를 냈고, 직접 돌로 쳐서 죽이는 투석형을 집행하였다.[41] 하디스에 의하면 "알라의 사도는 간통을 자백한 마이즈Maʾiz를 '돌로 치라.'고 명령하자 사람들이 돌로 쳐 죽였으며, 함께 간통을 저지른 가메디아 여인Ghamedian Woman도 동일하게 처형되었다."고 적혀 있다. 무함마드는 살아 있을 때 마지막으로 행한 고별 순례 때 다음과 같은 말을 하였다. "여성 문제에 있어서 알라에 대한 너희의 의무에 유의하라. 알라는 그대들에게 아내들을 알라의 명령으로 맡겼기 때문이다. 좋아하지 않는 누군가가 집안에 들어오지 못하도록 하는 의무가 그대들에게 있다. 만일 아내들이 누군가의 출입을 허용했다면 그들에게 어떤 흔적을 남기지 않을 만큼 가벼운 체벌을 하라."[42] 이란에서는 1986년에 최소 8명이, 1995년에 10명이, 2010년에는 최소 11명이 투석형으로 죽음을 당했다.[43]

투석형에 대하여 이란법에는 이렇게 적혀 있다.

① 돌의 크기가 너무 작거나 크지 않도록 해야 한다. 고통을 당하는 것은 중요하다.

② 남자는 허리, 여자는 가슴이 묻히도록 한다. 만약에 그들이 구멍에서 빠져나오게 되면 처벌을 면할 수 있으므로 이를 막아야 한다.

③ 투석형이 자백에 의한 것이라면 판사가 첫 번째 돌을 던진다. 목격자의 증언에 근거한 것이라면 증인이 첫 번째 돌을 던진다.

④ 20분마다 돌을 던지고 정죄된 자가 죽었는지 확인한다. 죽지 않았으면 계속 던진다.(제23조)

⑤ 투석형이 정죄된 자를 고문하거나 고통을 주거나 손상을 입혀서는 안 된다. 최고의 침착함으로 다른 폭력을 행사하지 않고 실시한다.(제16조)[44]

이슬람 남성은 그의 아내와 자식들을 부양할 의무가 있다. 그리고 여성의 완전 복종은 일상생활에서 필수적이다. 여성이 외출을 할 때에는 남편의 허락을 받아야 하며 보통 가족의 남성 중 누군가와 동행해야 한다. 전 덴마크 샤리아 법 재판관인 이맘 아하메드 아카리Ahmed Akkari는 이슬람의 결혼 계약을 '남자가 갑인 노동 계약'이라고 묘사하기도 했다.[45] 노르웨이에서 지난 5년 동안 자칭 명예와 관련된 폭력이 1만 1000건이나 발생하였다.[46]

5
이슬람 여성과 베일

ISLAM

2011년 2월부터 프랑스 법원은 무슬림 여성들이 착용하는 베일 중 얼굴 전체를 가리는 니캅과 부르카를 불법으로 선언하였다. 이를 어길 경우 150유로(약 20만원)의 벌금을 내야 한다. 그러나 많은 프랑스 무슬림들이 이 법을 거부함에 따라 몇 년 동안 프랑스 전역에서 폭력과 폭동이 발생하였다.

2013년 7월 무슬림 남성이 니캅을 쓰고 있는 아내의 신원을 확인하는 과정에서 경찰관을 폭행한 혐의로 체포되자 이에 격분하여 트라패스Trappes 지역에서 이틀 동안 폭동이 일어났다. 이 폭동으로 약 50명의 가해자가 체포되었다. 그들은 경찰을 공격하였고, 차량, 쓰레기 그리고 공공재산을 불태웠다. 카산드라 벨린Cassandra Belin은 경찰을 폭행하고 위협한 혐의로 유죄 판결을 받았고, 니캅을 착용했던 그의 부인은 벌금 150유로를 선고받았다. 그녀의 변호사들은 이 판결이 종교의 자유 침해라고 주장했지만 법원은 이미 프랑스 헌법 위원회에서 법제를 검토했다는 이유로 기각했다.⁴⁷

무슬림 여성들은 왜 다양한 종류의 베일을 착용하는 것일까? 꾸란에 베일에 관하여 일곱 번 언급하고 있다. "예언자여 그대의 아내들과 딸들과 믿는 여성에게 베일을 쓰라고 이르라. 그때는 외출할 때니라. 그렇게 함으로써 간음되지 않게 함이니."(꾸란 33:59), "집안에 머무르며 무지한 시절에 했던 것처럼 자신을 드러내지 말라."(꾸란 33:33) 등이다. 이슬람법은 모든 사람이 입어야 할 옷에 대해 구체적인 모양을 정하지는 않았다. 그러나 옷은 몸의 개인적인 부분을 완전히 가려야 한다. 몸이 비치는 재료로 만들어진 옷은 성적 흥분을 일으키므로 금지된다. 또한 일부 한정된 사람을 제외하고는 이슬람 여성은 자신의 장식을 다른 사람에게 보이면 안 된다.

프랑스는 이슬람 여성들의 베일에 대하여 일관성 있게 법적인 정책을 지킨 유일한 나라였다. 이는 프랑스의 정교분리 원칙을 명시한 라이시테 헌장Charte de la Laicite이 1905년에 통과되었기 때문이다. 당시 초등학교 교육을 통제하고 있던 가톨릭을 경계하기 위하여 통과된 법안이었다. 라이시테 헌장은 이렇게 시작된다. "국가는 공화국의 가치를 학생들에게 전파할 사명을 학교에 위임한다." 2절에는 "종교 중립적인 프랑스 공화국은 정교분리 국가이다. 국가는 종교적 신념이나 정신적 신념에 대하여 중립적이다. 프랑스에는 국교가 없다."라고 되어 있다. 2003년 프랑스 정치가들과 이민 전문가 20명으로 구성된 라이시테 위원회는 학교와 다른 정부 기관에서 눈에 보이는 종교적 상징(유대인들이 정수리에 쓰는 모자나 십자가)을 금지하라는 의견을 정부에 제시하였다. 유대인의 모자나 큰 십자가를 없애라는 명령은 이슬람의 베일을 지목하기 위한 형식에 불과하다는 것을 대부분 알고 있었다. 2003년 12월 25일 프랑스에서 베일 금지에 대한 공청회가 열렸을 때, 베일을 쓴 몇 천 명의 무슬림 여성들이 파리를 행진하며 시위를 벌였고, 무슬림 지도자들은 이 법이 시행되면 나쁜 결과를 초래할 것이라고 경고하였다.[48]

유럽의 베일 논쟁은 스페인의 일부 지방 자치 단체가 2010년부터 베일을 착용한 무슬림 여인들의 공공건물 출입 금지 법안을 마련하면서부터 시작되었다. 이러한 금지령은 보안 때문이라고 발표하였지만 실제로는 '무슬림 여성의 존엄성과 자유'를 보호하기 위해서였다. 2006년 영국 국회 의원인 젝 스트로우Jack Straw는 베일에 대한 금지령을 설명하면서 베일이 가부장적인 압제이고, 무슬림 여성들의 존엄성, 안전, 안보에 해롭다는 주장을 펼쳤으며, 특히 이로 인하여 사회의 응집력과 문화가 하나 되는데 방해물이 되고 있다고 보았다.[49]

프랑스는 이민자들에 대하여 동화주의를 추구한다. 무슬림 여학생들이 학교에서 베일을 벗어야 한다는 주장은 프랑스가 '단일 문화에 기초하여 나누어져서는 안 되는 사회'라는 것을 보여준다. 프랑스는 공격적으로 동화주의를 추구하며, 프랑스 문화에 위배 되지 않는 범위 내에서 차이점은 인정된다. 그 외의 요소는 프랑스 문화의 본질에 대한 거부이며 나아가 동화주의에 대한 위협이다. 그렇다면 어떻게 프랑스 정치계가 이러한 논리들을 정당화시켜 왔는지에 대하여 살펴보자.

① 프랑스 공화국은 프랑스 문화의 기반 위에 있다.

② 프랑스 공화국의 가치관은 보편적이다.

③ 보편 가치에 근거한 학교는 '사람 중심'으로 이루어지는 가장 중요한 기관이다.

④ 보편적 가치관에 대한 반대는 금지되어야 한다.

⑤ 성별(여성)을 예속하는 것은 보편적 가치에 위배된다.

⑥ 베일은 여성을 예속하는 상징이다.

⑦ 무슬림 여성들은 이러한 상징을 착용하도록 강요받고 있다.

⑧ 따라서 학교 안에서는 베일을 금지해야 한다.

간단하게 정리한 이러한 논리는 베일에 대한 논쟁 속에 스며들었고, 터키와 독일에서도 비슷한 논의가 이루어졌다.[50]

다문화주의에 대한 두 번째 모델은 영국에서 찾을 수 있다. 영국에서 시크교도Sikh가 오토바이 헬멧을 착용해야 하는지에 대한 논쟁이 있었다. 1972년 영국 인권 위원회는 영국 정부로 하여금 모든 오토바이 탑승자가 의무적으로 헬멧을 착용하도록 하는 법안을 만들도록 권고하였다. 이 법에 의하면 헬멧 때문에 시크교도들이 머리에 쓰는 터번을 벗어야만 했다. 그러나 4년이 지난 후에 시크교도들은 헬멧을 쓰지 않아도 된다는 내용으로 법을 개정하였다. 그렇다면 어떤 논리로 영국은 이 법을 개정했던 것일까? 이 법안의 목표는 운전자의 안전이었다. 그런데 터번이 헬멧을 대체할 수 있을 정도로 안전하다고 판명되었기 때문에 터번을 쓰는 시크교도들은 헬멧을 착용하지 않아도 된다는 논리였다. 이를 바탕으로 1989년 영국 고용법은 건설 현장에서 시크교도는 안전모를 착용하지 않아도 된다고 지정하였다. 그러나 안전모를 착용하지 않아서 발생하는 문제에 대해서는 본인이 책임진다는 조건이 따랐다. 이러한 결정은 안전에 대한 새로운 관점을 제공하였다. 문화적인 이유로 안전에 위협이 되는 경우는 본인이 책임지도록 한다는 것이다. 법은 민족적 혹은 종교적 정체성을 지키기 위하여 자신의 생명을 위험에 빠뜨리는 것을 선택할 수 있다고 보았다.

영국은 다음과 같은 원칙에 의하여 다양한 이슈에 접근해 왔다.

① 평등은 차이점을 존중하는 '기회의 평등'을 의미하지만 완전한 통일성에 대한 주장은 아니다. 이런 이유로 인하여 안전과 교육은 데드라인이 필요하지만 이 둘 안에서는 허용량이 존재한다. 예를 들어서 자신이 원하는 패션을 추구할 수 있기에 베일을 착용하는 것은 당연한 권리이다.

② 국가는 '중립적 견해'를 보여야 한다. 다양성이 통합될 수 있는 '최소한의 요구 사항'은 필요하나 국가가 조정하지는 않는다.

중립적이라는 것이 존재하는가? 그렇다면 중립적이라는 시스템이 존재하는가? 우리는 여기에서 다문화주의자들의 약점을 찾을

이슬람과 유럽 문명의 종말

수 있다.[51]

유럽 인권 법원European Court of Human Rights은 2014년 여름 프랑스의 부르카와 니캅의 금지 조치를 수용한다고 판결했다. 얼굴을 완전히 가리는 것은 공동체의 화합에 도움이 되지 않는다는 프랑스의 주장에 동의한 것이다.[52] 그 결과, 덴마크, 스페인, 오스트리아를 포함한 유럽의 여러 나라들이 유사한 금지 조치를 논의하거나 이 제도를 도입하였다.

6

일부다처제의 실행

ISLAM

꾸란은 일부다처제를 합법적으로 허용하고 있다. 일반 무슬림들에게 일부다처제가 허용된 것은 우후드Ohud 전투에서 많은 남성이 사망한 이후였다. 우후드 전투에서 700명의 무슬림 중에 70명이 사망하였다. 반면에 여성의 수는 상대적으로 급격하게 증가하였다. 따라서 미망인들과 포로를 돌보아 줄 성인 남자가 필요했기 때문에 일부다처제가 제시되었다. 꾸란은 한 남자에게 4명의 부인을 허용하고 있다(꾸란 4:3).[53] 여러 명의 부인과 함께 살게 될 경우에는 모든 아내를 공평하게 대우해야 한다는 전제가 있다. 무함마드는 아내를 편애하는 남편에게 다음과 같이 경고하였다. "두 아내를 둔 남자가 한 아내를 편애하는 것은 여성에 대한 학대로서 부활의 날에 그의 몸은 반쪽이 기울어져 있을 것이다."[54] 모든 아내들을 공평하게 대하려면 경제적인 뒷받침이 되어야 하기 때문에 일부다처제는 쉽지 않다. 그럼에도 불구하고 전 세계 이슬람 인구 가운데 5-10%는 일부다처제를 받아들이고 있다.

무함마드는 생전에 13명 이상의 부인을 두었다. 그 가운데는 어린 부인도 있었다. 이에 대하여 크레익 윈Craig Winn은 무함마드가 50세의 나이에 당시 6세였던 아이샤와 약혼을 하고 그녀가 9살이 되었을 때 정식으로 3번째 부인으로 삼은 것은 어린아이 간음이라고 비난하였다.[55] 그렇다면 어떻게 무함마드는 많은 부인들과 첩을 두었을까? 무함마드는 계시를 통하여 이를 합법화하였다. "예언자야(무함마드), 우리(알라)는 그대에게 허용하였나니 네가 신부로서 돈을 지불한 여자들, 전쟁 중에 알라가 너에게 맡겨 준 노예들, 너의 어머니와 아버지와 삼촌과 외삼촌 그리고 고모의 딸들은 너에게 합법적이다."(꾸란 33:50) 무함마드가 죽은 후에 9명의 부인들이 남았다.[56] 무슬림 여인들은 남편이 죽은 후에 4개월 10일이 지나면 재혼이 허락되었지만[57] 무함마드의 부인들에게는 계시로 인하여 재혼이 금지되었다.[58]

영국에 이슬람 인구가 많아지자 정부는 무슬림 이민자들의 일부다처를 인권 차원에서 받아들이며 한 남편에게 부인이 추가로 있는 경우에 혜택을 주는 법안을 마련했다. 2008년 2월 영국 정부의 노동 및 연금 담당 부서Department for Work and Pensions에서 일부다처의 부인들을 승인하는 추가적인 지침서를 만들었다. 여기에는 "일부다처 결혼을 하고자 하는 사람은 청구인과 배우자가 부부 세금Couple rate을 내야 한다. 부인이 한 명씩 늘어날 때마다 33.65파운드(약 5만 원)의 세금을 내야 한다."[59]고 적혀 있다. 이는 영국 무슬림들이 추가로 결혼할 때마다 납세자들의 추가적인 혜택에 대한 부담을 져야 한다는 논리이다.[60] 2001년 영국 통계에 의하면 무슬림 남성들이 일부다처제를 실행하고 있으며 그들 사이에서 태어난 만여 명의 자녀들에게 정부 보조금이, 모든 부인들에게 정부 연금이 지불되고 있다. BBC 파노라마에 의하면 요크셔의 한 마을에는 파키스탄과 방글라데시 여인들과 아이들만 있고 남편들을 보이지 않았다. 이들은 본국의 이슬람법에 따라 결혼을 한 후 다시 본국으로 가서 부인들과 아이들을 데리고 온다. 이들이 영국에 오면 사회 보장 제도에 따라서 영국의 모든 복지 혜택을 받을 수 있다.[61] 또한 일부다처는 프랑스에 몇 만 가구가 존재하는데 그들은 대부분 무슬림이다.[62] 일부다처제는 일부일처제 사회와 문화적인 충돌을 일으키고 있다.

베를린 가족 컨설턴트에 의하면 수도 베를린의 아랍인 남성 중 30%가 두 명 이상의 아내를 데리고 있다. 남자들은 한 집에서 여러 명의 부인과 살지 않는다. 일반적으로 두 번째 부인과 이슬람법하에서 결혼하고 비밀을 유지한다. 사회 복지 시스템으로 인하여 남자들은 두 번째 부인에 대한 재정적 지원 의무가 없다. 독일 법에 따라 여성은 미혼모로 분류되며 하르츠피어Hartz Ⅳ 복지 프로그램에 따라서 실업 급여Arbeitslosengeld나 사회 급여인 조지알겔트Sozialgeld 등 정부의 복지 혜택을 받는다.[63]

노르웨이의 소말리아계 여인들 중에는 이른바 미혼모가 비정상

이슬람과 유럽 문명의 종말

적으로 높은 비율을 차지하고 있으며, 그들 중 많은 여인들이 노르웨이 법에 따라 이혼했음에도 불구하고 계속하여 아이를 낳고 있다. 이러한 상황을 종합해 보면 그들은 이슬람법에 의하여 결혼하였을 것으로 추정된다. 이들은 노르웨이 법에 의하여 정식으로 결혼하지 않은 채 아버지는 모르는 사람으로 등록되어 있는 여인들이다. 노르웨이의 소말리아 여인 중 거의 50%가 한 부모 가정을 유지하고 있는데 이는 다른 이민자 그룹보다 전체적으로도 2.5배나 많은 수치이다. 이는 노르웨이에서 샤리아 법이 실행되고 있다는 추정 외에는 설명하기 어렵다. 실제로 노르웨이 복지 사무소NAV 직원들 또한 이러한 관례가 무슬림들 사이에서 광범위하게 실행되고 있음을 알고 있었다.[64]

영국의 무슬림들 중 약 2만 건의 일부다처제 결혼이 있다고 추정된다. 잘 알려진 대로 보리스 존슨 영국 총리의 전처인 알레그라 모스틴-오웬Allegra Mostyn-Owen은 무슬림 남성과 비밀리에 결혼한 적이 있다. 또한 쉐필드에 사는 모하메드 엘가네Mohammed el Ghannay는 온 가족이 주 정부의 혜택을 받으면서 세 명의 부인과 11명의 자녀가 있다고 자랑스럽게 말한다. 세 번째 부인은 모로코에서 세 자녀를 돌보고 있고, 모하메드는 돈을 모아서 본국을 방문하곤 한다. 이렇듯 다양한 방법으로 일부다처제는 실행되고 있다.[65]

7

할랄 시장의 확대

ISLAM

이슬람에서 할랄Halal이란 '허용된 것', 또는 '합법적인 것'이라는 뜻이다. 일반적으로 아랍어권이 아닌 나라에서 이는 음식에 관한 규정, 특히 육류 및 가금류에 관한 규정이라고 좁은 의미로 사용되고 있으나, 할랄은 무슬림의 식사 예법뿐 아니라 행동, 말씨, 복장, 관습 등을 망라하고 있다.[66] 할랄 음식에 대해 꾸란은 "죽은 고기와 피와 돼지고기를 먹지 말라. 또한 알라의 이름으로 도살되지 아니한 고기도 먹지 말라."(꾸란 2:173)고 말한다. 무슬림 음식에 관한 규정은 주로 꾸란과 하디스의 지침을 따른다. 모스크가 세워지면 모스크 앞에는 이슬람식으로 도살된 고기와 식품(할랄)을 파는 시장이 들어선다. 엄격하게 이슬람식으로 도살한 고기만 먹는 것은 방글라데시와 파키스탄 사람들의 특징이며 이슬람 국가에서 온 이민자들도 대부분 비슷하다. 모스크에 들렀다가 돌아가는 무슬림들이 이슬람식 음식을 먹는 것은 당연한 일이다. 그러나 이러한 엄격한 식단은 그들과 외부 공동체를 구분 짓는 결정적인 요소로 작용한다.

쉐르 아잠Sher Azam은 1960년 브레드포드Bradford로 이민을 왔다. 그는 직물 공장에 다녔으며 야간에 영어를 배워서 지역 공무원들에게 무슬림들의 요구 사항을 전달하는 사람이 되었다. 그는 무슬림을 대상으로 하는 알 할랄 슈퍼마켓Al Halal Supermarket을 운영했다. 슈퍼마켓 직원들과 계산원은 모두 이슬람 베일이 포함된 유니폼을 입었으며, 1985년에는 이슬람 협력 업체로 등록되었다. 쉐르 아잠에 의하면 이 슈퍼마켓은 세 가지 목적을 충족시킨다. 첫째, 이 슈퍼마켓은 이슬람 노동자들의 퇴직금으로 설립되었다. 꾸란에 의하면 무슬림들은 이자를 받지 못한다. 따라서 이들은 퇴직금을 그저 은행에 두는 대신 이를 이슬람 회사를 돕는 데 사용하게 하였다. 그리고 이렇게 투자된 사업이 성장하면서 배당금을 받게 된다. 둘째, 이 사업은 지역 공동체의 젊은이들에게 일자리를 제공해 준다. 이 일자리가 아니면 그들은 실업의 늪에서 허덕이고 있었을 것이다. 셋째, 다른 슈퍼마켓과는 다르게 편하게 자신들이 사는 모든 물품이 이슬람 식품halal이라는 것을 알고 살 수 있다는 장점이 있다.

할랄 식품은 공동체로 하여금 자립 경제를 형성하게 해 주었다. 이들은 '이슬람적 방법'으로 기업에 투자하여 베일을 쓴 계산원처럼 '이슬람' 직업을 창출했으며 동시에 '이슬람' 음식을 먹을 환경을 만들어 주었다. 첫 모스크를 중심으로 시행된 종교적 금기의 시행과 네트워크의 형성은 무슬림 이민자들의 일상생활에 영향을 미치는 정체성 차별의 과정이 시작되도록 했다. 무슬림 학생들에게 할랄 음식을 제공하려는 운동은 나중에 다양한 이슬람 종파들을 하나로 모으는 데에 공통분모 역할을 했다. 이를 통해 지도자들은 방어적인 공동체주의와 분열의 상황에서 벗어나 공개적으로 그들의 차별화된 정체성을 주장하게 되었다. 이러한 움직임은 1970년대 대다수의 이민자 출신 자녀들이 교육을 받게 되면서 시작되었다.[67]

유럽의 동물 권리 법은 동물이 도축되기 전에 기절이나 마취를 시켜서 그들이 죽어 가면서 고통을 느낄 수 없도록 유도하고 있다. 스웨덴 동물 보호법에 따르면 인간이 모든 생명체를 지키고 보호해야 할 의무는 기독교적이고 민주적인 세계관의 토대가 되는 특징이다. 이것은 유대교와 이슬람에게도 동일하게 적용된다. 우선 스웨덴에서는 유대교 율법에 따른 도축이 금지되어 있다. 그런데 동물을 도축하기 전에 기절이나 마취를 시켜야 한다는 규정을 이슬람은 받아들이지 않는다. 따라서 타협이 되지 않는다. 1972년부터 시행된 독일의 동물 보호법도 사냥이나 종교적인 이유를 제외하고 기절이나 마취 없는 동물 도축을 금지한다. 그러나 1988년 집안 욕조에서 동물을 도축하는 이민자들에 대한 사회적 지탄이 커진 후 이슬람식 도축이 허용되었다. 터키 이민자들은 농민 출신들이 많았기에 닭이나 토끼 등을 집에서 키웠는데 이것이 이웃에 사는 독일인들과 마찰을 일으켰다. 이슬람식의 도축에 대한 접근이 어려운 점은 해석이 다양하기 때문이다. 이슬람식 도축의 기본은 동물의 경정맥을 쳐서 도축되기 전에 살아 있어야 하며, 피를 먹으면 안 되기에 모든 피를 빼내야 한다. 그러기 위해서는 심장이 최대한 오랫동안 뛰어야 한다. 돼지고기나 돼지에서 나온 모든 부위를 먹지 않아야 한다. 할랄 음식 위원회는 도축 전의 동물은 정상적으로 먹고 마셔야 한다. 도축되는 동물이 다른 동물의 죽음을 보지 않아야 하고, 칼은 동물의 목보다 크고 날카로울 것, 도축자와 동물은 메카 쪽을 볼 것, 동물은 질병에 걸리거나 학대하지 말 것 등을 규정하고 있다.[68]

유럽 이슬람 인구가 성장함에 따라서 할랄 산업 또한 커졌다. 2013년 4월 영국 에식스주Essex 칭포드Chingford에 있는 라크우드 초등학교Larkswood Primary School는 점심 메뉴를 변경했다. 이 학교에는 다양한 배경을 가진 학생들이 있었는데 이중 약 10%는 무슬림이었다. 무슬림 학생이 적음에도 불구하고 이 학교는 앞으로 이슬람식 할랄 고기만을 제공한다고 학부모들에게 알렸다.[69] 같은 달, 런던 동부의 한 자치구에 있는 주립 학교의 4분의 3이 할랄 고기만을 공급하고 있다는 보고가 발표되었다. 또한 할랄은 소비자들 모르게 종교와 관계없이 영국의 병원과 스포츠 경기장에 일상적으로 제공되고 있다.

영국의 학교들은 이러한 이슬람의 간섭을 점점 더 심각하게 받아들이고 있다. 심지어 고용권조차도 이슬람 학생들을 의식해서 행사되는 것으로 보인다. 스태퍼드셔의 퀸 에디스 초등학교Queen Edith Primary School에서 11년 동안 점심 담당 직원으로 일했던 알리슨Alison Waldock은 2013년 여름 우연히 무슬림 여학생에게 돼지고기

를 배식했다는 이유로 해고당했다.[70]

할랄 음식와 관련된 '스캔들'은 수없이 많다. 돈캐스터Doncaster에 본사를 둔 한 회사는 레스터Leicester 시의 학교에 고기를 공급하고 있었는데, DNA 검사 결과 햄버거에 돼지고기가 함유되어 있는 것으로 밝혀졌다. 레스터 시의회는 그러한 혐오감을 '받아들일 수 없는 일'로 간주하고 공급자와의 거래를 중단했다. 이에 대해 의회는 대변인을 통해 오염 수준이 1%든 99%든 여전히 불순하고 용납할 수 없다는 견해를 밝혔다. 무슬림 연합회Federation of Muslim Organisations의 술레만 나그디Suleman Nagdi는 "사람들에게 이것은 그들 신앙의 신조, 그들 믿음의 핵심에 닿아 있다. 회사에 대한 형사 소송이 있어야 한다."고 말했다.[71] 회사는 사업의 좋은 기회를 잃었을 뿐 아니라 시의회에 의하여 소송도 당해야 했다.

영국의 모든 어린 학생들을 위한 독감 예방 접종을 무슬림 부모들은 거부하였다. 그 이유는 돼지고기에서 추출한 젤라틴이 백신에 함유되고 있기 때문이었다.[72]

8

이슬람의 유대인에 대한 박해

ISLAM

유럽에 이슬람이 증가하면서 발생한 최초의 희생자는 유대인들이었다. 유럽 연합은 2500만 명 이상의 무슬림을 받아들였고 이로 인하여 의도하지 않았지만 반유대주의의 급속한 확산을 경험했다. '샤를리 엡도' 살해 사건 이후 프랑스에 살고 있는 1만 5000명 이상의 유대인들은 프랑스를 떠나서 이스라엘이나 영국으로 가기를 희망하였다. 그러나 불행하게도 유대인 여론 조사 기관인 '유대인 연대기Jewish Chronicle'에 의하면 같은 시간에 영국 유대인의 20%가 자신들도 영국을 떠날까 고려 중이라는 통계가 나왔다.[73]

왜 무슬림들은 유대인을 미워할까? 이슬람과 유대교와의 반목은 무함마드 때부터 지금까지 계속되고 있는 문제이다.

A.D. 70년 아라비아 반도의 야스립Yathrib에는 로마의 예루살렘 점령으로 흩어진 유대인 가운데 바니 카누이카Bni Kainuka, 바니 나드

르Bni Nadheer, 바니 쿠라이자Bni Quraiza 등 세 개의 큰 부족이 살고 있었다. A.D. 610년 무함마드는 메디나에서 약 430km 떨어진 메카에서 나이 40살에 이슬람을 창시하였다. 그러나 무함마드가 속한 쿠라이쉬 부족이 그를 죽이려 하자 추종자 100여 명과 함께 A.D. 622년 메디나로 이주하였다. 메디나는 상업적인 도시는 아니었으나 아름다운 오아시스에 자리 잡은 농업 마을로서 유대인과 아랍인이 어우러져 살고 있었다. 유대인들은 부유하였으며 주도권을 장악하고 있었지만 무함마드는 그들과 우호적인 관계를 맺었다. 유대인들이 단식하는 날 함께 단식하고, 유대인들과 같이 예루살렘을 향하여 기도하였다. 무함마드는 자신이 하나님의 선지자라고 주장하였으나 유대인들은 여러 가지로 그를 시험한 후에 이를 인정하지 않았다. 오히려 그가 구약 성경에 무지할 뿐 아니라 성경을 왜곡했다며 조롱하였다. 무함마드는 시리아를 오가는 메카의 무역 대상을 칼을 들고 습격하여 상품을 노획하기로 계획하였다. 그는 계시를 통하여 이를 실행하였다.(꾸란 9:41) 수많은 약탈과 전쟁을 하면서 이슬람은 강해져 갔다. 결국 무함마드는 자신을 조롱했던 유대인 카압Kaab을 살해하였고 그가 속한 바니 카이누카 부족을 보름 동안 봉쇄하여 항복을 받아 냈다. 바니 카누이카 부족은 모든 재산을 남겨 놓고 시리아로 떠나게 되었고, 이로 인하여 무슬림들은 빈곤의 문제를 해결하였다. 바니 나드르 또한 20일 동안 공격하여 항복을 받아 냈으며, 마지막 남은 바니 쿠라이자도 3000명의 군대가 2000명의 유대인을 25일 동안 포위하여 공격하였다. 그들도 이주하겠다고 말했으나 무함마드는 이를 용납하지 않고 그들 가운데 이슬람으로 개종한 4명을 제외하고 수백 명의 남자를 죽였다. 유대인들이 이슬람으로 개종하였거나 떠나면서 메디나는 무슬림만 남게 되었고, 야스립이라는 지역 이름은 메디나Madina al Nadi, 즉 아랍어로 예언자의 도시로 바뀌었다.

꾸란에는 유대인들에 대한 그들의 견해가 잘 기록되어 있다. 꾸란에 나오는 '성서의 백성들Book of the People'은 기독교인과 유대인을 의미한다.

① 유대인이 율법을 위반했기 때문에 알라께서 그들을 저주했다.(꾸란 5:78)

② 알라께서 죄를 지은 유대인들을 원숭이와 돼지로 바꿔 버렸다.(꾸란 5:60; 7:166; 2:65)

③ 유대인들이 선지자들을 죽였기 때문에 알라는 그들을 비난했다.(꾸란 2:91)

④ 유대인들은 성경을 변조했다.(꾸란 2:75)

⑤ 유대인들은 이슬람 최대의 적이다.(꾸란 5:82)

⑥ 유대인들은 전쟁을 일으키고 세상에 말썽을 일으키는 존재이다.(꾸란 5:64)

⑦ 유대인들은 현세의 삶을 사랑하기 때문에 영원한 것을 돌보지 않는다.(꾸란 2:96)

⑧ 유대인들은 메시아인 예수 그리스도를 죽인 자들이다.(꾸란 4:157)

그들은 이렇게 유대인들이 더 이상 하나님이 선택한 민족이 아니라고 결론지었다. 따라서 이슬람과 유대교는 지구상에서 두 종교가 존재하는 한 끝까지 싸울 것이다. 유대인에 대한 반감이 커지는 이유는 이슬람 인구의 영향력 때문이다. 크리스토프Christophe 프랑스 내무장관은 2018년 전국에서 발생한 반유대 행동은 541건으로 2017년의 311건보다 230건이나 늘어났다고 밝혔다. 프랑스에 거주하는 유대인 50만 명 가운데 7000여 명이 2018년 프랑스를 떠나 이스라엘로 이주했다.[74]

이스라엘 정부의 보고에 의하면 영국에서 반유대주의로 인한 사건이 2015년 61%가 증가하였다. 2015년 한 해 동안 서유럽에서 이스라엘로 이민 온 유대인들은 9900명에 육박했는데, 2013년에는 3300명 정도였다. 유럽에서 가장 많은 50만 명 정도의 유대인들이 살고 있는 프랑스가 가장 심각했는데, 57%의 유대인들이 다른 나라로 이민 가기를 희망했다. 2015년 1월 유대인의 음식인 코셔Kosher를 파는 가게에서 유대인들이 공격당해서 4명이 사망하였다. 특히 시리아 등에서 유럽으로 온 난민들 때문에 위협적인 요소가 더욱 가중되고 있다. 2015년 11월 18일 프랑스 남부 마르세유 도심에서 IS 국가의 로고가 새겨진 티셔츠를 입은 3명이 반유대주의 발언을 하면서 유대인 교사를 흉기로 공격하는 사건이 발생하였다. 2016년 1월 11일에도 프랑스 남부 마르세유의 유대인 학교에서 15세의 터키 청소년이 IS를 위한 행동이라면서 유대인 교사에게 흉기를 휘둘렀다. 유럽에 살고 있는 유대인들은 제 2차 세계 대전 이래로 지금과 같은 위협을 느낀 적이 없다고 입을 모은다. 유대인들은 주로 이슬람 극단주의자들로부터 점점 더 많은 폭행과

협박을 받고 있다.[75]

스웨덴에서 폭력적인 공격을 받고 있는 것은 여성들만이 아니다. 제 3의 도시 말뫼에서 더 이상 안전하다고 느끼지 않기 때문에 수많은 유대인들이 떠나고 있다. 2009년 700여 명의 유대인 공동체를 위한 회당이 불에 탔고, 유대인 공동묘지는 반복적으로 파헤쳐졌다. 유대인들이 회당에서 집으로 가는 길에 히틀러 가면을 쓴 사람들에 의하여 조롱을 당하기도 했다. 학교의 젊은이들은 그들이 언어와 육체적으로 공격을 받게 되자 유대인이라는 사실을 숨기기에 이르렀다. 종교학 교사들이 유대교에 대하여 가르칠 때는 이슬람 학생들이 수업 참석을 거부하기도 한다. 그러나 극단주의자들이 친이스라엘과 반인종적인 표현을 공격할 때 경찰들은 수동적으로 대응한다. 2010년 1월 27일 국제 홀로코스트 현충일에 사회주의자인 말뫼의 시장 일마루 레팔루Ilmar Reepalu는 "유대인 공동체가 이스라엘과 거리를 두어야 한다."는 발언까지 하였다.[76]

유럽 전역에 걸쳐서 유대계 초등, 중학교들은 테러 공격에 대한 공포로 스스로 문을 닫았다. 유대계 학교들은 정문에 상시 경찰을 배치해 두고 있다. 노르웨이에는 약 1500명의 유대인이 살고 있는데, 오슬로 회당은 여러 가지의 잠재적인 위협에서 자유롭지 않다. 두 명의 경찰이 기관총으로 회당을 지키며, 유치원에 맡겨진 어린이들은 2개의 방탄유리를 통과해야 출입할 수 있다. 경찰들은 상시적으로 그 주변을 순찰하며, 위협이 증가하면 10명 정도 되는 무장 경찰이 정문을 지키는 것은 더 이상 낯선 일이 아니다.[77]

독일에는 약 11만 8000명의 유대인이 살고 있었는데 2015년에 100만 명 이상의 무슬림 난민들이 독일에 도착하였다. 2500명의 유대인이 살고 있는 함부르크의 유대인 지도자 다니엘 켈리Daniel Killy는 〈예루살렘 포스트지〉에 "우리는 더 이상 이곳이 안전하다고 느끼지 않는다."라고 말하였다. 2015년 초 유대인 의회 지도자인 조셉 수스터Josef Schuster는 1만 1000명의 유대인이 살고 있는 베를린에서 이슬람 지역을 지나갈 때는 유대인이 아닌 것처럼 행동하라는 발언을 해서 유대인들에게 많은 비판을 받았다. 현재 베를린에 있는 60여 개의 유대인 기관들, 학교, 유치원, 회당, 그리고 박물관을 매일 350명의 경찰이 순찰한다. 이런 순찰은 대부분 건물 밖에서 일어나지만, 어떤 학교들과 유치원들은 학교 안에서 무장 경찰들을 배치한다. 작가인 라파엘 셸리그먼Rafael Seligman은 "경찰이 지키지 않으면 안 되는 유대인 기관이 하나도 없다. 그 사실 자체가 매우 걱정스럽다."라고 말했다. 〈예루살렘 포스트〉 지에 2015년 200명의 유대인이 베를린에서 이스라엘로 이주했다고 밝혔다.[78] 독일에서 유대인에 대한 공격은 2017년에 1504건에서 2018년 1646건으로 10% 증가하였다. 공식 통계에 따르면 유대인 개인에 대한 폭력은 같은 기간 37건에서 62건으로 늘어났다.[79]

2015년 1월 테러 습격 이후 프랑스 당국은 전국에 걸쳐서 유대인 기관들, 학교들, 그리고 회당들을 지키기 위해 총 1만 412명의 군인들과 경찰들을 배치하였다. 파리에는 전체 유대인 중 약 70%인 35만 명이 살고 있다. 그래서 몇 백 명의 무장 경찰관들이 매우 위험한 지역들이라고 불리는 곳들, 다르게 말하자면 유대인들 대부분이 살고 있는 곳을 순찰하도록 배치되었다. 2013년 유대인 증오 범죄가 423건이 일어났는데 그 가운데 105건이 유대인 개인에 대한 폭력적인 공격이었다. 2014년에는 유대인 증오 범죄 851건 가운데 241건이 유대인 개인에 대한 공격이었다.[80]

스웨덴 국가 범죄 예방 위원회의 2018년 보고서에 의하면 280건의 반유대주의 증오 범죄가 있었다.[81] 스웨덴의 역사학자인 크리스티안 거너Kristian Gerner 교수는 그 상황을 "제 2차 세계 대전 이후로 스웨덴에 사는 유대인들에게 있어서 최악의 위기"라고 묘사했다.[82]

파리와 코펜하겐에서 벌어졌던 테러 후에 덴마크 언론인이자 유대인인 제페 줄Jeppe Juhl은 유럽에서 유대인들은 완전히 사라질 것이라는 암울한 평론을 내놨다. "파리와 코펜하겐에서의 테러 공격은 2000년 된 유럽의 유대인 거주 역사가 끝났음을 예고한다. 그 이유는 간단하다. 유럽 지도자들의 무책임한 이민 정책, 그리고 무슬림의 반유대주의에 대다수가 정직하게 대응할 수 없기 때문이다. 몇 세대 안에 종교적 유대인들은 유럽에서 완전히 사라질 것이다. 종교적 유대인이 사라지면 세속 유대인도 사라지게 될 것이다. 종교적인 유대인들은 이스라엘로 떠날 것이고, 나머지 유대인들은 정체성을 잃고 동화될 것이다. 이것이 오늘날 유럽과 덴마크의 유대인들이 직면하고 있는 비참한 현실이다. 유일한 해결책은 불행하게도 너무 낭만적이기에 불가능하다. 우선 이슬람 국가에서 오는 모든 이민을 즉시 중단해야 한다. 그 후에 자유 민주주의 사회를 지지하지 않는 모든 무슬림은 본국으로 송환되어야 한다. 유럽의 지도자들은 유대인을 새로운 소수로 대체했다. 이는 유대인만의 손실이 아니라 유럽 전체의 손실이다."[83]

이슬람과 유럽 문명의 종말

9

이슬람 선교 활동의 강화

ISLAM

전통적으로 이슬람의 세계관은 이슬람의 집과 전쟁의 집 혹은 불신자의 집이라는 이분법에 기반을 둔다. 따라서 전통 이슬람을 추구하는 추종자들은 유럽의 문화를 '비이슬람적'이라고 비난하며 무슬림들의 유럽 이주를 반대한다. 또한 이미 정착한 사람들은 비록 유럽에 살고 있지만 유럽 문화를 거부해야 한다고도 주장한다. 이슬람 신학자 베디우즈자만 사이드 누르시Bediuzzaman Said Nursi(1876 -1960)와 그의 추종자들은 유럽의 산업 혁명과 진보된 기술처럼 유익한 부분은 수용하되 유럽 문명의 죄와 악은 거절하였고, 영성과 물질문명 사이를 이분법적으로 구분하여 유럽에 대한 선별적인 접근법을 선택하였다.[84] 최근의 많은 이슬람 단체들은 유럽의 무슬림들은 이슬람 율법에 의한 요구와 유럽에서의 삶 사이에 유동적인 접근법을 시도해야 한다고 주장한다. 흥미로운 것은 이런 이슬람 단체들은 이슬람의 집과 전쟁의 집이라는 전통적인 세계관의 윤곽은 유지하면서 유럽인들을 적대적인 대상이 아닌 개종의 대상인 선교의 집Dar-al-Da'wa으로 보아야 한다는 견해를 도입하였다. 본질적으로 선교의 집은 유럽에 대한 이슬람의 우월성을 주장하며, 유럽인을 이슬람으로 개종시킬 수 있는 잠재적인 대상이라고 분류한다. 이는 모든 무슬림들로 하여금 유럽인들에게 이슬람의 믿음을 전파하라는 의무를 수반하는 것이다.[85]

이슬람의 샤피학자 알 람리al-Ramli(1585-1671)는 비무슬림 지도자 아래에서 어느 정도 종교적 자유가 있는 무슬림들은 그들이 이슬람을 전파할 수 있는 가능성이 있기에 그곳을 떠나지 말아야 한다고 보았다.[86]

수십 년 동안 유럽의 무슬림 이민자들은 고향으로 돌아가는 것과 유럽을 자신의 고국으로 받아들이는 것 사이에서 방황하였다. 그러나 결국 무슬림 학자들과 이맘들은 자신들을 방문객으로 생각하는 유럽에서 더욱더 통합적인 정체성을 갖기 시작하면서 고향으로 돌아가기를 그만두었다. 이것은 어려운 결정이었다. 프랑스에서는 수년 동안 북부 아프리카 사람들의 귀국을 위해 보조금을 주었고, 추방시키거나 거주 비자 발급을 어렵게 만들기도 했다. 온건파 이슬람 학자인 타릭 라마단Tariq Ramadan에 의하면 유럽에 거주하는 무슬림들은 아래의 5가지 내용에 동의한다고 보았다.

① 무슬림들은 자신이 거주하는 국가와 도덕적, 사회적으로 결속되어 있다.

따라서 그들은 국가의 법을 준수해야 한다.

② 이슬람의 집과 전쟁의 집 같은 개념은 오늘날 유럽에서 적용할 수 없는 개념이다.

③ 무슬림들은 자신들의 가치관과 상관없이 국가의 정체성이나 경제적인 사업에 양심적으로 함께하며, 자신을 그 나라의 완전한 시민으로 간주해야 한다.

④ 유럽의 법은 무슬림이 이슬람을 믿는 것을 금지하지 않는다.

⑤ 유럽에 적용된 세속적인 모델을 무슬림들에게 강요하지 않으며 믿음을 유지할 수 있도록 허용한다.

1992년 이슬람권과 유럽에 있는 학자들이 모여서 유럽에 살고 있는 무슬림의 문제에 대하여 토의가 이루어졌고, 1997년에는 '유럽 이슬람법 연구 위원회ECFR'[87]가 설립되었다. 이런 연구를 통해 유럽의 무슬림들은 자신들의 의무를 이행하며 유럽에 통합될 수 있도록 해야 하며, 현재 비무슬림 정권 아래에서 유럽 무슬림의 존재는 합법적이라고 인정했다. 무슬림이 자신의 종교를 유지하면서 죽음과 불평등 및 압제에서도 자신의 삶을 보존하고 지킬 수 있는 능력을 가지고 있다면 무슬림의 비무슬림 국가 거주는 정당하다고 보았다.[88]

타릭 라마단은 샤리아 법은 이미 존재하는 교리에 반대하지 않는 요소를 통합하고 이것을 자신들의 것이라고 가르친다. 결국 이는 이슬람의 진정한 보편성이다. 이는 어디에서 왔든지 어디에 정착하든지 관계없이 남아메리카에서부터 아시아, 서양에서부터 북아프리카를 통틀어 샤리아 법에 통합하고 이슬람 것으로 만들라는 교리로 구성되어 있다. 유럽에서도 동일해야 하며, 이슬람의 권한에 반대하지 않는 삶을 통합하고 이러한 것들을 자신들의 삶으로 간주하라는 이야기이다. 무슬림들은 이중적인 관점을 극복하고, 다른 사람들이 번창할 수 있고 통합할 수 있는 보편적인 이슬람에 대한 세계적인 관점을 만들기 위하여 영원한 외국인이라는 태도를 버려야 한다고 가르쳤다.[89] 타릭 라마단의 가르침은 개인적 해석, 기본적 가치관의 화합, 그리고 서구 사회 안에서 정의를 위한 투쟁을 강조한다. 이는 서구 지역에 사는 무슬림들의 이슬람적 삶을 매력적으로 재해석했다.

사우디아라비아의 킹 압둘 아지즈King Abdul Aziz 대학교의 이슬람학 교수인 압달라 빈 바야Abdallah Bin Bayyah는 오늘날에는 이슬람의 집, 전쟁의 집 그리고 믿음의 집이라는 세 가지 뚜렷한 분야가 있다고 말한다. 이러한 표현은 모두 고전 이슬람의 용어인데, 유럽에 있는 무슬림들은 후자에 속한다. 왜냐하면 더 넓은 공동체와 좋은 관계를 형성할 의무를 가지고 있는 무슬림들이 자신들의 재산과 생활에 대한 안전을 포함하여 광범위한 권리와 보호를 받으면서 이슬람을 전파하고 그들을 개종시킬 수 있기 때문이다.[90] 현재 이슬람에는 이처럼 다양한 접근법이 존재하고 있다. 그러나 다양한 이해와 방법에도 불구하고 초점은 유럽의 이슬람화라는 목표에 맞춰져 있다.

영국인들은 무슬림들에게 다음과 같은 말을 한다. "영국 무슬림들은 영국을 위하여 헌신해야 한다. 영국인이 된다는 것은 영국에 충성한다는 의미이다. 따라서 영국 무슬림들은 국가가 종교보다 우선되어야 한다고 말할 수 있어야 한다."[91] 이렇듯 영국인들은 무슬림들이 영국 사회에 통합되기를 원하지만 이에 대하여 영국의 '젊은 무슬림Young Muslim' 단체 리더는 다음과 같이 말하였다. "우리 영국의 무슬림 세대는 영국에서 이슬람 문화를 창조하고 싶어 한다. 이렇게 함으로써 무슬림들은 자신이 원하는 지역에서 이슬람 문화를 발전시킨 선지자의 업적을 이루고 싶어 한다. 우리는 혁신적이고 창의적이며 모험심이 강해야 하고, 대담하며 정중하게 영국에 새로운 영국 이슬람 문화를 창조해야 한다."[92] 결국 무슬림들이 유럽에 살고 있는 목적은 유럽의 이슬람화이다.

10

무슬림 밀집 지역의 샤리아 법 도입

ISLAM

다문화주의의 또 다른 결과 중 하나는 이슬람 인구의 성장과 함께 이슬람법인 샤리아Sharia 법의 확산이다. 아랍어로 샤리아Sharia의 뜻은 '길'을 말한다. 알라에게 가는 길, 구원받는 길, 무슬림이 지켜야 할 기본법을 의미한다. 경전인 꾸란과 무함마드의 언행록인 하디스에 나오는 규칙이 판례와 율법으로 편찬하여 샤리아 법이 되었다.

1960년대와 70년대 유럽으로 이민 온 무슬림들의 관심은 돈이었지 종교가 아니었다. 그러나 가족들이 이주하자 새로운 무슬림 이민 공동체가 시작되었다. 또한 무슬림 2세들은 유럽에서 태어났고 자랐기에 고국으로 돌아간다는 생각을 할 수 없었다. 그렇기 때문에 이슬람 공동체의 요구가 충족되어야 했다. 따라서 무슬림들은 교육, 문화, 종교적인 기관의 설립 그리고 이슬람 공동체가 요구하는 새로운 정치를 요구하기 시작하였다.[93]

유럽에 사는 무슬림 공동체 밖에서는 민주주의가 꽃을 피우고 있지만 무슬림 공동체 안에서는 이맘과 연장자들의 지배를 받으며 신본주의적 이슬람 규범 안에서 살아간다. 그들은 세속법을 비롯해 언론과 종교의 자유, 남녀평등을 반대한다.[94] 영국 4차원 정책 연구소FPSIS 조사에 의하면 74%의 무슬림은 이슬람이 그들의 일상에 많은 영향을 끼친다고 답했다. 반면 힌두교인들의 43%, 시크교도들의 46%만이 그렇다고 답변했다.[95] 또 다른 여론 조사에 의하면 프랑스 무슬림 학생의 85.7%가 자신의 종교적 신념이 매우 중요하다고 답변하였다.[96]

2013년 퓨 리서치에서도 놀라운 결과가 나왔다. 정말 많은 나라의 다수의 사람들이 이슬람의 법인 샤리아 법이 국법이 되기를 원하고 있었다. 예를 들어 파키스탄에서는 85%가 성차별을 선호했고, 82%는 간통죄에 대한 형벌로 투석형을 지지하였다. 이집트 또한 82%가 간통죄에 대한 형벌로 투석형을 지지했고, 84%는 이슬람을 떠난 사람들에 대한 사형 제도를 지지하였다.[97]

영국의 무슬림 인구가 약 100만 명이 되었던 1982년, 영국 버밍햄에서 이슬람법을 적용하기 위한 영국 샤리아 위원회Islam Sharia Council of the UK and Ireland가 설립되었다. 이로 인해 무슬림들은 이슬람법인 샤리아 법에 의하여 재판을 받는 법체계가 설립되었다. 이후로 지역마다 샤리아 법정이 생겨났다. 그 후에 일부다처제, 조혼, 강제결혼, 여성 할례, 타문화 사람과의 결혼에 대한 후견인 제도, 그리고 명예 살인과 같은 법적, 사회적 갈등이 이슈화 되기 시작했다.[98]

샤리아 법을 적용하는 법정이 현재 영국 사법 제도의 일부로 공식 편입되었다. 2007년 8월에는 무슬림 국제 법원에서 샤리아 재판소를 여는 법안이 통과되었다. 이 법안이 통과된 후인 2008년, 영국 런던London, 버밍햄Birmingham, 브레드포드Bradford, 맨체스터Manchester, 누네톤Nuneaton, 워릭Warwickshire, 글라스고Glasgow와 에딘버러Edinburgh 에 샤리아 법정이 세워졌고, 증언 청취와 심문의 권한까지 부여함으로써 이 법정의 판결에 법적 구속력을 허용했다. 영국에는 현재 85개의 샤리아 법정이 있다.[99] 영국에 살고 있는 무슬림들에게 적용되는 샤리아 법정은 영국에서 거의 비난받지 않을 뿐만 아니라, 전 캔터베리 대주교 로완 윌리엄스Rowan Williams, 전 대법원장 필립스 경Lord Phillips과 같은 공인들에 의해 방어되고 격려되었다. 윌리엄스는 이를 '불가피하다'고 표현하면서 두 사람 모두 샤리아 법의 영국 통합에 대해 언급했다.[100] 영국은 이처럼 이슬람에 분명하고 독특한 특권을 제공하는 2중 체계의 사법제도에 대한 개념을 강화했다. 이슬람을 비판하면 '이슬람 혐오'라는 꼬리표가 붙게 된다. 이것은 유대-기독교 또는 다른 믿음 체계에서는 일어나지 않는다. 이슬람을 비판하면 안 된다는 것이 영국인들의 정신에 고정되기 시작했고, 이로 인하여 영국 전역의 무슬림들은 이슬람법, 즉 샤리아 법정에서 재판을 받을 수 있다는 생각이 상식이 되었다.

벨기에 최초의 샤리아 법정은 2011년 문을 열었다. 벨기에의 두 번째 도시인 앤트워프Antwerp에 위치한 이 법정은 이슬람 단체인 샤리아4 벨기에Shariah4 Belgium에 의해 시작되었고 결혼, 이혼, 양육권을 포함한 가족법을 중재하였다. 샤리야4 벨기에는 샤리아 법정을 열게 된 목적이 벨기에에 이슬람 법률 체제를 만듦으로써 민법의 집행 기관으로 국가의 권위에 도전하기 위함이라고 밝혔다.[101] 또한 그들은 영국처럼 무슬림들이 샤리아 법 아래에서 형사 사건을 처리하기를 원한다고 표현하였다. 이 단체는 동성애와 간통죄에 대한 사형뿐만 아니라 투석형과 참수를 약속하며 완전한 샤리아 법에 따라 벨기에를 곧 이슬람 국가로 만들 것이라고 밝히기도 했다. 한 대표는 벨기에인들을 더럽고 변태적이라고 묘사하기도 했다.[102]

'이슬람의 부름Kaldetr til Islam'이라는 덴마크의 이슬람 단체는 2011년 수도 코펜하겐의 팅브저그Tingbjerg를 샤리아 법의 통제 지역으로 선언했다. 이 단체는 이 지역에서 샤리아 법을 집행하기 위해 자경단을 모집할 계획이라고 말했다. 이슬람의 부름은 성명서를 통해서 무슬림에게 다음과 같이 묻는다. "우리가 이교도들 사이에서 사는 것을 더 좋아하며, 그들의 법을 따르고 모방하여 이교도와 차별화하지 못한다면, 어떻게 무함마드의 추종자라고 주장하며 최고의 믿음(이슬람)을 지킬 수 있겠는가? 샤리아 법을 요구하는 것을 곤란해 하는데, 그러면 어찌 알라와 그의 사자인 무함마드를 사랑한다고 주장할 수 있겠는가? 모든 무슬림들의 의무인 전 우주적인 알라의 통치가 이루어지는 것에 어찌 무관심할 수 있겠는가?"

이슬람의 부름 대표는 덴마크의 TV 기자에게 이렇게 말했다. "초기에는 형벌 제도를 시행하지 않을 것이다. 처음에는 술을 마시는 사람들을 잡거나, 이슬람에서 금지하는 행위에 대하여 순찰에 나설 것이다. 이렇게 하는 이유는 샤리아 법을 널리 퍼뜨리기 위해서이다. 왜냐하면 알라는 이슬람이 지배적인 종교가 되어야 한다고 말했기 때문이다. 이슬람이 모든 통치 시스템을 지배해야 한다. 그것이 바로 샤리아 법이 널리 퍼져야 하는 이유이다." 그는 "이슬람의 부름은 이미 코펜하겐의 지역을 순찰하고 있으며 향후 전국으로 확대할 계획"이라고 밝혔다.[103]

1999년, 터키 이즈미르 대교구를 이끄는 이탈리아 프란체스코회 주교 주세페 베르나르디니Giuseppe Bernardini는 로마에서 모인 유럽 주교 총회에서 무슬림 이맘과 나눈 대화를 회상했다. 그 이맘은 그에게 이렇게 말했다. "당신의 민주주의 법 덕분에 우리는 당신을 침략할 것입니다. 우리의 이슬람법 샤리아 덕분에 우리는 당신을 지배할 것입니다."[104]

11

표현의 자유에 대한 억압

ISLAM

18세기 기독교를 공격한 계몽주의의 주 무기는 '조롱'이었다. 하지만 이슬람에서는 이슬람이나 무함마드에 대한 조롱을 허용하지 않는다. 2005년 덴마크의 〈질란트 포스텐〉이 무함마드에 대한 풍자만화 삽화를 그려 넣은 사건 이후 2006년 2월 5일 가톨릭 신부로서 로마 교구가 파송한 이탈리아인 안드레아 손토로Andrea Santoro 신부가 터키의 트라비존Trabzon의 성당에서 미사를 끝내고 기도하던 중 "알라는 위대하다Allahu Akbar."고 외치면서 권총을 쏜 터키 무슬림에게 살해당했다. 몇 주 후 이탈리아에서 로베르토 칼데롤리Roberto Calderoli 개혁 장관이 무함마드 풍자만화가 그려진 T셔츠를 입고 TV에 출연한 것에 반발하여 1000여 명이 리비아의 벵가지Benghazi에서 시위를 벌였으며, 이탈리아 영사관에 진입하여 집기를 부수었다. 이 시위로 인하여 11명이 사망하고 35명이 부상을 당했으며, 칼데

롤리 장관은 사임하였다. 나이지리아 무슬림들은 15곳의 교회를 공격했고 최소 16명의 기독교인이 숨졌다.[105] 2005년 덴마크의 일간지 〈질란트 포스텐〉이 무함마드를 풍자한 만화를 그려 넣은 사건이 있은 후 이란 정부는 매년 2억 8000만 달러에 달하는 덴마크와의 모든 무역을 중단하였다.[106] 또한 이슬람 국가들은 덴마크 상품인 레고Lego를 비롯한 덴마크 기업에 대한 무역 중단으로 하루에 240만 달러의 손실을 발생시켰다. 이 사건에서 가장 두려운 요소는 유럽에 사는 무슬림들이 해외에 있는 무슬림들과 뜻을 함께하고 있다는 사실이다. 영국 웨스터민스터 사원 앞에서 급진적인 무슬림들은 "이슬람을 모욕하는 자는 참수하라.", "이슬람을 모욕하는 자들을 학살하라.", "유럽에 무자헤딘이 도래하면 유럽인들은 땅에서 무릎으로 기어 다닐 것이다."라는 피켓과 현수막을 들고 행진하였다. 이것이 유럽에 살고 있는 무슬림과 유럽인들 사이에 존재하는 깊은 수렁이다.[107]

이런 논란은 이슬람이 가지고 있는 편견 때문인지 아니면 서양인의 무례함 때문인지에 대한 설문 조사를 했을 때, 많은 서양인들은 전자 때문이라고 답하였다.(프랑스 67:28, 영국 59:19) 하지만 유럽에 살고 있는 무슬림들은 서양인의 무례함 때문에 일어난 사건이라고 답하였다.(프랑스 79:19, 영국 73:9, 스페인 80:5) 이렇듯 유럽의 무슬림과 유럽인들 사이에는 큰 차이가 있다. 언론의 자유와 종교의 위엄이 동시에 존재한다는 것은 불가능하다는 사실을 일깨워 주었다. 종교와 표현의 자유가 공존한다는 사실은 무슬림이 유럽에 이

이슬람과 유럽 문명의 종말

주한 순간 과거의 일이 되어 버렸다. 그리고 종교와 표현의 자유 중 하나만을 선택해야 하는 일이 필수적이 되었다.[108]

2006년 9월 26일 독일 베를린의 도이체 어퍼 극장Deutsche Oper Berlin의 총감독 키어스텐 함스Kirsten Harms는 모차르트 오페라 이도메네오Idomeneo의 공연을 취소한다고 공식 발표하였다. 오페라가 무슬림들을 자극해서 테러 공격을 받을 가능성이 있다는 이유 때문이었다. 오페라 이도메네오는 신에 대한 인간의 의무와 인간에 대한 신의 의무 사이를 다룬 작품으로 크레타의 왕인 이도메네오가 피 묻은 자루에서 포세이돈, 예수, 부처 그리고 무함마드의 잘린 목을 추켜들었다. 이를 4개의 의자에 나눠서 올려놓는 마지막 장면이 있는데 이 부분이 무슬림들을 자극할 수 있다고 판단했다.[109] 종교를 비난하면서 남자의 성기에서 태어난 성모마리아상을 만들었던 영국의 전위 예술가 그레이슨 페리Grayson Ferry는 이슬람을 절대로 조롱하면 안 된다는 주장을 펼쳤는데 그 확실한 이유를 다음과 같이 밝혔다. "나는 나의 예술을 통하여 이슬람을 공격하면 안 된다고 생각하는데 그 이유는 정말로 누군가 나의 목을 잘라 버릴 것 같은 공포를 느끼기 때문이다."[110]

2015년 1월 7일 만화로 무함마드를 풍자한 프랑스의 주간지 〈샤를리 엡도〉 편집국에 얼굴을 두건으로 가리고 AK소총과 로켓포로 무장한 3명의 이슬람 원리주의자들이 총기를 난사해 편집장 스테판 샤르보니에르Stephane Charbonner와 만평가들을 포함해서 12명이 사망하고 5명이 중상을 입었다. 사망자 가운데는 두 명의 경찰이 포함되어 있었다. 범인들은 "예언자의 원수를 갚았다. 알라는 위대하다."고 소리쳤다. 범인들은 범행 후 차량을 타고 달아났다. 몇 개월 후에 〈샤를리 엡도〉의 대표 만화가 레날 뤼지에Renald Luzier는 더 이상 무함마드에 대한 만평은 그리지 않겠다고 프랑스의 잡지 〈레쟁록큅티블Les Inrockuptibles〉과의 인터뷰에서 밝혔다.[111]

무엇 때문에 이슬람에서는 무함마드에 대한 만화나 비판을 반대하는 것일까? 이슬람의 경전인 꾸란에 의하면 "알라는 스스로 존재하시며"(꾸란 112:2), 그리고 "알라와 닮은 것은 아무것도 없나니"(꾸란 42:11)라는 구절이 있다. 무슬림은 이 구절을 위대한 알라는 사람의 몸으로 묘사할 수 없다는 뜻으로 받아들인다. 알라는 스스로 존재하는 초월적인 존재이기에 형체가 없으므로 그림으로 표현할 수 없다고 여긴다. 알라의 모습을 묘사하려는 시도 자체가 알라에 대한 모독이라는 뜻이다.[112] 문제는 이런 주장이 이슬람의 예언자 무함마드에 대해서도 똑같이 적용된다는 데 있다. 그러기에 무슬림은 무함마드의 모습을 담은 그림이나 조각상이 경배와 존경의 대상으로 우상화되는 것을 경계한다. 또한 무함마드의 언행록인 하디스에는 알라, 무함마드, 예언자들에 대한 모습을 떠올리는 행위 자체를 금하고 있다. 특히 무함마드에 대한 비판을 엄격히 금지하고 있다. 이는 무함마드가 살아 있을 때도 마찬가지였다. 무함마드의 생애에 관한 가장 중요한 전기를 썼던 이슬람 학자 이븐 이스하크Ibn Ishaq(704-767)는 다음과 같은 글을 남겼다.

무함마드가 메디나로 이주하고 난 2년 후의 일이었다. 아부 아팍Abu Afak은 100살이 넘은 시인이었고 명성을 얻고 있었다. 그는 무함마드가 그의 적을 죽인 일에 대하여 비판하였다. 무함마드가 무슬림들에게 물었다. "누가 나를 위하여 이 악당을 처리하겠느냐?" 그때 어린 살림 빈 우마이르Salim bin Umayr가 자원하였다. 그리고 그 시인이 잠들었을 때 그를 죽였다. 그러자 이번에는 아부 아팍의 비극적인 죽음과 무함마드의 잔인함을 전해들은 아스마Asma라는 여성 시인이 무함마드를 비판하는 시를 썼다. 그녀의 시를 들은 무함마드는 "누가 날 위해 아스마를 제거하겠는가?"라고 물었다. 그때 우마이르Umayr라는 한 맹인이 그의 명령을 따르겠다고 결단하였다. 그날 밤, 임신한 아스마를 찔러 살해하였다. 우마이르는 심각한 살인죄를 저지른 것에 대하여 걱정하였다. 이에 대해 무함마드가 이렇게 그를 안심시켰다. "너는 알라와 그의 선지자를 도왔다."[113]

이탈리아 학생들은 단테의 신곡을 더 이상 수업 시간에 배울 수 없다. 그 이유는 신곡에서 무함마드가 가장 깊은 지옥으로 보내지기 때문이다. 무슬림들은 유럽인들이 당연시하는 예술의 표현의 자유와 미디어의 독립성에 대하여 적대감을 드러내고 반대한다.[114] 그러므로 유럽인들이 언론의 자유와 종교의 위엄성 모두를 존중한다는 생각은 착각이었던 셈이다.

2009년에 오스트리아 국회의원인 수잔 윈터Susanne Winter는 무함마드가 아이샤와 9살에 결혼한 내용을 두고 "오늘날의 시스템에서는 무함마드는 아동 성 추행범으로 간주 될 것"이라고 말해 "종교 상징의 침해와 비하" 죄로 2만 4000유로의 벌금형을 선고받았다. 윈터는 또한 이 범죄로 인해 3개월의 징역형을 받았다.[115]

프랑스에서는 밀라나Milana라는 16세 여학생이 자신의 인스타그램에서 이슬람을 비난하자 무슬림들로부터 죽이겠다는 협박을 받았다. 그녀의 학교 위치와 개인 정보가 고스란히 온라인에 노출되어 있었으므로 그녀는 학교를 그만두고 전학을 가야 하는 상황에 놓였다. 사건의 발단은 그녀가 인터넷에 동성애에 대한 이야기를 하면서 시작되었다. 이를 지켜보던 한 무슬림이 "더럽다."며 댓글을 달자 발끈한 그녀는 "당신들의 종교는 형편없다."고 받아쳤고, 이를 두고 무슬림들이 살해하겠다고 위협한 것이다. 이 논란으로 인하여 프랑스 내무부는 밀라나와 그의 가족을 보호하기 위하여 경찰을 파견하였으며, 이때부터 어린 소녀가 매일 24시간 경찰의 밀착보호를 받아야 했다. 교육부는 그녀의 안전을 위하여 다른 학교로 전학시켰다. 그러나 결국 그 학교도 다니지 못한 채 학교를 떠나야 했다. 프랑스 경찰은 살해하겠다는 사람들에 대한 수사를 시작함과 동시에 그녀가 프랑스 법으로 금지된 종교적인 증오를 했는지 조사했다. 프랑스 법무부 장관은 밀라나를 향한 "살해 협박을 용인할 수 없다."고 말하면서도 동시에 "종교에 대한 모욕은 신앙의 자유를 침해하는 심각한 행위"라고 말해 논란이 일기도 했다. 프랑스의 법률은 특정 종교를 믿는 개인을 모욕하는 행위는 처벌하지만 종교적 상징을 모욕하는 일은 용납하기 때문이다.[116]

미국에서 권위 있는 잡지인 〈애틀랜틱The Atlantic〉이 2015년 "유럽을 끊임없이 쇠퇴시키는 신성모독의 전쟁"[117]이란 글을 실었을 때 아무도 경청하는 사람이 없었다. 살만 루시디 사건 이후에도 몇 십 년 동안 많은 경고가 있었음에도 불구하고 권력을 잡은 정치인들은 그 누구도 이런 사건들을 예상하지 못했다. 유럽 국경을 난민들에게 개방했을 때, 이것이 문제가 될 거라고는 전혀 생각하지 못했다. 유럽에 도착한 사람들이 통합이나 동화는커녕 그들의 분열적인 종교적 관점까지 가지고 올 경우에 대한 준비가 되어 있지 않았고, 그로 인하여 유럽인들이 피해자가 될 것이라고 생각하지 못했다. 영향력 있는 사람들은 이민의 급증이 반유대주의와 동성애자 학대로 이어질 거라고 예상하지 못했다. 이민 정책을 찬성한 사람들도 이슬람의 신성모독이 21세기 유럽의 중대한 안보적 문제가 될 것이라고 예상하지 못했다. 반면 이에 대해 경고한 모든 사람들은 무시를 당하거나, 명예가 훼손당하거나, 고발당하거나, 살해되었다. 그들은 동정조차 받지 못했다.[118] 이슬람에서는 이슬람에 대한 모든 비판을 금지시키기 위하여 엄청난 전투를 하고 있고, 이슬람에 대한 비판은 오늘날 인종 차별이라는 프레임을 만들어 가고 있다. 그들의 목적은 이슬람에 대한 비판을 범죄화하는 것이다. 그러나 우리는 질문해야 한다. 여성의 인권 침해를 말하는 것이 이슬람 포비아인가? 이슬람의 이름으로 벌어지는 살인에 대한 비판이 이슬람 포비아인가? 자칭 거룩한 법이라는 샤리아 법을 모든 사람에게 적용하는 것을 반대하는 것이 이슬람 포비아인가?

12

이슬람 원리주의의 부상

ISLAM

유럽에 살고 있는 무슬림들은 자신들이 제도적 소외와 차별의 피해자라고 생각한다.

영국 자선 단체인 '무슬림들을 위한 정신 건강 연구소Mental Health for Muslms'가 16세에서 30세 사이의 무슬림 1000명에 대한 설문 조사를 했는데, 영국 무슬림들의 32%가 어느 시점에서 자살 충동에 시달렸다고 밝혔고, 63%가 불안과 사투를 벌이고 있다고 답했다. 이와 대조적으로 영국인의 16%만이 우울증과 불안과 같은 일반 정신 장애를 경험한다. 영국 무슬림들의 우울증은 일반인들보다 높지만 무슬림들이 치료를 받을 수 있는 가능성은 낮다. 따라서 리즈 대학교의 건강 과학 연구소Institute of Health Sciences 가잘라 미르Ghazala Mir 박사는 무슬림들을 연구하여 적응형 행동 활성화Adapted Behavioral Activation로 알려진 치료법을 만들었다. 2019년 영국과 웨일즈 경찰청의 보고서에 따르면 종교적 증오 범죄의 절반은 무슬림을 표적으로 삼았다. 이슬람 공포증으로 인한 인종주의가 전반적인 정신 건강에 영향을 줄 수 있다는 증거도 있다. 영국 국립 보건 서비스NHS의 2019년 연례 정신 건강법 보고서에 따르면 흑인 영국인이 백인 영국인보다 경찰에 체포될 가능성이 4배가 높았고, 40%의 무슬림들은 최근 자신의 정신 건강에 문제가 있음에도 불구하고 아무에게도 말하지 않았다.[119] 이처럼 유럽에서 무슬림들에 대한 차별은 이슬람 원리주의를 더욱 강화시키고 있다.

그렇다면 이슬람 원리주의란 무엇인가? 18세기부터 19세기까지 이슬람 지역은 모두 유럽 제국주의의 지배 아래 있었다. 그로 인하여 무슬림의 정체성과 자치를 위협하자 무슬림 세계의 지도자들은 정치적인 질문뿐만 아니라 심오한 종교적인 질문들을 던졌다. 무엇이 잘못되었는가? 무슬림들은 왜 이렇게 뒤쳐졌는가? 왜 무슬림의 운명이 역전되었는가? 이슬람을 실패하게 만든 것은 무슬림인가? 아니면 무슬림을 실패하게 만든 게 이슬람인가? 이런 질문들은 사회를 개혁해야 한다는 무슬림의 믿음과 결합하여 새로운 세계를 세우고자 하는 갈망의 불길로 점화되었다.[120] 이슬람 원리주의는 이슬람 사회가 유럽의 지배를 받는 것이 이슬람의 타락으로 보고, 초기 이슬람의 정신으로 돌아가야 이슬람 사회가 재생할 수 있다고 주장한다. 이러한 운동은 이슬람 내부의 정화 운동 형태로 존재해 왔지만 18세기 이슬람이 쇠퇴하면서 외부 위협에 대한 결집의 원동력으로 작용했다. 제국주의에 대한 분노는 시아파 원리주

의에 입각하여 이란이슬람공화국을 세운 아야툴라 호메이니Ruhollah
Khomeini의 글에 잘 나타나 있다.

> "제국주의의 더러운 발톱이 꾸란 백성의 땅 심장부를 움켜쥐었다.
> 우리의 국부와 자원을 제국주의가 삼켜 버렸으며, 제국주의의 독
> 버섯 같은 문화는 우리 마을 동네까지 깊숙이 침투하여 꾸란의 문
> 화를 대체하였다." [121]

이슬람 원리주의는 정치와 종교가 하나인 이념을 제공하며, 폭력
을 정당화시키고 선교 활동(꾸란 34:28)에 적극적이다.

그리스의 사회학자 스파이로Spyros A. Sofos의 연구에 의하면 유럽의
무슬림들에게 종교적인 관점을 보완하라는 요구는 유럽을 넘어 세
계의 무슬림들이 서양으로부터 다양한 경제적, 정치적 불평등을 당
하고 있다고 느끼게 만든다. 따라서 유럽에서 무슬림들은 직접 차
별을 당하고 있으며, 이를 통하여 전 세계 무슬림들이 겪고 있는 고
통을 알 수 있다고 본다. 또한 유럽 무슬림들은 자신과 같은 사람들
에게 고난을 주는 유럽이 비난 받을 만한 행동도 목격하게 되는 것
이다. 이러한 입장에서 볼 때, 다른 무슬림들이 고난에 동감하는 것
은 유럽 무슬림의 정체성 형성에 중요한 요소로 작용하게 되었다. [122]

레바논 출신의 중동 전문가 푸아드 아자미Fouad Ajami는 유럽에서
새로운 무슬림 정치 세력의 등장을 비관적으로 바라보았다. 그의
의견에 따르면 유럽의 새로운 무슬림 단체들은 과격한 원리주의

단체들이다. 그들은 이슬람 국가에서 쫓겨난 급진주의자들로서 유럽의 인도적 망명 정책에 따라 들어 와서 새로운 은신처를 만들어 간다. 그들은 유럽 무슬림 인구 증가에 힘입어 권력을 얻고 유럽 정부에 영향력을 행사하고 있다.[123] 유럽에서 성장하고 있는 이슬람 원리주의 단체들을 살펴보자.

무슬림 형제단 Muslim Brotherhood

무슬림 형제단은 오늘날 유럽에서 가장 영향력 있고 큰 이슬람 단체이다. 무슬림 형제단의 목적은 이슬람의 깃발 아래 전 세계를 두는 것이다. 이 단체가 형성될 때 만들어진 좌우명은 그때나 지금이나 이데올로기적이고 계몽적이다. 무슬림 형제단의 신조는 5개의 문장으로 이루어졌다. "알라는 우리의 목표입니다. 꾸란은 우리의 헌법입니다. 선지자는 우리의 지도자입니다. 지하드가 우리의 길입니다. 알라를 위한 죽음은 우리의 소원입니다."[124]

무슬림 형제단은 유럽에서 무슬림들이 샤리아 법을 따르도록 노력한다. 물론 최종 목표는 이슬람법이 유럽에 소개되어서 비무슬림들도 강제적으로 따르게 만드는 것이다. 무슬림 형제단의 영적인 지도자는 카타르에 살고 있는 요세프 카라다위 Youssef al-Qaradawi 이다. 그는 이집트 태생으로 무슬림 형제단의 설립자인 하산 알반나 Hassan al-Banna 의 제자였다.

그는 수니파의 최고 권위자이며 파트와 Fatwa 연구를 위한 유럽 위원회를 이끌고 있다. 파트와란 권위 있는 이슬람 법에 대한 판결을 말한다. 이 위원회는 유럽에서 가장 영향력이 있는 기관이며, 무슬림 형제단에게 장악되어 있다. 무슬림 형제단은 이집트의 청년 교사 하산 알반나가 많은 사람들과 이슬람 부흥을 토론하면서 무슬림 사회의 개혁, 이집트 정치 문화의 개혁을 도모할 목적으로 1928년에 창설하였다. 그는 국가가 외국의 지배에서 벗어나 이슬람 원리에 따르는 이슬람 국가로 재건되어야 한다는 큰 틀의 목표를 설정하였다.[125] 이 운동은 1940년대 이후 무슬림 세계의 여러 나라에 영향을 미쳐 제 2차 세계 대전 말기 조직원 수는 100만 명에 이르렀고, 지부가 5000개나 되는 조직으로 성장했다. 또한 무슬림 형제단은 오늘날까지 세계 여러 곳에서 활발하게 전개되었던 각종 원리주의 운동의 모체가 되었기에 하산 알반나를 20세기 이슬람 원리주의 운동의 효시를 이룬 인물로 간주한다.[126] 그룹 내에서 이슬람 급진 사상을 더욱 체계적으로 정리시킨 사람은 사이드 쿠틉이다. 그는 관용을 강조하는 꾸란의 지시는 이슬람이 정치적으로 승리하고 진정한 이슬람 국가가 세워진 이후에야 가능하다고 주장하며, 무슬림들에게 예언자를 모델로 하여 지하드에 참여하라고 말했다. 비록 쿠틉은 1966년 이집트에서 처형당했지만 모든 수니파 원리주의 운동은 쿠틉의 영향을 받게 된다.[127] 이슬람의 급진적 성향은 자기중심적인 서구에 대한 적대감과 서구 제도의 구조적 모순에 힘입어 20세기 후반에 일어난 새로운 기류이며, 서구의 식민 지배와 근대화가 야기한 빈곤층이 주도하고 있다는 사실을 기억할 필요가 있다. 세대를 뛰어넘는 이슬람 원리주의는 시대와 지역에 따라 이름과 목표, 양상은 다양하다. 그러나 미신적 관행과 이단적 혁신을 반대하고, 원초적 이슬람으로 돌아가야 한다는 점은 공통적이다. 알라의 통치만이 완전하므로 민주적 결정도 제동돼야 한다고 주장한다. 하마스라는 테러 단체도 무슬림 형제단에 뿌리를 두고 있다고 알려져 있다.[128]

테러 전문가인 로렌조 비디노Lorenzo Vidino에 따르면 무슬림 형제단은 인내력이 매우 뛰어나다. 그들의 전략은 샤리아 법의 완성을 위하여 먼 길을 걷는 것이다. 그는 무슬림 형제단의 성장은 가장 위험하다고 주장한다. 왜냐하면 무슬림 형제단은 양털을 입은 늑대와 마찬가지인데 그들은 양으로 변장하는 법을 잘 알고 있기 때문이다.[129]

살라피스트Salafist

이들이 따르는 살라피즘Salafism은 경건한 선조들Salaf, 즉 무함마드와 그의 후계자들이 다스렸던 시대를 가장 이상적인 시대로 규정하고 그들을 모방한다고 주장하는 수니파 이슬람의 한 분파이다. 무함마드 언행록에 따르면 "내 공동체의 최고의 사람들은 내 세대 그리고 그들을 따르는 사람들이다."[130]라고 되어 있다.

노르웨이에서 젊은이들의 가입이 급증하고 있는 '이슬람 넷Islam Net'이라는 단체가 있다. 이슬람 넷은 2008년 파키스탄 이민자의 자녀로 노르웨이에서 태어난 공과 대학생 파하드 쿠레시Fahad Qureshi에 의하여 설립되어 오슬로, 아케스후드Akershus, 트롬쇠Tromsø, 보되Bodø

등에 지부를 두고 있다. 쿠레시는 수니파 무슬림들이 샤리아 법을 위반한 사람에게 야만적인 처벌을 내리는 것은 급진주의자나 극단주의자가 아니라 모든 무슬림들이며, 동성애자에 대한 사형과 강간에 대한 투석형을 포함하여 모든 형벌을 지지한다고 말하였다. 중동 연구소MEMRI의 자료에 의하면 그는 2013년 11월 7일 1000여 명이 넘게 참석한 세미나에서 "우리가 모임을 가질 때마다, 우리가 강사를 초대할 때마다, 사람들은 강사들이 동성애자의 사형을 지지하고 동성애가 혐오적이며 여성들을 지배하자고 말한다고 비판한다. 그러나 우리는 극단적인 사람들을 초대한 것이 아니다. 이것이 모든 무슬림의 견해이다."라고 하였다.[131] 살라피스트들은 이슬람의 원초적인 부활과 꾸란으로 돌아가야 한다고 외치는데, 이러한 원리의 궁극적 목표는 '순수 이슬람의 회귀'이고 '올바른 이슬람의 부활'이라고 주장한다.[132] 이들이 옹호하는 아이디어는 18세기 아라비아반도에서 시작된 와하비 운동이다. 와하비 운동은 과거 찬란했던 이슬람 제국이 심각하게 쇠퇴하면서 무엇이 잘못되었는지에 대한 질문에서부터 시작되었다. 이슬람은 과거의 제국주의에서 밀려나 여러 부족으로 분열되었다. 구심점을 잃은 이슬람 사회는 점차 신앙심을 잃어 타락하고 부패한 사회로 인식되어, 종교적, 사회적 정화가 요구되었다. 쇠퇴해 가는 이슬람 사회의 회복을 위하여 이슬람 신학자였던 무함마드 이븐 압둘 와하비Muhammad Ibn abd al-wahhab는 지역 족장인 무함마드 이븐 사우드Muhammad Ibn Saud와 동맹을 맺고 종교-정치 운동인 와하브주의Wahhabism를 창시했다. 추종자들은 이 운동이 선지자 무함마드의 지도 아래 7세기에 이슬람의 출발을 재현한 것이라고 믿었고, 이 믿음 안에서 아라비아반도의 종족들을 통일하였다. 이후 사우드가의 자손인 압둘라지즈 이븐 사우드Abdulaziz ibn Saud에 의하여 오늘날의 사우디아라비아를 건설하는 데 영향을 주었다.[133] 와하비 운동은 어느 정도 정점에 이르렀다고 보고, 현재의 살라피주의가 새롭게 일어나 선조들의 삶을 철저하게 고수하고 표현하려는 가르침을 이데올로기적으로 표현하였다. 살라피스트 안에는 세 종류가 있다. 조용한 살라피스트, 정치적인 살라피스트 그리고 지하드 살라피스트가 있다. 명백하게 노르웨이에서 살라피주의는 가장 가파르게 성장하고 있다. 이슬람 넷은 가장 큰 무슬림 학생 단체이며, 정기적으로 회비를 내는 2000여 명의 회원들이 있다. 살라피스트들은 공적 자금을 받는 전국의 모스크에서 왕성하게 활동하고 있다.[134]

지하디스트 Jihadists

지난 20세기와 21세기에는 지하드란 말이 상당히 많이 사용되었다. 저항 운동가, 해방 운동가, 테러리스트들 모두는 자신들의 명분을 정당화하고 추종자들에게 동기부여를 하기 위해 동일하게 이 단어를 사용하였다. 그렇다면 지하드는 무슨 뜻인가? 아랍어-영어 사전에 따르면 '지하드'는 '자아드jaahad(스스로 노력하다, 애쓰다)'라는 동사의 동명사masdar 형태이고, 그 뜻은 '애씀, 노력, 또는 불만, 불찬성 및 비난의 대상에 대하여 투쟁하는 데 자신의 힘을 최대한 활용하는 것'이다. 이슬람 연감에는 지하드를 '싸우다'라는 뜻으로 정의한다. 이것은 전쟁뿐 아니라 개인 또는 공동체에 의하여 이루어지는 다른 형태의 전투를 포함하는 꾸란의 개념으로서 무슬림들의 안전을 추구하고 이슬람의 가르침을 실천한다는 의미로 확대되었다.[135]

지하디스트라는 용어는 1990년대부터 서구의 학자들이 사용하였으며 2001년 9월 11일 이후로 폭력적인 수니파 무슬림과 비폭력적인 수니파 무슬림을 구별하는 용어로 사용되어 왔다. 지하디스트들은 지구상에 알라의 통치를 회복하고, 무슬림 공동체를 이교도들과 배교자로부터 방어하며, 장해물 제거에 폭력적인 투쟁이 필요하다고 생각한다. 지하드[136]는 집단적인 의무가 아니라 라마단 금식처럼 모든 유능한 무슬림이 수행해야 하는 개인적인 의무이다. 지하디스트는 이슬람을 발전시키며 그에 대한 위험에 대응하는 기본 목표는 공유하지만 우선순위는 다를 수 있다. 노르웨이 국방 연구소의 토마스 해그해머Thomas Hegghammer 교수가 최근에 연구한 5가지 지하디스트의 주요 목표를 살펴보자. 첫째, 지하드를 통하여 국가 및 사회의 정치 조직을 바꾼다. 둘째, 비무슬림이 지배하는 영토에 대한 주권을 확립한다. 셋째, 무슬림이 아닌 외부 세력으로부터 무슬림 공동체를 방어한다. 넷째, 다른 무슬림의 도덕적 행동을 교정시킨다. 다섯째, 다른 무슬림 종파를 위협하고 개종을 요구한다.

많은 지하디스트 그룹은 나이지리아의 보코하람Boco haram과 우주베키스탄의 이슬람 운동IMU처럼 각각의 출신 국가에 이슬람 국가IS

를 설립하려고 한다.[137] 지하디스트들은 세속적인 법에 기초하고 있는 서양의 개방된 사회들에 대한 혐오와 전쟁하려는 마음을 숨기지 않는다. 이것은 오슬로에서 시위가 벌어졌을 때 IS의 흑색 깃발이 휘날렸던 것만으로도 알 수 있다. 많은 지하디스트들은 전통적인 전투 복장 착용을 좋아한다. 그들은 다양한 터번을 쓰며, 가운이 걸쳐 있는 다양한 종류의 헐렁한 바지를 입고, 그리고 무함마드의 전통을 따라 수염을 기른다.

영국 총리로 재직하면서 이슬람에 관련된 연설이 있을 때마다 이슬람이 평화의 종교라고 주장했던 데이비드 카메룬은 2015년 여름에 버밍햄의 나인스타일 학교Ninestiles School에서의 연설에서 자신의 주장에 대해 참회하며 "정부에 의해서 널리 퍼진 이슬람이 평화의 종교라는 개념은 거짓말"이었다고 인정하였다. 또한 "이슬람과 극단주의의 관련성을 부인하는 것은 이제 불가능하다."고 하였다. 데이비드 카메룬은 서양의 총리 중에서 최초이자 유일하게 있는 그대로의 현실을 인정한 사람이다.[138]

13

유럽 극우주의의 부상

ISLAM

이슬람과 무슬림에 대한 유럽인들의 증오는 고질적이다. 오늘날 존재하는 무슬림에 대한 편견의 본질은 홀로코스트가 유대인에 대한 최후의 해결책이라는 이데올로기가 발생한 독일에서 유대인들이 겪은 수난과 동일하다.[139]

유럽인들은 유럽과 이슬람 그리고 유럽의 소수 민족의 위상에 대하여 언급하면서 어려운 관계를 토로한다. 유럽의 정치인들과 지성인들은 이슬람은 유럽 문명과 조화될 수 없으며 무슬림들은 세속적인 유럽 사회에 적응하기 힘들 것으로 본다. 이렇듯 무슬림들은 외부인이며 문화적, 정치적으로 분리된 사람들이라고 주장하는 관점에 영향을 끼친 두 가지 요소를 살펴볼 수 있다.

첫째, 유럽의 기독교 유산으로 말미암아 이슬람과 같이 다른 종교를 가진 사람들은 유럽 사회에 통합되는 것이 힘들다고 보는 시각이다. 둘째는 종교와 상관없이 유럽의 정치적, 문화적, 경제적인 '세속적' 요소들 때문이라고 주장하는 사람들도 있다. 이 두 가지 주장의 공통점은 유럽과 유럽인다움의 정의를 고려할 때 유럽과 이슬람은 통합할 수 없다고 보는 것이다.[140]

2001년 9·11 사태 이후에 유럽에서는 무슬림과 이슬람에 대한 반감이 극심해졌다. 이탈리아 북부 동맹은 무슬림 이민자들을 제한하였다. 2002년 8월 이탈리아 정당의 고위 관계자는 '테러리즘에 대한 잠재적 지지자'들을 막기 위하여 모스크와 이슬람 문화 센터를 폐쇄하자고 주장했다. 확실히 9·11 사태는 반무슬림 환경을 조성하였다. 지중해를 통하여 무슬림이 들어올 수 있는 스페인에서 핀란드까지, 그리고 아일랜드에서 서유럽의 동쪽인 오스트리아까지 유럽 연합 내의 무슬림들이 이렇게 비난을 받은 적은 없었다. 세르비아뿐만 아니라 유럽 전체에서 무슬림은 혐오의 대상이 되었다.[141] 이로 인하여 유럽의 극우주의자들과 이슬람 원리주의자들의 충돌이 자주 일어났다.

영국 모니터 그룹 텔 마마Tell Mama의 연례 보고서에 의하면 2017년 1201건의 이슬람 혐오 범죄가 발생했고, 이는 전년 대비 26% 급증한 수치였다. 맨체스터 아레나Arena에서 자살 폭탄 테러로 23명이 사망한 후 무슬림에 대한 욕설과 폭력이 70건 이상 보고되었다. 희생자 10명 중 6명은 여자였고, 가해자 10명 중 8명은 남자였는데 대다수가 13세에서 18세 사이였다.

영국 수호 동맹The English Defence League은 2009년 스티븐 약슬리 레

논Stephen Yaxley Lennon에 의해 결성되었다. 그는 자신의 신분을 감추기 위해 이름을 토미 로빈슨Tommy Robinson으로 바꾸었다. 그는 고향인 루턴Luton에서 이라크에서 돌아온 영국 군인들이 행진할 때, 군인들을 상대로 폭언을 퍼붓고 살인자로 낙인찍는 이슬람 단체 알 무하지룬al-Muhajiroun의 '항의 시위'를 목격한 후 영국을 이슬람으로부터 지켜야 한다는 사명감을 가지고 이 단체를 결성했다.

2009년 9월 영국 수호 연맹은 맨체스터 시위를 공개적으로 알리기 위하여 비디오를 유튜브에 공개하였다. 그들은 루턴의 한 창고에서 검은 옷을 입은 20명이 벽을 바라보고 있었고, 그중 한 명이 준비한 선언서를 낭송하였다. 또 다른 한 명은 그 앞에서 나치 깃발을 불태웠다. 영국 수호 동맹 대변인은 자신들은 인종 차별주의를 위한 극단주의자들이 아니며 이슬람 극단주의를 반대하는 단체라고 주장하였다. 그들은 이슬람 극단주의자들에게 "영국 수호 동맹은 우리의 선조가 그랬듯이 우리의 위대한 민주 국가에서 모든 샤리아 법이 금지될 때까지 너희와 경쟁할 것이다. 자유가 영원하기를!"이라고 말했다. 그는 이런 생각을 가진 반극단주의 무슬림을 포함한 모든 사람이 영국 수호 동맹에 가입할 수 있다고 말하였다. 이 대변인의 뒤에는 "마침내 이슬람의 지하드로부터 우리의 영토를 지킬 시간이 도래하였다."라는 문구와 함께 30년 안에 영국이 이슬람화된다는 뉴스의 문구가 삽입되었다. "당신은 이 기독교 땅에서 당신들의 자녀와 손자들이 이슬람법 아래에서 살기를 원하는가? 당신의 선조들이 싸우고 자유를 위해 죽어 간 이 땅에서 2류 시민이 되고 싶은가?" 비디오에는 "이슬람은 종교적으로 무슬림들에게 이 땅을 이슬람법 아래 두도록 가르치며, 정부는 이러한 위험에 대항하지 못하기에 오직 애국자들이 거리로 나와야 영국을 샤리아 법에서 구할 수 있다. 맨체스터 시위는 심판의 날이 될 것이다."라고 하였다. 이 비디오가 공개되자 영국의 방송과 신문들은 일제히 이슬람 원리주의, 이슬람 샤리아 법정, 강제 개종 등을 행하는 무슬림들을 달래기 위하여 크리스마스까지 폐지한 영국 정부를 향한 비판을 쏟아 냈다.[142]

영국 수호 동맹은 2011년 9월 3일 동부 런던의 타워 햄릿 이슬람 지역을 통과하였고, 약슬리 레논은 대중들을 향하여 "우리는 유튜브에서 이 영상을 본 무슬림들에게 경고하기 위하여 이 자리에 섰다. 무슬림인 당신들은 7월 7일 영국인들을 살해하는 데 성공하였다. 그래서 우리는 영국 전역에 네트워크를 만들었다. 우리는 좌시하지 않겠다. 또 다시 런던에서 영국인들이 살해되거나 불구가 되거나 다치면 영국 수호 동맹의 힘을 느끼게 해 주겠다."고 외쳤다. 약슬리 레논의 선언문은 자신들이 비판하고 있는 테러범들의 선언문과 동일했다. 이 둘 모두 일부의 잘못으로 인하여 전체에 대한 폭력을 정당화하고 있다. 2013년 런던에서 발생한 영국 군인 리 릭비Lee Rigby 살인 사건으로 인하여 그들의 위협은 현실이 되었다. 그림즈비Grimsby, 머즈웰 힐Muswell Hill, 월솔Walsall, 팁튼Tipton에서 모스크에 대한 방화와 폭탄 공격이 발생했다.[143] 영국 수호 동맹은 이슬람의 문제를 제기하였다. 그들은 평범한 영국인들의 정체성에 대한 위협에 대해 말했다. 영국의 광범위한 교외 지역에 걸쳐 은닉되고 처벌되지 않은 범죄들, 즉 백인 영국 소녀들에 대한 집단 성폭행, 부르카 아래 어린 영국 소녀들의 실종, 그리고 그때까지 완전히 무시되었던 수많은 문제들에 대해 언급했다. 만약 영국에서 이슬람으로 인한 문제를 해결하려면 현재의 정치 체제를 대체할 필요가 있을 것이며, 이것은 오직 국민의 투표로만 이루어질 수 있다. 지도자들은 이슬람 비평가들을 침묵시키기에 너무 바빠서 그것이 야기하는 문제에 직면하지 못했다. 정부는 사우디아라비아의 돈을 얻으려 하고, 영국 모스크가 영국과 그 시민들에 대한 증오를 설파하도록 허용했다. 유럽 연합은 '이슬람을 재건하기 위한 계획'을 내놓고 있는데, 영국과 유럽의 리더십은 대체로 이 문제에 대해서는 무능하기 때문이다.

영국의 극우 정당인 영국 국민당BNP은 닉 그리핀Nick Griffin이 새로운 당수가 되자 공개적으로 프랑스의 국민전선Front National과 같은 유럽 정당을 따라서 이민, 다문화주의 및 이슬람에 대한 회유책을 정책으로 내세워 영국의 문화적 정체성을 지키기 위한 정당으로 변화하였다. 영국 국민당은 9·11 사태나 런던 7·7 테러로 인하여 지지율이 상승하였고, 2009년 유럽의회에서 2개의 자리를 획득하였다.[144]

2014년 독일의 드레스덴Dresden에서는 독일어로 서양의 이슬람화를 반대하는 애국 유럽인Patriotische Europäer gegen die Islamisierung des Abendlandes이라는 문구의 약자를 딴 페기다PEGIDA 운동이 시작되었다. 그들은 급진주의 무슬림과 대규모 무슬림 이민을 반대하였다. 2014년 12월에 페기다 시위에 참석한 사람들은 1만 명 이상으로 증가했고 독일 전역으로 퍼졌다.

12명의 독일 극우파들이 뉴질랜드에서 극우파들에 의하여 두 개의 모스크에서 51명의 무슬림을 학살한 것에서 영감을 받아 독일에서 무슬림 대량 학살 공격을 계획하다가 체포되었다고 독일 연방 검찰청GBA이 밝혔다. 검찰은 2019년 9월에 체포된 용의자 4명이 테러를 계획하였으며, 전화와 온라인 채팅을 통해 연락을 취하며 정기적인 모임을 가졌다고 발표했다. 독일에는 2만 4100명의 극단적인 극우주의자들이 있으며 그중의 절반은 폭력적인 성향을 가진 것으로 추정한다. 2019년 상반기에 극우파들의 개인적인 공격이 약 9000건이었는데 이는 전년 같은 기간에 비해서 약 1000여 건이 증가한 수치이다.[145]

유럽의 극우 정당은 1990년대 초 약 5%에서 현재 15% 이상으로 세 배의 득표율을 기록하고 있다. 유럽인 6명 중에 한 명이 프랑스 국민 투표에서 두 번이나 반이슬람 공약을 내세웠던 마린 르펜Le Pen의 국민 연합Nation Rally이나 이탈리아의 마테오 살비니Matteo Salvini 극우 동맹League, 헝가리 빅토르 오르반Viktor Orban의 청년 민주 동맹Fidesz 같은 정당에 투표한다. 극우에 투표하는 가장 큰 이유는 이민에 대한 태도 때문이다. 다시 말해서 우파를 지지하는 사람들은 이민자들이 자신의 나라를 경제적, 문화적으로 위협하는 위험한 타인이라는 데 동의하기 때문이다. 참고로, 극우 정당이 유권자들에게 표를 많이 받는 이유는 다음과 같다.

첫째, 유권자들을 동원하는 방법을 배웠다. 2000년 이전까지 유럽에서 극우라는 의미는 파시즘과 폭력적인 반민주 스킨헤드와 관련이 있었으나 최근에는 정당의 이미지를 바꾸는 데 성공하였다. 예를 들어서 프랑스의 르펜은 극단주의자들과의 관계를 끊고 당의 이름을 바꾸었다. 둘째, 일반적으로 유권자들은 자기 정당에 대한 충성심이 높았다. 셋째, 실질적으로 이민과 이슬람 문제가 점점 심각해지고 있다. 즉, 반이민 태도를 가진 유권자들이 우파 정당에 투표할 가능성이 높아진 것이다.

이렇듯 이전에 무시당했다고 느낀 사람들이 정치적인 목소리를 낼 수 있게 되었지만, 반면에 다원주의와 소수 인종의 권리 보호와 같은 민주적 가치와 양립할 수 없기 때문에 바람직한 현상은 아니기도 하다.[146]

프랑스의 영화배우 브리지트 바르도Brigitte Bardot는 "무슬림은 피에 굶주린 미개인"이라 말하며, "나의 선조의 땅이며, 나의 조국 프랑스는 이 땅에 들어온 수많은 무슬림들에 의하여 정복당하고 있다.'"[147]고 표현하였다. 쟈크 시라크Jacques Chirac 프랑스 전 대통령은 "무슬림은 문명을 모욕하는 사람들"이라고 발언하였다. 독일 대안정당Deutsche Alternative Party은 반무슬림 정당을 표명했으며, 덴마크 진보당The Progressive Party은 '무슬림 없는 덴마크'를 공약으로 내세웠고, 스웨덴의 신민주당New Democratic Party도 같은 공약을 내세웠다.[148]

스웨덴은 2015년에 총 16만 3000명의 난민을 수용했는데, 스웨덴의 아이콘인 이케아 매장에서 두 명의 에르트리아 난민자들이 "알라는 위대하다!"를 외치면서 스웨덴인 어머니와 아들을 칼로 살해하였다.[149] 대학교에서 심리학을 전공하고 난민 센터에서 사회복지사로 헌신적으로 일하던 알렉산드라 메져Alexander Mezher가 소말리아 난민에 의하여 살해되는 등 악명 높은 범죄로 인해 긴장이 고조되자 경찰관 댄 엘리야손Dan Eliasson은 늘어나는 이민 범죄의 물결에 대처할 방법이 없다고 말했다.[150] 그러자 스톡홀름의 주요 기차역에서 스웨덴 남성들이 대거 모여 스웨덴 여성들을 보호한다는 명목으로 검은 옷을 입고 이민자들을 공격하였다. 이 사건으로 모두 14명이 체포되었다.[151]

2004년 11월 네덜란드 영화감독인 테오 반 고흐가 암스테르담 거리에서 이슬람 원리주의 단체인 헤즈볼라 소속 모로코인 모하메드에게 살해당하자 이를 계기로 북유럽에서 반이슬람 운동이 발생하였다. 살인 사건이 일어나고 몇 주 동안 네덜란드에서는 20건이 넘는 모스크와 이슬람 학교 그리고 교회가 자칭 기독교 십자군과 이슬람 원리주의자들에 의하여 각각 불타서 무너졌다.

이렇듯 유럽에서 극우 단체에 의한 폭력도 심각하다. 1990년부터 2012년 사이에 유럽에서 극우 단체의 폭력으로 인하여 최소 249명이 사망했으며, 동일한 시기에 이슬람 지하디스트에 의하여 263명이 사망하였다.[152]

14

유럽 출입 금지 지역의 확장

ISLAM

2014년 8월 프랑스 잡지 〈캔템프로리 벨류Contemporary Values〉는 프랑스에 750개의 '출입 금지 지역No-go Zone'이 있다고 발표하였다. 몽테뉴 연구소Institut Montaigne의 정치과학자이며 이슬람 전문가인 질스 케펠Giles Kepel과 연구원들은 '출입 금지 지역'이 별도의 이슬람 사회가 되어 가고 있다고 결론 내렸다. 이 지역에서는 이슬람법이 프랑스 민법을 대체하고 있으며, 주민들은 급진적인 이슬람과 폭력적인 지하드의 기치 아래 집결하고 있다. 최근에 테러범들이 갑자기 나타나서 번영하는 서구 문명의 중심을 공격하여 수십 명을 죽이고 수백 명을 다치게 할 수 있는 것은 바로 '출입 금지 지역'이 있기 때문이다. 그곳은 여권도 필요 없다. 프랑스, 벨기에, 독일, 영국 정부는 서구 복지 사회의 혜택을 제공하기 전에 먼저 그 지역을 되찾아야 한다. 무장 세력의 무장을 해제하고, 설교자 추방, 마약 공급 중단, 그리고 사우디아라비아와 이란의 자금을 차단해야 한다. 만일 그러지 않는다면 프랑스와 유럽 대부분에서는 더 많은 테러가 일어날 것이고, 이슬람 지하드 전사들과의 전쟁이 불가피하며, 국가의 권위는 쇠약해질 것이다. 유럽인은 자신들의 땅에서 정복당한 사람처럼 취급될 것이다.[153] 국제적인 단체인 무슬림 형제단과 프랑스의 이슬람 단체 연합UIOF은 신고된 2000개의 프랑스 모스크의 대부분을 통제하고 있다. 이 지역에서는 15만 명에 달하는 젊은 이들이 학교를 중퇴하는데, 그들 중 40%는 직업이 없으며, 그들 사이에 마약 밀수하는 일이 가장 많았다.[154]

많은 프랑스 여성들의 삶과 자유는 무슬림 이민의 직접적인 결과로 심각하게 축소되었다. 2016년 클라리온 프로젝트Clarion Project는 프랑스, 특히 파리의 '출입 금지 지역'의 무서운 변화를 보여 주는 보고서를 작성하였다. 이 보고서는 프랑스 여성들이 괴롭힘을 당하는 지역을 밝혀냈는데, 많은 사람들이 성적인 괴롭힘을 피하기 위하여 옷이나 행동, 혹은 걸어 다니는 길을 바꿨을 정도였다. 이 변화의 시기는 소말리아, 에르트리아, 아프가니스탄, 수단 그리고 전쟁으로 인하여 피폐해진 국가에서 온 무슬림 이민자들이 이러한 지역에 도착할 때와 일치한다.[155] 이에 따라서 프랑스에서는 2017년부터 '출입 금지 지역' 앱App을 만들어서 사용하고 있다. 이 앱은 이용자들이 공격, 절도, 희롱 혹은 무례함 등에 대한 정보를 공유하고 이를 공공 지도에 표시할 수 있도록 하였다. 또한 테러 수준이 높은 장소를 검색하고, 피할 수 있는 내용을 다운로드 할 수 있게 했다. '출입 금지 지역'의 증가는 이민자들로부터 끊임없이 괴롭힘을 당하는 프랑스 여성들의 불만 증가 수준과 일치하였다.[156]

'출입 금지 지역'들의 폭력은 명백하게 설명된다. 이 폭력은 경찰관들뿐만 아니라 권위를 상징하는 그 모든 것, 예를 들면 불을 끄기 위해서 출동한 소방관들에게도 총격이 가해진다. 게다가 소방서, 도서관뿐 아니라 우체부, 계량기 검사원, 순회 간호사들에게도 폭력이 가해진다. 사태가 너무 심각해서 편지를 받으려면 직접 우체국으로 가야 한다. 이 구역에서 진료할 용기 있는 의사들도 줄고 있다. 전문가들은 공동체를 돕기 위해 일하지만 그럼에도 불구하고 그들은 이들을 이방인 취급하며 진입을 거부하고 있다. 폭력의 희생자들은 복수가 두려워 침묵하고 있다. 그들이 조용히 지나가기를 기다리고 있는 것이다.[157] 프랑스의 툴루즈Toulouse에서는 반백인 인종 차별도 발생하였다. 무슬림들은 백인 프랑스인을 향하여 '수치엔souchins'이라고 불렀는데 이는 '개보다 못한'이라는 뜻이다.[158] 2013년 마르세유에서 있었던 한 소송에 의하면 30대의 북부 아프리카인이 프랑스 남성에게 위협적으로 걸어가면서 이렇게 소리쳤다. "이런 더러운 백인 놈들! 나는 너를 부숴 버릴 거야. 이곳은 아랍인들을 위한 곳이야."[159] 프랑스 백인은 자기 나라에서 이방인이 되어 가고 있다.

2014년 스웨덴 국가 경찰 협회는 스웨덴의 22개의 도시에 55개의 '출입 금지 지역'이 있다는 보고서를 냈다. 당국은 이 지역의 통제를 상실했다. 범죄 갱단들은 부상했고, 마약 거래는 개방적으로

이슬람과 유럽 문명의 종말

성행했으며, 소수의 사람들이 범죄 신고를 했지만 그들은 증언대에 설 수 없었다. 경찰들과 다른 공식적인 서비스들, 대중교통, 우체부, 그리고 교통경찰들은 돌과 화염병 공격을 받았다. 말뫼에서 2015년 상반기에 30개의 폭탄이 터졌다.[160] 이 폭탄들은 자동차, 사회 복지 사무소, 시의회 건물, 창고, 거리, 심지어는 식당에까지 던져졌다. 이런 폭력은 '출입 금지 지역'에서만 발생하는 것도 아니었다. 허비Husby, 텐스타Tensta, 린케비Rinkeby와 같은 이민자 밀집 지역에서는 이슬람 원리주의가 더욱 강력해지고 있으며, 여성들과 소녀들은 자유스럽지 못하게 살아가고 있다. 린케비 같은 곳은 무슬림 자경단들이 도심을 돌아다니며 소녀들에게 베일을 착용하라고 촉구한다. 허비는 난민들이 입국한 이후로 점점 중동의 도시처럼 변해 가고 있다. 다문화 정책으로 인하여 일부 문화에 종교적 억압을 허용했다고 볼 수 있는데, 그로 인하여 세속주의와 무슬림 원리주의 사이의 긴장은 발전되어 가고 있다. 말뫼는 민주주의에 대한 가치가 위협을 받고 있고, 로젠가드는 자경단에 의하여 통제되고 있으며, 특히 헤르가르덴Herrgården에서는 자경단에 대한 두려움으로 여성들이 베일을 착용한다. 무슬림들 또한 위협을 받는데, 난민으로 온 여성은 스웨덴보다 자국에서 더욱 자유롭게 살았다고 말할 지경이었다. 국제 인권 연구소의 통합 고문인 모함메드 라피크Mohammed Rafiq는 이슬람 갱단과 함께 자칭 샤리아 자경단이 활동하는 17개 지역을 확인하였다. 그중 팅비에르Tingbjerg, 볼스모스Vollsmose, 켈러럽Gellerup 및 노레브로Nørrebro는 특히 문제가 심각했다. 범죄와 통계의 전국 회의BRA에서 경제와 조직화된 범죄의 팀장이자 연구자인 라스 코셀Lars Korsell은 스웨덴 법이 이제 더 이상 적용되지 않는 지역에 대한 성명서를 냈다. 이 지역에서 성행하는 마약 거래, 자경단의 정의 집행, 공공장소에서 일어나는 끔찍한 폭행, 강탈, 불법 등이 일어난다고 보고하였다. 그 보고서에 의하면 경찰관, 소방관, 구급대원, 우체부, 그리고 기자들이 일하는 환경이 점점 어려워진다는 것을 알 수 있다. 돌을 던지는 협박과 폭력적인 사건들이 늘어나고 있다. 경찰청 책임자인 제이콥 에스트롬Jacob Ekstrom은 "우리는 곧 통제를 잃을 것이다."라고 말하였다.[161] 그의 발언은 과장이 아니다. 스웨덴 구급차 협의회 노조의 대표 헨릭 요한슨Henrik Johansson이 2014년 크리스마스 직전에 충격적인 발언을 하였다. "신고가 들어와서 그 지역에 출동할 때, 그들에게 가해지는 습격들 때문에 협회는 구급 대원들이 전쟁 때나 사용할 법한 장비를 제공해 줄 것을 요청했다. 의료진들은 화기, 칼, 그리고 마체테 등의 무기로부터 공격을 당한다. 따라서 의사와 간호사들을 헬멧, 방탄조끼, 다리 보호막, 그리고 호흡기로 무장시킬 필요가 있다. 모든 구급차는 기동대 경찰들이 사용하는 헬멧과 방탄조끼를 공급받아야만 한다. 이런 장비 없이 그동안 공격을 당한 이들은 이 직업을 떠나야 했다." 헨릭 요한슨은 폭력이 서서히 증가하고 있으며 점점 잔인해진다는 설명을 하면서 말을 이어갔다. "20년 전만해도 총격에 의한 부상은 매우 희귀한 일이었다. 하지만 이제 우리는 거의 매일 이를 목격한다." 그는 "의료진들이 왜 '혐오'의 대상인지 이해

할 수 없다. 의료진들은 목숨을 살리기 위해서 그 지역으로 들어가지만, 이제 자신의 목숨을 부지하기 위해서 도망갈 수밖에 없다. 이 지역들은 인간적인 가치들을 부정하는 공동체로 진화되어 가고 있다."[162]고 덧붙였다.

이슬람 자경단들이 너무나 위협적이기 때문에 무슬림 여성들도 카페에 앉아 있거나 짧은 바지나 치마를 입을 수 없다. 무슬림 배경의 국가에서 이민을 와서 스톡홀름 외곽에 있는 허비에 오랫동안 살고 있는 무슬림 여성들은 이곳이 중동의 도시와 유사하다고 말한다. 세속적인 페미니스트인 잘리아 다길Zaliha Dagil은 30년 전에 모국인 터키에서 일어나는 이맘들의 철권이 두려워서 도망쳤다. 당시 그녀가 가진 돈으로는 이 지역을 제외하고 집을 살 수가 없었다. 그녀는 2015년 봄에 스웨덴 이브닝뉴스Aftonbladet에 다음과 같이 기고하였다. "스웨덴으로 망명 와서 30년 동안 살았던 나는 스웨덴의 다른 지역으로 다시 한 번 망명 신청을 하고자 한다." 그 이유를 그녀는 "그 지역에서 더 이상 낙태나 공공장소를 사용할 권리, 심지어 내 몸에 대한 조절이나 누구를 사랑할 권리를 논의하는 게 불가능하다. 또한 허비의 자경단에 의한 강제 규제들이 너무 많다. 나는 사람들과 맥주 한잔을 마시고 싶다. 나는 반바지를 입고 채소를 재배하고, 친구들과 어울려서 비키니를 입고 수영장에 가고 싶다. 하지만 이는 모두 불가능하다."[163]라는 글로 설명했다.

2009년 9월 노르웨이 방송국NRK 출신인 저널리스트 토르모드 스트랜드Tormod Strand는 이러한 지역에 살고 있는 스웨덴의 젊은이들이 지속적으로 경찰들과 다른 공적인 사무소들을 습격하고 싸우고 있다고 폭로했다. 젊은이들은 경찰들이 그들을 괴롭히기 때문에 그에 대한 대가를 받는 것이라고 하였다. "그들은 마땅히 대가를 지불해야 한다. 그들은 여기에 와서 우리에게 명령할 수 없다. 이곳은 우리 것이다." 이 젊은이는 "경찰관을 죽이는 자는 천국에 들어갈지어다."라고 써진 벽 앞에서 인터뷰를 하였다. 이들은 소방차들이 다리 밑을 지나갈 때 다리 위에서 1kg 혹은 5.7kg짜리 돌을 소방차에 던진다. 따라서 이 지역에서 불이 나면 소방차가 갈 수 없기 때문에 대체할 방법을 찾아야 한다. 웁살라Uppsala, 말뫼, 고덴버그Goteborg, 히싱겐Hisingen 등 대부분 이민자들이 몰려 사는 곳에서 주민들은 저녁이면 밖에 나가는 것을 두려워한다.[164]

이슬람 자경단이라고 주장하는 무슬림들이 술을 마시는 시민들에게 술을 마시지 말라고 협박하고 백인 여성을 향하여 무슬림 지역에서는 드러난 살을 가리라고 요구하며, 백인들을 향해 이곳은 이슬람 지역이라고 소리를 지른다. 여성들의 속옷을 광고하는 광고판에 검정색 스프레이를 뿌리거나 휘발유를 붓고 불을 지른다. 그리고 그 내용을 촬영하여 유튜브에 올리기도 한다.[165]

독일의 수상 메르켈이 독일 방송사 N-TV와의 인터뷰에서 범죄에 대한 무관용 정책을 선언하면서 "여기에는 출입 금지 지역도 포함된다."고 하였다. 이어서 말하기를 "그런 영역이 존재하고 있으며 그러한 지역이 스스로 무엇인가 해야 한다."고 하였다. 이에 대하여 내무부 대변인 요한네스 딤로스Johannes Dimroth는 '출입 금지 지

이슬람과 유럽 문명의 종말

역'의 문제는 연방 당국이 아닌 지방의 문제라고 말하면서 '출입 금지 지역'에 대한 확인을 거부하였다.[166]

2018년 1만 300명 이상의 사람들을 대상으로 한 영국 유고브 조사에 따르면 응답자의 32%가 영국에 샤리아 법이 지배적이고 비무슬림이 들어갈 수 없는 '출입 금지 지역'이 있다고 믿고 있으며, 유럽 연합 탈퇴를 지지한 유권자의 47%도 그렇다고 대답했다.[167]

15

동화되지 않는 유럽의 무슬림

ISLAM

유럽에 들어온 무슬림들의 정체성은 무엇일까? 무슬림들을 자국화하기 위하여 가장 많은 예산을 집행했던 프랑스 내의 젊은 무슬림들은 자신이 프랑스인이기에 앞서서 무슬림이라고 생각한다. 만일 프랑스에서 무슬림들에게 당신의 국적이 어디냐고 묻는다면 그들은 '무슬림'이라고 답변할 것이다. 만일 당신이 그에게 당신은 프랑스인이라고 말한다면 그는 무슬림이기 때문에 프랑스인이 될 수는 없다고 답변할 것이다.[168] 무엇이 자신을 특징짓는 요소인가라는 질문에 무슬림 학생들의 3분의 1은 종교라고 답했고, 프랑스라고 대답한 학생은 단지 5%에 불과했다. 영국에서도 상황은 비슷하다. 2007년 싱크 탱크인 폴리스 익스체인지Police Exchange는 영국 무슬림의 3분의 1(31%)이 자신이 영국 사람들보다 다른 나라 무슬림들과 공통점이 더 많다고 생각하고 있었고, 조사 대상자 중에 절반만이

영국을 자신의 조국이라고 생각했다. 영국에 속해 있다는 유대감
이 45세 이상이 55%, 18-24세가 45%였다.

영국 군대 또한 젊은 영국 무슬림들이 자신을 얼마나 영국인이
라고 생각하고 있는지에 대한 통계를 보여 준다. 무슬림들을 영국
군으로 입대시키려는 많은 노력에도 불구하고 영국군에 입대하는
숫자는 영국인들에 비하여 20분의 1에 불과했다.[169] 이는 이슬람
신앙이 유럽에서 급속히 성장하는 것과 무관하지 않다. 유럽에서
이슬람의 열정은 끊임없이 상승하고 있다. 프랑스에서 85%의 무
슬림 학생들이 자신의 종교적인 믿음을 '매우 중요하다'고 묘사하
였으며, 무슬림이 아닌 학생들은 35%밖에 되지 않았다. 독일에서
도 무슬림 학생들의 종교적인 독실함이 더욱 두터워지고 있다. 터
키 무슬림 학생들은 68%가 자신들의 종교, 즉 이슬람이 유일한 종
교라고 답했으며 라마단 기간 동안에 유럽 무슬림의 70%가 금식
을 한다.[170]

다문화주의자들은 시간이 지나고 세대가 바뀌면 무슬림들도 동
화Assimilation되리라고 생각했다. 그러나 다문화주의자들의 도박은
완전히 실패했다. 무슬림 다수가 영국의 복지 혜택에 의존하며 정
착한 지 20년이 지났음에도 불구하고 영국 사회에 동화되고자 하
는 의지는 보이지 않는다.[171] 페어크Bhikhu Parekh는 다음과 같이 주장
한다. "영국이 다문화 사회를 만들어 가는 4가지 원칙은 첫째, 평
등한 가치를 공유하고 둘째, 개인이자 동시에 공동체의 일원이라
고 여겨야 하며 셋째, 차이점을 받아들여야 하며 넷째, 모든 사회

가 화합해야 하며 소속감과 공동의 정체성을 만들어 가야 한다."[172]

이러한 페어크의 주장에 힘입어서 영국 정부는 동화 정책을 만들었다. 내무부 장관은 영국과 삶의 통합을 위하여 이민자들이 영어를 배워야 한다고 주장하였다. 이는 분명히 합리적인 요구였지만 국회 인종 평등 위원회CRE의 반박이 있었다. 이민자들이 영어를 배우고 싶어 하지 않는다는 것이다. 무슬림들은 유럽 속에 동화되고 싶어 하는 마음이 있지만 그것보다도 이슬람 문화를 만들어 가고 싶어 한다. 이것이 무슬림들이 유럽 사회에 동화되지 못하는 이유이다. 이는 독일도 마찬가지이다. 2000년 독일에 있는 터키 연구 센터Center for Turkey Stduies의 연구에 의하면 유럽의 무슬림 공동묘지 건설에 대하여 68%의 무슬림들이 긍정적인 반응을 보였다. 그러나 실제로 독일에 사는 터키인들의 5%만이 장례식을 독일에서 치렀다. 나머지는 모두 터키로 직접 가서 장례식을 진행하고 터키 공동묘지에 장사를 지냈다.[173]

덴마크 법은 출생과 죽음에 대한 모든 등록 책임을 국교인 루터교회Folkekirken에 맡기고 있다. 모든 죽음은 48시간 안에 국교회 지역 목회자 사무실인 지역 교회 사무실에 알려야 하며, 이는 사망한 사람의 종교와 무관하다. 그리고 누구나 지역 교회와 공동묘지에 장례 및 매장을 할 수 있다. 물론 덴마크에는 무슬림을 위한 묘지는 없다. 그래서 장례가 끝나면 무슬림 가족들은 시신을 부패하지 않도록 처리하여 고국으로 보낸다. 아니면 지역의 루터교 목회자들과 협의하여 '신자가 아닌 사람'으로 공동묘지에 매장해 달라

이슬람과 유럽 문명의 종말

고 협상할 수 있다. 루터교회에 속해 있는 5개의 공동묘지는 무슬림이 매장될 수 있는 특별한 구역을 만들었다. 덴마크 법에 따라서 모든 시신은 관에 들어가거나 화장을 한다. 무슬림들의 장례법은 다르다. 이슬람에서는 시신을 그대로 매장하기 때문이다. 덴마크는 2002년부터 교구가 허락한다면 무슬림들은 국립 루터교회의 목회자에게 이슬람식 장례를 따르고 관을 사용하지 않은 채 묻힐 수 있도록 하는 허가를 신청할 수 있게 되었다. 그러나 이 또한 갈등의 요소가 되었다. 덴마크는 시신의 화장을 선호한다. 유골함은 자리를 많이 차지하지 않기 때문이다. 또한 루터교 묘지는 항상 해가 뜨는 쪽을 바라보지만 무슬림은 시신의 머리를 메카 쪽으로 두기 때문에 묘지의 모양이 다르게 된다. 덴마크는 효율적인 국토 사용에 익숙해서 매장한 지 25년이 지나면 매장지를 다른 용도로 사용할 수 있다. 그러나 이슬람은 이것을 인정하지 않으며 무덤을 영원한 안식처로 생각한다. 이로 인한 갈등이 존재한다. 정부는 소수 종교를 위한 세금 사용 금지를 덴마크 헌법 68조로 규정하고 있다. 이 법안 수정에 대하여 덴마크 국민들은 거부하고 있다. 유럽 어디에서나 무슬림의 공동묘지로 인한 논쟁은 일반화되어 있다.[174]

19세기 프랑스의 역사학자인 에르네스트 르낭Ernest Renan은 "이슬람 신앙에 의하여 형성된 관습은 너무 강력해서 인종과 국적의 차이점은 이슬람으로 바뀌는 순간 모두 사라진다. 베르베르족, 수단인, 체르케스인, 말레이시아인, 이집트인, 누비안족이 이슬람으로 개종하면 더 이상 베르베르족, 수단인, 체르케스인, 말레이시아인,

이집트인 등이 아닌 무슬림으로 변한다."고 썼다. 54명이 사망하고 700명의 부상자가 발생한 2005년 7월 7일 런던 폭탄 테러가 일어난 다음 날 무슬림 형제단에서 파생된 영국의 이슬람 원리주의 단체인 히즙 타하리어Hizb ut-Tahrir의 임란 와히드Imran Waheed는 "우리는 오랫동안 테러의 가해자가 아닌 피해자로 지냈다."고 말하였다. 그가 말한 '우리'는 누구인가? 이는 분명 영국 사람은 아니다.[175] '그들'은 영국인들이며 '우리'는 무슬림이다. 프랑스 교육부는 학생에 대한 조사를 통해 많은 무슬림들이 외국인처럼 살고 있다고 밝혔다. 그들은 모든 질문에 '프랑스' 그리고 '우리'라는 흑백 논리로 대답하였다. 한때는 자신이 북부 아프리카에서 왔다는 정체성을 가졌던 사람들이 오늘날에는 '무슬림' 정체성을 가지고 있다고 주장한다.[176] 무슬림들이 유럽에서 동화되기 어려운 이유 가운데 하나는 그들의 높은 실업률이다. 많은 무슬림들이 유럽에서 실업자로 살아가는 이유는 무엇일까? 그 대답이 이슬람 엡 사이트에는 잘 나타나 있다. 거기에 적혀 있는 이슬람 학자들의 설명을 그대로 옮기면 다음과 같다. "당신은 술을 대접하는 의뢰인들이 있는 회사에서 일할 수 있는가? 당신은 서양 음악을 들려주는 회사나 상점에서 일할 수 있는가? 식당에서 식사를 한 후에 이복 아버지가 낸 돈이 술을 판 돈이라면 어떻게 할 것인가? 자동차 정비소에서 일하면서 기독교 십자가가 있는 차나 상징 그리고 기독교와 관련된 내용이 있다면 그것들을 없애도 되는 것일까? 당신은 기독교적인 이름을 가지고 있는 병원에서 일할 수 있는가? 당신이 의사라면 산부인과 전

이슬람과 유럽 문명의 종말

문의로 일할 수 있겠는가? 택시 운전사로서 광고를 부착한 차를 몰 수 있는가? 트럭 운전사로 돼지고기나 술과 같은 물품들을 운반해도 되는가? 당신은 비무슬림 인권 단체를 위해서 일할 수 있는가?"[177] 이렇듯 무슬림 학자들의 견해가 분명하기에 유럽에서 무슬림의 실업률은 높아만 간다.

1980년대 후반 유럽 이슬람에 대한 다양한 견해가 논의되기 시작하였는데 특정 정당은 이를 이용하여 자신들의 합법성과 정치적 자본을 모으는 방법으로 사용했다. 그들은 유럽 문화와 이슬람의 충돌을 언급하여 무슬림들의 공격을 받기도 하였다. 극우 포퓰리즘과 이슬람 혐오증의 융합은 매우 성공적이어서 공개 토론에 영향을 끼쳤으며, 유럽에 살고 있는 무슬림과 다문화주의나 이슬람 이민의 실패에 대한 토론을 분리할 수 없도록 만들었다. 매우 양극화된 토론으로 인하여 유럽 무슬림을 향한 맹공격을 마주해야 하는 상황에 놓이게 되었다. 특히 미국의 9·11 사태는 이슬람과 유럽 무슬림 공동체가 조사, 비판 및 공격과 폭력의 목표가 되는 상황을 만들었다.

지배하는 사람과 지배를 받는 사람과의 관계에는 수용, 회피, 저항이라는 세 가지 유형을 낳는다. 유럽의 상황에서 무슬림들 사이에서 나타나는 세 가지 형태에 대하여 버밍햄 대학교 조셀린 세사리Jocelyne Cesari 교수는 다음과 같이 밝혔다.

첫째, 수용Acceptance은 지배적인 주인의 견해를 채택하고 차이점을 잊거나 압제하는 과정을 수반한다. 초기 이슬람 이민자들은 유럽 사회에 적응하기 위하여 자신들의 정체성을 버리면서 살아갔다.

둘째, 회피Avoidance는 무슬림을 비무슬림들로부터 가능한 격리시키고 종교적인 믿음을 종파적으로 발전시키는 데서 찾을 수 있다. 이는 텔레비전이나 신문 등 그 사회의 문화와 언론을 거부하고, 더욱 깨끗한 대안에 의지하는 것 혹은 유럽의 정신적 유산을 멀리하고 이슬람 학교를 설립한다거나, 무슬림 아이들만 모아서 홈스쿨링 등을 하는 양상으로 나타난다.

셋째, 저항Resistance은 이슬람과 무슬림에 대한 지배적인 정의를 거부하는 전략으로 발전시킨다. 이는 저항이라는 단어가 창조적이 아닌 반응적인 행동이며, 이러한 관행의 중심에는 주장이 존재한다고 믿기 때문에 우리는 이러한 행위에 대하여 자정적인 행동이라고 이름을 붙였다. 주장하는 것은 공식적이거나 비공식적일 수 있다. 그리고 주장하는 형태는 예외적, 극적, 폭력적일 수도 있다. 그리고 주장하는 행동은 개인적으로 친밀하며 공개적인 공간 속의 일상적인 생활에서도 나타날 수 있다.[178] 수용과 회피와 저항은 유럽 사회에서 매일 일어나고 있다.

2005년 중반에 일본계 미국인 경제학자 프란시스 후꾸야마Francis Fukuyama는 "유럽의 다문화주의 정책은 무슬림 인구를 유럽에 통합시키는 데 실패하였다. 유럽의 실패는 이미 시작된 테러의 시한폭탄이 되었다."[179]고 하였다.

이슬람과 유럽 문명의 종말

16

영국의 유럽 연합 탈퇴

ISLAM

브렉시트Brexit란 영국Britain이 유럽 연합으로부터 탈퇴Exit한다는 뜻의 합성어이다.

과거 영국은 청교도 혁명이 일어나고 기독교가 꽃을 피워 전 세계에 기독교를 전파하는 중심적인 역할을 하였다. 그러나 오늘날의 영국은 유럽에서 이슬람의 중심지로 변하고 있다. 영국에서 가장 영향력 있는 종교는 더 이상 기독교가 아니라 이슬람이다. 영국의 기독교는 내리막길을 걷고 있는 반면 이슬람은 가장 성장하는 종교가 되었다.

최근 몇 년 동안 영국은 중동을 제외한 나라 중에서 가장 중요한 이슬람의 중심이 되었다. 유럽Europe과 사우디아라비아Saudi Arabia의 합성어인 유라비아Eurabia라는 단어는 유럽에 사는 아랍 사람들의 연합과 결속을 위하여 1970년대에 만들어진 잡지의 이름에서 비롯되었다. 그러나 이제 유라비아는 유럽이 이슬람화되어 간다는 상징으로 바뀌었다. 또한 수도는 런던이지만, 아프가니스탄과 같은 테러 지원 도시를 비꼬아서 런던니스탄Londonistan이 될 것이라고 말하곤 한다.

최초로 유럽 연합을 구상했던 사람은 제 2차 세계 대전을 성공으로 이끌었던 전 영국 수상 윈스턴 처칠Winston Churchill이었다. 그는 유럽 연합만이 평화를 보장한다고 확신하였다. 유럽은 수천 년 문화와 역사를 지닌 다양한 나라의 터전이었지만, 지나친 민족주의 정책으로 인해 항상 전쟁이 끊이지 않는 지역이 되었다.

제 2차 세계 대전 이후에 초토화된 유럽 본토에서는 지나친 민족주의가 결국 유럽을 자멸시킬 것이라는 공감대가 형성되기 시작하였다. 전쟁을 일으켰던 서유럽 강대국들은 자신들의 과오를 뉘우치고 평화와 협력을 통해서 유럽을 재건하고자 노력하였다.

1946년 처칠은 스위스 취리히 대학에서 유명한 연설을 하였다. 유엔UN과 같은 '유럽 연합'을 최초로 언급하면서 "우리는 모두가 과거의 공포를 떨쳐 내고 미래로 나아가야 한다. 우리 모두 다가오는 시대에도 증오와 복수를 버리지 못하여 과거처럼 편파적으로 살아간다면 미래로 나아갈 수 없다. 유럽의 통합은 인류가 학습할 수 없는 역사상 유일한 교훈이 될 것이다."고 하였다.

처칠이 제안한 유럽 연합에 자극을 받아서 1948년 헤이그에서 본격적으로 유럽 통합을 구상하기 시작하였다. 이 회의에 참석한 약 800명의 통합론자들이 유럽의 경제, 사회, 정치뿐 아니라 문화

이슬람과 유럽 문명의 종말

적인 통합까지 구체적으로 논의하였다. 1947년 5월 5일 유럽 10개 국으로 구성된 유럽 평의회CE가 설립되었고 첫 번째 회의에는 처칠이 참석했다. 1951년 프랑스와 독일이 손을 잡으면서 현 유럽 연합EU의 전신인 유럽 석탄 철강 공동체ECSC가 탄생하게 됐다. 이 공동체는 공동 시장을 창출하고 회원국 간의 경쟁을 중화하기 위해 설립되었으며, 프랑스, 벨기에, 서독, 이탈리아, 네덜란드, 룩셈부르크 등이 포함되었다.

1795년 임마누엘 칸트Immanuel Kant는 넓은 왕국보다 하나의 국가에 대한 자신의 선호에 대하여 집필하였다. 그는 "관할 구역이 넓어질수록 많은 법들의 효력은 사라지면서 무감각한 폭정들로 인하여 선한 일들의 동기가 사라지고 무정부 상태로 전락한다."[180]고 주장했다. 이 관점을 유럽을 통치하는 정치인들은 공유하지 않았다. 2016년 8월에 유럽 위원회의 위원장인 장클로드 융커Jean-Claude Juncker는 "국경은 정치인들이 만든 최악의 발명품이다."라고 하였다.

1995년 이후로 셍겐 조약Schengen Agreement을 체결한 유럽 26개국은 자유 국경 구역을 구성하였다. 남쪽으로 포르투갈, 스페인, 이탈리아, 그리고 그리스로부터 북쪽의 스웨덴, 핀란드, 헝가리, 슬로바키아, 오스트리아, 프랑스, 네덜란드까지 유럽 안에 4억 명 이상의 주민들은 여권 없이도 자유자재로 유럽 각국을 왕래할 수 있는 권리가 있음을 의미하였다. 그러나 이 셍겐 조약이 현재 위기에 처해있다. 헝가리는 크로아티아 슬로베니아, 세르비아 인접 국경에 담장을 세웠다. 독일과 오스트리아, 덴마크, 스웨덴, 노르웨이, 프랑스도 다시 국경을 통제하고 있다.

영국이 유럽 연합을 떠난 이유는 무엇일까? 브렉시트의 원인은 몇 가지가 있다.

첫째, 영국이 유럽 연합에 내는 돈에 비하여 혜택은 적었다. 예를 들어서 2015년에 129억 파운드 분담금을 냈는데 수혜금은 60억 파운드에 불과했다.

둘째, 유럽 문제는 언제나 영국이 리더십을 가졌는데 경제적인 이유로 독일이나 프랑스의 리더십이 더 커져 가자 이에 대한 반발이 일어났다.

셋째, 정서적으로 영국인은 유럽인이 아니다. 영국인 15%만이 자신이 유럽인이라고 생각한다.

넷째, 시리아 난민 문제 등 이민자들이 싼 임금으로 일하면서 일자리, 복지 혜택 그리고 세금을 가지고 간다는 의식이 컸다.

이러한 문제로 고민하는 영국인들에게 결정적으로 기름을 끼얹은 것은 이슬람 문제였다. 영국은 2016년 6월 실시한 유럽 연합 탈퇴를 묻는 국민 투표에서 전체의 52%인 1740만 명이 찬성을, 48%인 1610만 명이 잔류에 표를 던졌다. 영국은 126만여 표 차이로 유럽 연합 탈퇴를 선택하였다.

2015년 시리아 등 중동 분쟁 지역에서 이슬람 난민들이 쏟아져 들어왔다. 그러자 과밀 학급이 발생했고, 병원에서 대기하는 시간이 길어졌으며, 이민자들로 인한 무상 복지로 인하여 영국인이 누려야 할 복지 혜택이 점차 줄어 가고 있었다. 무엇보다도 런던과 파리, 브뤼셀 등 유럽 곳곳에서 이슬람 과격 세력들에 의한 대형 테러 사건들이 잇달아 터졌다. 또한 2015년부터 2016년 사이에는 80-120만 명의 불법 체류자가 생겼다. 참고로 유럽 불법 체류자의 절반 이상이 남성이었고, 65%는 35세 미만으로 집계되었다.[181]

영국의 비영리 단체인 '미움이 아닌 희망Hope not Hate'의 보고서에 의하면 오늘날 영국인들은 이슬람이 폭력적이며, 샤리아 법이 무서운 위협이며, 이슬람 신앙의 이름으로 저지르는 테러가 영국인의 삶에 위협이 된다고 생각한다. 실제로 2018년 이슬람 인구의 이민이 극우의 상승 요인이 되었다고 밝히고 있다. 또한 2016년 국민투표에서 브렉시트 찬성 유권자의 절반과 2017년 총선에서 보수적 유권자의 절반이 이슬람과 영국은 절대로 양립할 수 없다고 밝혔다.[182] 영국의 여론 조사 기관 콤레스ComRes의 2016년 조사에 의하면 영국인의 31%가 이슬람이 폭력을 조장한다고 하였고, 43%는 이슬람이 영국에 부정적인 결과를 가지고 왔다고 답변하였다. 28%만이 '영국의 가치'와 양립할 수 있다고 답했다.[183]

브렉시트의 최대 이슈는 '이민'이었다. 투표를 하루 앞둔 22일 BBC 방송 공개 대토론회에서 방청객 6000명 앞에선 존슨 전 런던 시장은 "터키인이 온다The Turks are coming."고 말했다. 역사적으로 유럽에서 터키인Turks이라는 말은 이슬람과 동의어이다. 터키 인구가 7600만 명인데, 터키가 유럽 연합에 가입하면 터키인들이 영국으로 몰려올 것이기에 어떤 불이익을 감수하고라도 유럽 연합을 떠나야 한다는 의미였다.

유럽 연합의 다음 가입 국가는 터키가 될 것이다. 이슬람 국가인 터키가 유럽 연합에 가입하게 되면 유럽 연합의 헌법적 기초인 이동의 자유로 인하여 영국을 '이민자의 천국'으로 만들 것이다. 영국인들은 브렉시트로 인한 경제적 불이익을 감수하더라도 이슬람 이민자의 유입을 억제하고, 영국만의 정체성을 되찾기를 바랐다. 또한 문화적 차이도 클 것이다. 터키인 중 90%가 동성연애자들과 가까이에서 살기 싫어하며, 62%가 일부다처제를 완벽하게 인정한다.[184]

세계적인 여론 조사 기관인 갤럽에 의하면 전 세계 인구 중 13%인 6억 3000만 명이 다른 나라로 이민 가고 싶어 한다. 그들 가운데 4200만 명은 영국으로, 3100만 명은 프랑스로 그리고 2800만 명은 독일에서 살기를 원한다.[185] 터키인들이 유럽 연합 합류를 지지하는 이유는 유럽을 마음대로 돌아다닐 수 있기 때문이다.[186]

2002년 11월 에르도안Tayyip Erdogun의 터키 권력 장악은 매우 충격적이었다. 이슬람학자였던 그는 1994년 이스탄불 시장으로 선출된 후에 종교적 증오를 선동한다는 혐의로 1997년 퇴출되었다. 그러나 에르도안이 다시 집권한 후에 많은 변화가 일어났다. 호텔에서 술을 팔지 않았고, 무슬림들만 가는 해변을 따로 만들었다. 에르도안의 장기적인 목적은 터키를 이슬람 공화국으로 만든 후 유럽 연합 가입이었다. 에르도안은 많은 무슬림들이 자신을 터키인이 아니라 무슬림으로 볼 때까지 집권할 수 있다. 에르도안은 그가 속한 "정의개발당AKP은 이러한 마음가짐을 만들어 낸 것이 아니라 이러한 마음가짐을 가지고 태어났다."고 말했다. 정의개발당의 슬로건은 "민주주의는 우리의 목적을 달성하기 위해 이용하는 버스와 같다."[187]이다. 터키가 지금 유럽 연합에 가입하면 유럽의 이슬람 인구는 약 20%가 된다. 유럽 연합이 7600만 명의 인구를 가진 터키를 통제할 수 있을까? 만일 터키가 유럽 연합에 가입하면 유럽의 국경 통제는 사실상 불가능하다. 왜냐하면 2010년 3월 터키는 시리아와 리비아를 포함한 대부분의 중동 국가 사람들의 입국 비자 규제를 폐지하였는데 이는 터키가 유럽을 향한 불법 이민자들의 도로가 되기 때문이다. 즉 터키가 유럽 연합에 가입한다면 중동에서 오는 많은 불법 무슬림 이민자들이 영국에서 복지 혜택을 누리며 살 수 있게 된다는 뜻이다.

영국의 무슬림 인구가 많아지면서 그들의 정치적인 영향력도 높아져 갔다. 국회 의원 중 14명이 무슬림이며, 파키스탄 무슬림인 사디크 칸Sadiq Khan이 런던 시장에 당선되자 이를 기념하기 위해 이슬람 구호Islamic Relief라는 단체는 영국 5개 대도시의 이층 버스 640대에 '알라에게 영광을Subhan Allah'이라는 광고를 게재했다.[188]

브렉시트를 결정하는 국민 투표 당시에 영국에 살고 있던 필자가 영국 지인에게 직접 들은 이야기가 있다. 도버 해협 근처에 살고 있는 지인의 친척이 말하기를 하루의 일과를 끝내고 가족이 저녁 식사를 하고 있었는데, 창문에서 무슬림 난민들이 그 모습을 지켜보고 있었다고 한다. 그 가족들에게는 충격적인 경험이었다는 것이다. 이 얼마나 불안한 광경인가.

나이젤 파레지Nigel Farage가 대표로 있는 영국독립당UKIP은 노골적으로 영국 곳곳에 '무슬림들이 온다Muslims are Comming'라고 쓰인 현수막을 내걸었다. 이는 이슬람에 대한 위험감을 느끼도록 만들어진 슬로건이었다. 당시 영국 BBC 방송은 나이젤 파레지가 브렉시트 찬성표를 던진 1700만 명의 표심에 큰 영향을 주었다고 했고, 〈더 타임지The Times〉는 그를 '올해의 영국인'으로 뽑았다.

2016년 6월 23일 영국의 유럽 연합 탈퇴 투표가 통과된 이후에 유럽 연합과 많은 협상이 오고 갔다. 영국 내에서도 경제적인 이유로 인하여 의견이 분분하였다. 그러자 2019년 국민 투표에서 보리스 존슨의 보수당이 내건 슬로건은 '브렉시트 완수Get Brexit done'였다. 영국 데일리 메일의 사이몬Simon Walters 기자의 기사처럼 2019년 국민 투표는 브렉시트를 위한 국민 투표였다.[189]

2019년 12월 12일 영국에서 치러진 총선에서 보수당은 365석을 얻어 1987년 마가렛 대처 이후, 아니 길게는 제 2차 세계 대전 이후 처음으로 노동당 텃밭 지역구에서 지지 정당이 뒤바뀌는 정치적 재편성Realignment을 일으켰다. 반면 노동당은 203석에 그치며 1935년(154석) 이후 최악의 성적표를 받아들였다. 양당의 격차는 2년 전 총선 당시 56석에서 162석으로 약 3배 가까이 벌어졌다. 결정적인 승부처는 붉은 장벽Red Well으로 불리는 북부 잉글랜드, 미들랜드, 웨일즈 북부 지역이었다. 이번 선거에서 76석 가운데 50석을 획득한 이 지역은 광산, 철강, 염전 노동자들의 비중이 높은 곳이었다. 특히 1980년대 '철의 여인' 대처 총리의 신보수주의와 탄광 폐쇄 등에 대한 반발 정서가 강해 보수당이 감히 넘보지 못했던 곳이다. 하지만 2016년 브렉시트 국민 투표에서 탈퇴 여론이 앞섰고 2017년 총선에서도 보수당 당선자를 배출하면서 변화의 조짐이 일어났다. 이들 지역에서 일자리를 빼앗겼다는 반이민 반유럽 통합 정서가 집중적으로 표출되면서, 대안을 제시하지 못한 노동당이 처참하게 패배하였다. 노동당은 1997년부터 10년 동안 총리를 지낸 토니 블레어 전 총리의 지역구와 1935년 이후 한 번도 패배하지 않았던 지역까지 빼앗겼다. 노동당에 대한 영국인들의 실망이 너무 컸기 때문이다. 존슨 총리는 '브렉시트 완성을 위한 강력한 위임장'이라고 승리를 선언했다. 브렉시트를 하게 되면 북아일랜드와의 국경 문제가 생길 것이고, 48석을 확보한 친유럽 연합 성향의 스코틀랜드 국민당SNP이 스코틀랜드 독립 문제를 들고 나오겠지만 그럼에도 불구하고 영국인들은 먼저 유럽 연합 탈퇴가 가장 시급하다고 생각한 것이다.[190]

브렉시트 후에 영국 정부가 제일 먼저 한 일은 이민법의 개정이었다. 실제로 2020년 2월 19일 새로운 취업 이민 제도가 발표되었는데 더 이상 값싼 노동력에 의존하지 않겠다는 의도가 분명히 보인다. 이 제도는 특별한 기술이 없는 외국인 노동자의 취업 비자 발급을 제한하고, 현행보다 높은 영어 사용 능력을 요구하기로 하였다. 프리티 파텔Priti Patel 내무부 장관은 이 제도에 대하여 "적절한 기술을 갖춰 영국 경제에 도움이 될 사람들을 끌어들일 수 있는 포인트 기반의 이민 계획"이라고 설명하였다. 규정에 따르면 최소한 2만 480파운드(약 3100만원) 이상의 연봉을 받을 수 있는 숙련된 노동자만 입국이 가능하다. 이에 대하여 이민 장관 케빈 포스터Kevin Foster는 "오늘 우리는 이 시대에서 가장 중요한 이민 제도를 정비하고 있다. 더욱 견고하고 공정한 포인트 기반 시스템으로 영국은 번영할 수 있다. 새로운 시스템의 핵심은 영국의 국가적 관심과 영국에 누가 오게 되는지를 결정하는 능력이다. 이것은 의심할 여지없는 역사적 기회이다. 우리는 국경 통제권을 되찾을 것이다. 이것이 영국의 국민들이 요구하는 바이며 정부가 제공하는 일이다."라고 하였다.[191]

2020년 1월 31일 전 영국 수상 위스턴 처칠이 유럽 연합을 제안한 지 70여 년이 흐른 후에 영국은 유럽 연합을 탈퇴한 첫 국가가 되었다.

이슬람과 유럽 문명의 종말

17

유럽을 떠나는 유럽인

ISLAM

유럽 인구는 저출산과 고령화로 인하여 줄어들고 있는데 동시에 자국을 떠나는 인구도 늘어나 인구 감소가 가속화되고 있다. 독일에서 2001년 10만 9500명, 2005년 14만 4800명이 자신의 조국을 등지고 캐나다, 호주, 미국, 스페인, 그리고 여타 나라로 이민을 갔다. 이러한 현상으로 인하여 '독일이여 안녕!Good Bye Deutschland!'이라는 제목의 텔레비전 프로그램이 만들어지기도 했다. 이러한 움직임은 독일에 이민자들이 많아지면서 생겨난 현상이다.[192] 이스라엘을 위한 유대인 협회Jewish Agency for Israel에 따르면 무슬림에 의한 반유대주의 공격으로 인하여 2002년에 프랑스에서 3000명이 넘는 유대인들이 이스라엘과 캐나다, 미국으로 이주하였으며,[193] 이슬람 테러와 같은 폭력은 네덜란드 또한 불안하게 만들었다. 데오 반 고흐가 무슬림에 의하여 살해당했던 2004년은 네덜란드로 이민 오는 사람들보다 이민 가는 사람들의 숫자가 더 많은 해가 되었다. 반 고흐가 살해당하고 나서 일주일 후 이민을 담당하는 웹사이트에는 1만 3000여 건의 관련 문의가 접수되었고, 캐나다, 호주, 뉴질랜드 대사관들 또한 이민 문의 접수 폭주로 골머리를 앓았다. 2006년 전 보수당의 장관이었던 조지 월든George Walden은 영국을 떠나서 다른 나라로 이민 가려는 아들에게 쓴 편지Time to Emigrate를 작성하였는데, 이민의 이유가 영국으로 오는 이민자들 때문이라고 밝혔다.[194] 인구 통계학적으로 볼 때 백인 인구는 줄어들고 있다. 영국 버밍햄의 인구를 보면 1990년대에는 백인의 인구 비율이 77%였지만 2006년에는 65.3%로 하락하였으며, 2026년이면 백인은 소수 민족이 될 수 있다. 레스터에는 1991년 당시 70.1%의 백인이 거주하고 있었지만 2006년에는 59.5%만 남게 되었다. 레스터에서 백인이 소수가 될 날이 얼마 남지 않았다. 암스테르담처럼 한 국가의 유산, 문화, 문학 등 중요한 요소가 몰려 있는 도시일수록 이러한 위험은 높을 수밖에 없다. 무슬림이었다가 이슬람을 떠난 전 네덜란드 국회의원 아얀 히르시 알리Ayaan Hirsi Ali는 "네덜란드는 예술의 국가이다. 곧 암스테르담의 인구 60%가 유럽 출신이 아닌 사람들로 채워질 것이며 암스테르담의 문화는 결국 파괴될 것이다. 그리고 지방 자치제 당국은 예술을 보존할 것인가, 그 자리에 모스크를 세울 것인가에 대한 투표가 진행될 때 사람들은 '우리가 왜 쓸데없는 그림에 돈을 써야 하는가?'라고 말할 날이 멀지 않았다."[195]고 하였다. 따라서 이슬람 문화와 유럽 문화의 양립 가능성은 높지 않다.

영국은 한국처럼 대통령 선거, 국회의원 선거, 지방 자치 단체장 선거를 구분하지 않고 매 5년마다 통합해서 선거를 치른다. 이 선거에서 가장 많은 투표가 나온 당의 당수가 수상이 된다. 국회는 전통적으로 양당 체제로 되어 있다. 보수당은 귀족 계층을 대변하며, 전통적인 지배층과 부유한 상공인들이 중심이 되어 운영된다. 반면에 노동당은 노동자 계층이 중심이 되었다가 근래에 와서는 중산층까지 끌어안으면서 집권하기도 하였다. 그동안 중산층의 표심에 따라서 집권이 좌우되자 정치인들은 그들의 눈치를 자주 살폈다. 그러나 이제 그들은 이민자들과 그의 후손들의 눈치를 봐야 하는 현실에 직면하고 있다. 2010년 선거에서는 이민자와 그의 후손 출신 유권자가 12%였다. 그런데 2015년 선거에서는 그 비중이 18%가 되었다. 즉 3500만여 명의 유권자들 중 621만 명, 즉 약 5분의 1이 이민자와 그의 후손들이었다. 이에 따라서 국회 의원들 가운데 이민자와 그의 후손들이 늘어 가고 있다. 현재 303명의 보수당 국회 의원 가운데 3.6%가, 노동당은 약 6.2%가 이민자와 그의 후손들이다. 이를 합치면 보수당과 노동당의 국회 의원 중 약 10%가 이민자와 그의 후손들이 된다. 이 인구는 매번 선거 때마다 수직으로 상승하고 있다. 보수당의 한 중진 의원은 이제는 우리당이 집권을 하느냐 마느냐의 문제가 아니라 현재와 같은 상황에서 20년이 지나면 영국의 보수당이 존재할지 의심스럽다고 말했다.[196] 2015년 10월 독일 헤센Hesse 주의 작은 도시인 카셀Kassel에서 시민 회의가 있었다. 이 도시에는 다음 날 800명의 난민들이 들어올 예정이었기 때문에 이에 대하여 걱정하는 주민들이 그 도시의 정치인들, 공무원들과 이 문제를 논의하기 위한 회의였다. 시민들은 침착했고 정중하였지만 걱정도 컸다. 회의 중에 이 지역의 기독교민주당CDU 소속 정치인 월터 뤼케Walter Lübcke는 "이 정책에 동의하지 않는 주민들은 누구나 독일을 떠날 자유가 있다."[197]고 말하였다. 이 장면이 담긴 영상을 통해 시민들의 한숨, 놀란 듯한 웃음소리, 고함 그리고 분노의 소리를 들을 수 있다. 그들의 나라에 완전히 새로운 사람들이 유입되는데 이것이 싫다면 떠나라는 뜻이었기 때문이다. 그는 2019년 6월 2일 밤 테라스에서 담배를 피우다가 우익 살해범에게 머리에 총을 맞고 사망했다.

독일인 13만 8000명이 2015년 독일을 떠났다. 지난 10년 동안 총 150만 명이 독일을 떠났는데 대부분 기술자들이었다. 독일 〈벨트Die Welt〉지 표현에 의하면 "독일의 재능이 단체로 떠나고 있다." 그들 중 대다수는 다른 유럽 국가들뿐만 아니라 미국이나 캐나다로 떠나고 있다. 헝가리 부동산업자들은 헝가리 발라톤Balaton 호수 근처 전원주택 단지로 이사 오는 독일인의 80%는 메르켈 총리의 이민 정책에 불만을 가지고 있다고 말했다. 또한 독일보다 이슬람에 대하여 더 엄격한 정책을 펴는 헝가리가 그들의 미래를 더 잘 보장해 준다고도 말했다.[198] 헝가리에 정착한 독일인들은 그의 고향 독일에서 독일어를 듣지 못한다고 하였다. 작은 독일 마을들이 이미 다른 국가에서 온 이민자들로 인하여 이국적으로 변했다는 뜻이다. 헝가리에 정착한 독일인은 인터뷰에서 다음과 같이 말했다.

"우리는 독일로 오는 사람들이 누구인지 모른다. 나는 이민 오는 사람들에 대해 잘 모르고 정죄하고 싶지도 않지만 마을에 새로운 모스크가 지어질 때 나의 미래가 두려워졌다."[199]

독일의 무슬림 인구는 2006년에 350만에서 2016년에 600만 명으로 증가했다. 이슬람에 대한 독일인들의 태도는 해가 거듭될수록 부정적으로 변했다. 2016년 봄에 있었던 조사에 의하면 독일인 2054명 중 61%가 이슬람이 독일에 속해 있지 않다고 말했고, 22%만이 이슬람이 독일에 속한다고 생각한다. '무슬림들이 독일에서 계속 살아야 하는가'라는 질문에 49%는 긍정, 30%는 부정이었으며, 21%는 입장이 없었다. 독일 국민들은 먼저 이슬람이라는 종교 및 이상에 대해서 매우 회의적이었고, 무슬림들에게는 그렇지 않았다. 응답자들의 46%는 독일의 이슬람화를 두려워한다고 밝혔다.[200]

6부

다문화 사회에서
이슬람에 대한
정부의 역할

ISLAM

이슬람은 유럽뿐 아니라 전 세계의 제 1순위 적이다.

공산주의 이후에 서양의 가장 큰 위협은 급진적인 이슬람 원리주의이다.

유럽은 이미 2500~3000만 명의 무슬림이 존재하며

이는 유럽 문명에 큰 위협이 되고 있다.

_ 벨기에 플란더즈 민족당VB 대표. 필립 드빈터Filip Dewinter

1995년 호주를 다녀온 김영삼 전 대통령은 "세계화!"를 외쳤다. 그러나 국민들은 세계화의 진정한 뜻이 무엇인지도 몰랐다. 세계화란 해외여행 기회가 많아지는 정도로 이해했다. 그 이후로 '자본의 세계화'와 '노동 정책'이 급조되었다. 당시에 자본주의 시장 만세 논리와 아메리칸 스탠다드 금융화가 정책적 기조로 자리 잡게 되었고, 재벌이 금융권과 은행권을 직간접적으로 관여하기 시작하였다. 1997년 외환 위기IMF가 일어난 배경에는 이렇게 준비되지 않은 세계화 논리가 있었다. 세계화 정책은 가난한 나라 사람들이 유입되어 그들의 빈곤을 해결할 수 있을지는 몰라도 늘어나는 인구를 통제하지는 못한다. 세계화는 오늘날 다문화주의로 발전하였다. 준비되지 않은 세계화가 IMF 사태라는 큰 고통을 안겨 주었지만 당시 한국 국민들은 단결하여 이 문제를 해결하였다. 그러나 현재 추진되고 있는 다문화 정책은 이를 책임질 주체가 없기에 회복할 수 없는 아픔과 상처를 후손들에게 남겨 줄 수 있다.

다문화에 대한 특히 이슬람에 대한 정부의 역할을 강화해야 한다. 다문화는 진입 단계, 전환 단계, 정착 단계 등과 같이 이행 단계를 구분하여 향후 전개 양상과 각 단계별로 발생할 수 있는 사회적 위험을 예측할 수 있다.[1] 현재 한국은 2단계, 즉 다문화 사회로의 전환 단계에 있는데 인종, 민족의 다양화로 가치관의 혼란 및 사회 일체감의 약화, 사회 불평등의 가시화 등의 문제가 생기고 있는 상황이다. 통상적으로 외국인 인구가 4%가 넘어서면 다문화 사회와 연관된 사회 문제가 본격적으로 발생하기 시작하는데 지금이 바로 이 시기이다. 따라서 필자는 다문화가 가지고 있는 문제점들과 함께 지금 우리나라가 추구하는 방향이 올바른지에 대한 몇 가지 비판과 함께 대안을 제시하고자 한다.

이슬람과 유럽 문명의 종말

1
값싼 노동력으로 인하여
치르게 될 값비싼 대가들

ISLAM

한국에 이주민이 입국하기 시작한 때는 노동력이 부족해진 시기와 같다. 국가 간 자유로운 이동이 경제적으로 좋다는 신조는 세계화의 중심적인 교리이다. 그러나 이는 이론상으로 세계 인구가 안정적일 때 적용되는 교리이며, 모든 국가가 자신들의 국경을 통제할 수 있을 때 적용된다. 이러한 기본적인 조건이 지켜지지 않는다면 다문화는 단기적인 성장을 가져올 뿐이며 결국 유럽처럼 영구적인 대규모 실업과 사회적 불만을 야기할 것이다.[2]

노벨상 수상 경제학자 밀턴 프리드먼Milton Friedman은 "당신은 열려 있는 국경이나 복지 국가를 가질 수 있겠지만 둘 다 가질 수는 없다."[3]고 단언하였다. 그는 정치인이 아니고 경제학자이다. 그가 말하고 싶은 것은 열려 있는 국경, 즉 대규모 이민이 경제를 파탄 내는 데 가장 빠른 방법이라는 사실이다. 두 명의 전 영국 수상과 은

행 책임자 그리고 많은 경제학자가 참여한 영국의 상원 경제 위원회EACUL는 2008년 "이민으로 인한 경제적 영향은 거의 존재하지 않는다."는 결론을 내렸다.⁴ 노동력의 부족을 채우기 위한 이민은 나라의 장기적인 안목이 아닌 현실의 위기만을 극복하는 방편일 뿐이다. 예를 들어서 방직 공장이 많았던 영국 북부 지역의 요크셔와 랑카셔Lancashire에서는 철야 근무와 잔업을 위하여 1950년부터 파키스탄과 방글라데시 노동자들을 받아들였다. 하지만 새로운 기계가 발명되고 인건비가 더욱 싼 아시아로 방직 산업이 넘어가자 그 지역은 완전히 빈민 지역이 되었다. 방직 산업의 중심지였던 올덤Oldham은 1992년 30대 파키스탄계 실업자가 25%에 육박했고, 18-24세 실업자가 37%였다.⁵ 16-24세, 그리고 25-39세의 연령대에서 영국 무슬림들의 실업률이 영국 백인들보다 두 배나 더 높았다.

실업자들은 사회 보장 제도를 통하여 살아가기에 결국 납세자들의 세금으로 그들을 책임져야 한다는 결론에 도달한다. 또한 한국의 경제 성장이 지속될 수 있다는 보장이 없기에 값싼 노동 이민에 대하여 신중해야 한다. 또 다른 문제는 노동 이민이 많아지면서 유럽 현지인들의 실업률 또한 높아진다는 사실이다. 한국의 실업률도 높아지는데 값싼 노동 이민자들 또한 늘어 간다면 이는 큰 문제를 몰고 올 것이다.

유럽에서 노동 이민자의 또 다른 특징은 상대적으로 낮은 사회 경제적 지위이다. 이민자들은 대부분이 개발도상국 출신으로 이렇다 할 노동 기술이 없었다. 교육 수준이 낮고, 취업 기회가 적은 현실은 이민자들의 낮은 경제 상황으로 이어진다. 게다가 유럽 전역의 무슬림 이민 인구는 일반적으로 청소년 비행이나 범죄가 잦은 열악한 환경의 도시 뒷골목에 집중 격리되어 있다. 또한 특정 민족 지역 출신 이민자들의 경우, 분리주의와 게토화의 우려가 제기될 정도로 인구 밀도가 높다. 예를 들어, 네덜란드에서는 85만 명의 무슬림이 거의 암스테르담, 로테르담, 위트레흐트, 헤이그와 같은 네 개 주요 도시에서 살고 있으며, 도시 전체 인구의 30%를 차지한다.[6] 2005년 7월 7일 런던 테러의 주범들은 모두 영국에서 태어난 무슬림들이다. 그들은 대학 교육을 받았으며 무슬림으로 영국에 정착한 2세였다. 그러나 영국 사회의 무슬림에 대한 편견과 취업 장벽이 높아지자 이에 불만을 가지고 이슬람 전사로 변해갔다. 이는 곧 한국의 경우에도 무슬림 사이에서 태어난 자녀들이 한국 사회에 적응하지 못할 때 잠재적 테러리스트가 될 수 있다는 교훈을 주고 있다.

또한 값싼 노동력은 노동자뿐만 아니라 유럽처럼 그 가운데 이슬람 원리주의자들도 활동할 수 있다는 것을 최근에 유엔 보고서에 의하면 자세하게 알 수 있다. 유엔 안전보장이사회가 2019년 1월 15일, '이슬람국가·알카에다 관련 보고서'를 작성했는데 한국과 관련한 내용이 다음과 같이 기재돼 있다. "시리아 아랍공화국에 있는 알누스라ANF 부대인 '카티바 이맘 알부카리Khatiba Imam Al-Bukhari'와 '카티바 알타우히드 왈지하드Katibat al-Tawhid wal Jihad'는 주로 우즈베키스탄인들로 구성돼 있으며, 200-300명의 전투원을 보유하고 있다. 많은 우즈베크인들이 터키에서 한국으로의 추방을 요구하고 있는데, 한국에 있는 우즈베크인들은 2만-3만 명으로 추산되고 있다. 한국에 있는 일부 우즈베키스탄 노동자들은 급진화됐으며, 시리아와 아랍공화국으로 향하는 극단주의자들의 자금원 역할을 하고 있는 것으로 알려졌다.” 유엔 보고서에 의하면 한국도 이슬람원리주의자들로부터 안전한 곳이 아니라는 것을 알 수 있다. 한국 정부는 2010-2018년 9월까지 국제 테러 단체 연계자로 의심되는 86명의 외국인을 추방했다. 이언주 전 국회의원의 보고에 의하면 “국제 테러리스트 명단에 오른 외국인의 입국 시도가 2015년 1만 3525명인데, 2018년은 단 7개월 만에 3만 8223명의 국제 테러리스트들이 입국을 시도하다 적발됐다.”고 비판했다.[7] 2019년 3월 이슬람원리주의 단체인 알카에다의 훈련교관이 난민을 가장해서 한국에 잠입하였다. 이를 러시아 정보부가 한국에 알려주어서 추방시켰다. 그런가 하면 인도네시아 출신의 불법 체류자가 북한산에 올라가 수니파 극단주의 무장단체인 IS의 깃발을 흔들고 경복궁 앞에서 IS 모자를 쓴 채 사진을 찍어 자신의 SNS에 올렸다가 당국에 적발돼 추방됐다. 이 불법 체류자는 IS의 일인자인 알바그다드가 만든 무장단체인 ‘알누스라’ 전사를 자처하였다.

다른 인도네시아인 B씨는 2014년부터 1년 동안 11차례에 걸쳐 지하드 자금 모집책에게 테러 자금을 송금하였다. 우즈베키스탄인 C씨는 IS를 지원하는 우즈베키스탄 테러 단체 이슬람 운동IMU에 가담하여 국내에서 사상 학습을 하다 적발돼 추방됐다.

한국에서 IS에 재정을 송금한 혐의로 우즈베키스탄 노동자가 실형을 선고받기도 하였다. 그는 2016년에 취업 비자로 입국하여 공장에서 일하다가 2019년 12월 이슬람 테러 단체 자금을 모으던 B를 만나서 14회에 걸쳐서 테러 자금을 송금하였다. 서울지방법원은 테러방지법 위반 혐의로 우즈베키스탄 노동자에게 징역 1년 6개월을 선고하였다.[8]

한국 정부는 오늘날 유럽에서 일어나고 있는 현실을 교훈 삼아서 값싼 노동 인구의 유입을 재고해야 하며, 국가의 미래를 바라보며 장기적인 안목에서 이주를 조절해야 한다. 만약 노동력이 필요하다면 같은 문화권에서의 이주가 이슬람문화권에서의 이주보다 비교적 안전하다.

2

제주도 예멘 난민 사태를 통해 본
이슬람 난민에 대한 제언

ISLAM

한국에서 다문화 사회가 시작되는 시점에 2018년 4월 제주도에 무비자 제도를 활용하여 합법적으로 예멘 난민 561명이 왔다. 이들은 대부분 예멘을 떠나서 이슬람 국가인 말레이시아로 갔다가 받아들여 주지 않자 비자 없이 방문할 수 있는 제주도로 들어와 난민 신청을 하였다.

국민들은 유럽 난민 사태가 한국에서도 현실이 되었다고 인식하고 정부에 난민법을 폐지하든지 수정하라며 청와대에 73만 명이 청원했다.[9] 이에 대하여 박상기 법무부 장관은 "난민 협약 가입 142개국 가운데 협약 탈퇴국이 없다."고 밝히며 한국도 탈퇴하거나 난민법 폐지를 하지 않겠다고 발표하였다.

그렇다면 현재 한국에 난민들이 얼마나 있는지 살펴보자. 2018년 현재 한국의 난민 신청자는 4만 5354명이며, 심사 결정 종료자는 2만 2123명이다. 이 중 868명의 난민 신청을 받았고, 1594명이 인도적 체류 허가를 받아 총 2462명이 난민 인정(보호)을 받고 있다. 난민 신청 사유는 종교(1만 1111명), 정치적 사유(9004명), 특정 구성원(4748), 인종(2989), 국적(185명) 등의 순이었다. 한국 정부는 1992년 난민의 지위에 관한 협약CSR(난민 협약)과 난민의 지위에 관한 의정서PSR(난민 의정서)에 가입했고, 1993년 출입국 관리법과 출입국 관리 시행령에 난민 인정 조항을 신설하여 난민 인정 제도를 도입했다.[10]

왜 무슬림 난민들은 예멘에서 가까운 곳에 이슬람 형제의 나라들이 즐비한데 제주도까지 왔을까? 쿠웨이트, 바레인, 카타르, 아랍에미리트, 사우디아라비아 그리고 오만 6개국으로 구성된 걸프 협의회는 2016년 이후 단 한 명의 난민도 받아들이지 않았기 때문이다. 쿠웨이트의 고위 공직자인 파하드 알 살라미는 걸프 국가들이 난민을 거절한 이유를 다음과 같이 설명했다. "난민들은 심리적인 문제를 겪었던 사람들이다. 트라우마와 외상으로 고통 받는 사람들을 우리는 원하지 않는다."[11] 즉, 많은 난민들이 들어오면서 생기는 문제들로부터 자국의 안전을 지키고 싶어서 난민을 받지 않겠다는 것이다.

우리나라는 이미 1997년 테러 지원국 명단에 들어가 있는 예멘인들이 난민을 신청하면 6개월 동안 매달 43만 2900원을 지원하면서 정착할 수 있도록 도와주고 있다. 무엇보다도 가장 심각한 문제는 난민법에 있다. 대한민국 난민법 제3조(강제 송환의 금지)에는 "난민 인정자와 인도적 체류자 및 난민 신청자는 본인의 의사에 반하여 강제로 송환되지 아니한다."라는 내용이 있다. 하지만 난민들 가운데는 가짜 난민이 얼마든지 있을 수 있으며, 이를 선별해서 추방하든지 받아들이든지 해야 하는데 법적으로 내보낼 수 없도록 되어 있다. 심지어 2018년 6월 법무부는 2021년까지 12만 7389명의 난민이 들어올 것이라고 발표하였다.[12]

제주도의 예멘 난민들도 3명에게 난민 비자를 주었고, 나머지는 체류 비자를 주어서 합법적인 거주자가 되었다. 한국에서 난민을 받아들이자 제주도에 난민 신청자들이 급증하기 시작했다. 2018년 4월부터 1년 사이에 1227명이 난민 신청을 하였다. 2014년과 2017년 사이에는 200-300명에 불과했으니 기하급수적으로 늘어난 셈이다. 예멘뿐 아니라 파키스탄에서도 무슬림 난민들이 제주도로 들어왔다.[13]

일본의 경우는 난민 심사를 강화하면서 신청자 수가 급감하였다. 2018년 일본의 난민 신청자 수는 1만 493명이었다. 2017년 1만 9629명에 비하면 47% 적은 수치이다. 일본은 신청 2개월 내의 간이 심사제를 통하여 명백한 난민인 경우만 체류를 허가해 주는데, 2018년 단 한 명의 난민도 받아들이지 않았지만 인도적 이유로 체류를 인정한 외국인은 40명이다.[14]

러시아 정보관 정찰총국GRU 소속 세르게이 코발료프Sergei Kovalyov 소장은 2019년 4월 24일 제 8회 모스크바 국제 안보 회의에서 "연간 최대 2만 명에 이르는 극단주의자들이 난민 신분을 내세우며 유럽으로 들어가고 있다."는 발언을 했다.[15] 한국 또한 엄격한 난민 심사로 신중을 기해야 한다. 무슬림에 대한 가장 큰 오해는 모든 무슬림이 테러리스트라는 생각이다. 전체 무슬림 가운데 약 70%는 문화적인 무슬림이다. 아버지가 무슬림이기 때문에 무슬림이 된 경우이다. 그들은 꾸란을 읽거나 하루에 다섯 번씩 기도하지는 않지만, 평화를 추구하며 종교적으로 선한 삶을 추구하며, 테러에 부정적이다. 약 15%는 종교적인 무슬림이다. 이들은 하루에 다섯 번씩 기도하며 꾸란을 읽는다. 나머지 15%는 이슬람 원리주의를 추종하는 무슬림으로서 테러를 일으키거나, 이들에게 재정적인 지원을 한다. 전 세계 무슬림의 약 15%는 약 2억 명에 달한다. 문제는 파레토의 법칙Pareto principle, 즉 전체 결과의 80%가 20%에서 일어난다는 논리에 의하면, 이슬람 인구가 많아질 때 원리주의자들과 종교적인 무슬림들 20%가 80%의 무슬림을 지도하고 이끌어 간다는데 문제가 있다. 이것이 유럽에서 무슬림들 사이에서 일어나는 현상이다. 따라서 무슬림 인구가 많아지는 현상은 위험 부담이 그만큼 커진다는 의미가 된다.

3

정부가 추진하는
'포용 국가'가 가지는 문제점

ISLAM

정부는 2018년 4월 제주도에 예멘 난민들이 들어와서 난민 신청을
했을 무렵 "포용은 우리 정부의 중요한 핵심 가치가 될 것"이라고
발표하였다.[16] 정부가 추진하고 있는 포용 국가 정책은 오늘날 이슬
람으로 인한 유럽의 문제점들을 염두에 두지 않고 진행됨을 알 수
있다.

유럽은 제 2차 세계 대전이 끝나고 이민자들을 받으면서 백인
이 아니었던 이민자들을 유색 이민자라고 불렀고, 이들을 서로 다
른 사회인으로 여겼다. 그 후 1970년대와 1980년대를 지나며 인종
차별을 없애기 위해 이들을 평범하고 정상적인 시민들로 인식하
기 시작하였다. 또한 다른 문화에서 온 사람들과 함께 살고 있다는
뉘앙스로 '다문화주의' 사회라고 특정 지었다. 유럽인들은 다민족
이나 다인종 사회보다 인종 개념에 대한 존경심으로 다문화 사회

가 좋은 용어라는 것을 알게 되었다. 정치력이 있는 사람들은 자신의 문화를 대변하기 위하여 중재자 역할을 하였고, 정치인들은 그들을 통하여 사회를 이끌어 갔다. 의회나 자치 단체들은 특정한 인종, 종교 공동체에 재정을 지원하였다. 동시에 다문화적으로 변하기 위해서는 자신들의 정체성을 깎아 내려야 했고 부정적인 면들을 부각시켰다. 다문화 시대가 유럽의 자기희생 시대가 되면서 유럽 사회가 뒤로 물러나고 다른 문화들이 주최자가 되는 결과를 낳았다. 이러한 이유 때문에 사무엘 헌팅턴은 그가 집필한 마지막 책에서 "다문화주의의 본질은 반유럽 문명이다. 그저 반유럽의 이념에 불과하다."17고 하였다.

A.D.2000년이 지나면서 유럽에서는 다문화주의에 대한 비판의 목소리가 커졌다. 유럽인들이 고민하던 주제는 '어디까지가 관용의 기준인가'였다. 자유 민주 사회에서 용납되지 않는 행위를 용납해야 하는가? 반자유주위와 반진보주의가 번성하도록 허용해야 하는가? 유럽은 이 시기에 다문화주의 시대에서 다종교주의 시대로의 변화를 맞이하게 되었다. 인종의 정체성이 전에는 다문화주의에 초점을 맞추었지만 이제는 그 초점이 서서히 물러가고 그들이 가지고 온 신앙의 정체성이 중요한 문제가 되었다. 문화에 대한 질문들은 이제 종교, 즉 이슬람에 대한 질문이 되었다. 다문화 시대가 다종교 시대로 넘어갈 수 있음을 아무도 예상하지 못했기 때문에 일어난 일이었다.

우리나라는 포용 국가를 시작하면서 2018년 한 해 동안 국내 외국인 불법 체류자가 10만 명이나 늘었다.[18] 그 후 한국의 불법 체류자는 약 40만 명이 되었다. 오늘날 우리나라는 포용 국가를 지향하면서 유럽을 본받으려고 하는데, 정부가 본받으려는 유럽은 지금 이슬람화의 길을 가고 있다. 다문화는 개개인이 무의식적으로 자유롭게 선택한 결과들의 집합체이다. 이러한 결과로 인해 민주주의에 가장 중요한 도전이 되는 문제는 바로 이민이다.

이슬람과 민주주의가 공존하기 어려운 이유는 첫째, 무슬림에게 있어서 종교는 정체성과 가치의 방향을 정하는 절대적인 근원이라는 점이다. 따라서 '자유 민주적 가치'와 '이슬람적 가치'는 결코 상호 공존할 수 없다. 종교적인 무슬림들은 공공의 법을 개인의 종교와 분리할 수 없다. 오직 이슬람의 중요한 가치를 내려놓은 사람들만이 민주 사회에서 인정받을 수 있다. 둘째, 이슬람은 타종교 및 타문화와 세계 주도권을 놓고 경쟁하는 관계이다. 이슬람은 획일적인 종교이며, 전 세계에서 지배권을 행사하기 위하여 노력하고 있다. 이에 대하여 버나드 루이스는 "이슬람을 믿지 않는 자들과의 만남에서 이슬람은 군림해야만 한다."[19]고 지적한다. 다문화는 단순히 노동력만의 수입이 아니다. 사회적 변화의 요소까지 수입하는 것이다.

또한 영국의 이슬람 인구가 급속하게 성장한 배경에서 1997년 영국의 노동당이 집권하면서 좌파의 사상과 장기 집권에 대한 욕망이 있었음을 앞서 살펴보았다. 프랑스에서도 무슬림들이 좌파 정권에 투표하면서 공존하는 것도 살펴보았다. 이를 통하여 알 수 있는 사실은 선거로 뽑은 집권당이 자신들의 장기 집권을 위하여 얼마든지 법안을 만들어서 활용할 수 있다는 점이다. 그러나 한 번 법안이 만들어져서 무슬림 이민자들이 들어오면 이후 이런 실수를 만회하기 위하여 더 많은 어려움이 따른다는 사실이다. 이민은 자국과 수혜국 모두가 이익이 되는 성격이어야만 한다. 이에 대한 정책이 수반되지 않는 포용 국가는 이미 유럽에서 실패한 다문화의 전철을 밟을 뿐이다.

4

한국 정부는 어떤 종류의
다문화 사회를 추구하고 있는가

ISLAM

독일의 전 상원 의원 티로 사라진Thilo Sarrazin은《독일은 자신을 스스
로 폐지시키고 있다Deutschland Schaffy Sich Ab》라는 제목의 책을 출판하
였다. 그는 이 책에서 독일인의 낮은 출산율과 무슬림 이민이 독일
의 기본을 어떻게 근본적으로 변화시키고 있는지에 대하여 설명하
였다. 논란이 된 부분은 교육을 받지 못한 사람들의 높은 출산율과
학력이 좋은 사람들의 낮은 출산율이 독일 전후의 성공과 번영을
위험에 빠뜨린다는 부분이었다. 이 책은 200만 부 이상 팔렸다.

이 무렵인 2010년 10월 독일 포츠담에서 메르켈 총리가 그동안
의 이민자들에 대한 통합이 어떻게 잘못되어 가고 있는지에 대한
연설을 하였다. 메르켈은 정부가 전후 노동력 부족을 해결하기 위
하여 영국과 또 다른 유럽 국가들처럼 "잠시 장난을 쳤다."는 것을
인정하였다. "이민 노동자들은 머물지 않고 떠날 것이라고 말했지

이슬람과 유럽 문명의 종말

만 이는 현실이 아니었다. 이민 정책은 실패하였다." 이 연설은 전 세계에 보도되었다. 이 연설이 유명한 이유는 메르켈이 어떤 정치인들보다 유럽의 이민자 통합 정책에 대하여 비판적이었기 때문이다. 메르켈은 "다문화주의 사회를 건설하는 접근법과 상호 간에 이익을 보려는 시도는 실패했다. 완전히 실패했다."라고 말하면서 그렇기 때문에 "통합이 중요하다."라고 강조했다. 그녀는 이어 독일 사회에 동참하고 싶은 사람은 독일 법을 따라야 하고, 독일어를 배워야 한다고 덧붙였다.[20] 같은 달에 발표된 독일 여론 조사에서 독일인의 30%가 독일의 사회 복지 혜택을 받기 위하여 들어오는 이민자들에 대하여 독일이 '이민자들에 의하여 짓밟히고 있다.'고 염려하였다. 포츠담에서 메르켈의 연설을 듣던 군중들은 '불편한 진실'을 말할 수 있는 그녀의 용기에 기립 박수로 환영하였다.

영국 데이비드 카메룬 총리는 뮌헨 안보 회의에서 "국가적 다문화주의의 원칙하에 우리는 다른 문화들에게 다르게 살라고 장려하였다. 우리는 그들이 소속하고 싶어 하는 사회적 비전을 제공하지 못했다. 우리는 심지어 다른 공동체들이 우리의 가치관과 반대되는 행동을 하도록 허용해 왔다."[21]라고 선언하였다. 데이비드 카메룬은 이전에도 다문화주의를 비판한 적이 있다. 2008년 그는 연설에서 "국가 다문화주의는 잘못된 결과를 낳은 잘못된 교리이다. 다문화주의는 지역 사회의 차이를 키웠다. 그리고 다문화주의는 우리의 국가적인 정체성 강화를 막았고 의도적으로 악화시켰다. 다문화주의는 영국이 다른 문화를 존중해야 한다는 생각으로 별도의 문화적 삶을 살도록 강요한다."라고 주장했다. 영국의 성공회 대주교인 로완 윌리암스Rowan Wiliams가 영국은 샤리아 법의 확장이 필요하다고 했을 때, 카메룬은 샤리아 법의 도입은 다문화주의의 종착역이 될 것이라고 반대하였다. 또한 "이는 결정적으로 자유주의의 가치를 받아들이고 영국 사회에 완전히 통합되기를 바라는 사람들을 약화시키고 불안전하게 만들며 결국 폭발할 것이다."라고 주장했다.[22]

뮌헨 안보 회의가 끝난 며칠 후 텔레비전 토론에서 프랑스 대통령인 니콜라 사르코지도 프랑스 내 무슬림을 향하여 "우리는 다양한 공동체가 공존하는 사회를 원치 않는다."고 직격탄을 날렸다.[23]

그들의 연설은 인종적으로 다양한 사회나 이민을 환영하는 사회를 비판하는 것이 아니다. 그들이 비판하는 것은 국가가 지원하는 정책으로서의 다문화주의이다. 국가는 같은 나라에서 서로 다른 문화를 가지고 살라고 장려하였다. 그러나 지금 유럽의 지도자들은 모두에게 적용되는 똑같은 법과 질서가 있고, 특정한 사회 기준이 있는 포스트 다문화주의 사회를 촉구한 것이다. 영어에는 다음과 같은 속담이 있다. '로마에서는 로마법을 따르라When in Rome, do as the Romans do.' 유럽의 지도자들은 통합이 아니라 동화를 요구하고 있는 것이다.

다문화주의 시대에 유럽은 자신의 역사를 포함해서 많은 것들을 버리려 했지만 반면 유럽에 들어오는 여러 민족들은 자신의 전통을 희생하려 하지 않았다. 어느 누구도 새로운 문화에 적응하는 과

이슬람과 유럽 문명의 종말

정에서 호혜적 관계 혹은 양방향을 부인하지는 않았지만, 이민자들은 그들이 살아 왔던 고국의 언어와 자국의 법대로 살 수 있어야 한다고 고집했다.

유럽의 혼란을 이민자들에게만 전가하는 것은 가혹하다. 이민자들이 들어온 이후에 그들에 대하여 어떤 태도를 취할지 몰랐던 유럽 사회의 책임도 크다. 이민이 진행된 지 60년이 지나서야 그들이 정착한 나라의 언어를 배워야 한다고 주장한 것은 이민자들의 실패가 아니라 유럽 정부들의 실패라고 봐야 한다. 불과 몇 년 전만 해도 이민자들에게 살고 있는 나라의 언어를 배우라고 하면 인종차별주의자로 낙인이 찍혔다. 2020년에 다문화주의에 대한 대중적인 우려가 유럽에 전역에 퍼지고 있다. 유럽을 반면교사로 삼아서 한국 정부는 어떤 다문화를 추구하고 있는지 분명한 답을 내놓아야 한다.

5

이슬람 인구 증가에 대한
다른 나라의 대안들

ISLAM

각 나라는 자국의 문화와 역사 그리고 경제를 보호하기 위하여 외국인 이민자를 제한할 수 있으며 선택할 수 있다. 캐나다 국민의 5분의 1(18.9%)은 외국인 이민자들이다. 하지만 캐나다는 외국인 이민자들을 매우 까다로운 절차를 거쳐 선발한다. 영주권을 신청하는 지원자들은 100점 만점에 교육 정도(25점), 언어 실력(2점), 직업에 따른 경험(21점), 나이(10점), 직업의 숙련도(10점), 사회적 적응력(10점), 또한 재정, 건강, 범죄 경력 등을 확인받아야 한다.[24] 캐나다는 이민의 규모가 아니라 그들이 원하는 사람들을 선택해서 받는다는 인상을 준다. 한국 정부는 유럽에서 현재 일어나고 있는 문제점들을 연구해야 한다. 특히 이슬람에 대한 연구가 시급하다. 자국과 자국민을 보호하는 정책들이 새롭게 수립되어야 한다. 지금 유럽에서 보듯이 이슬람의 인구 증가는 세계정세의 변화를 가져오고

이슬람과 유럽 문명의 종말

있다. 따라서 다른 나라들이 어떻게 무슬림 유입에 대비하고 있는지 몇몇 사례를 살펴보려 한다.[25]

동유럽은 이슬람 이민자들을 받지 않았다. 이민자의 위기, 국경, 문화적 통합, 그리고 다른 주제들에 대한 태도에서 동유럽은 유럽과 전혀 다른 목소리를 내고 있다. 2015년 여름부터 지금까지 독일 정부와 유럽 위원회의 어떤 협박에서도 불구하고 비셰그라드 그룹Visegrád Group을 구성하는 슬로바키아, 폴란드, 헝가리, 체코는 유럽 연합과 완전히 상반되는 입장을 취하고 있다. 2016년 1월 스웨덴과 유럽 위원회의 위원들이 2015년에 받아들인 사람들 대부분 유럽에 망명을 요청할 권리가 없는 사람들이라고 했을 때, 유럽 연합 위원장인 장 클로드 융커Jean-Claude Juncker는 위원회가 제안한 나라들 사이에 망명자들의 수를 분배하는 할당 제도를 지속적으로 고집하였다. 슬로바키아는 이민자의 할당을 수용하지 않겠다고 결정하였다. 슬로바키아 총리 로베르트 피코Robert Fico는 절망적으로 이렇게 말했다. "유럽 연합은 자살을 시도하고 있고, 우리는 그저 바라보고만 있다고 느낀다." 다른 비셰그라드 그룹Visegrad Group인 폴란드, 체코, 헝가리도 피코와 같은 입장이었다.

독일의 메르켈 수상과 프랑스의 올랑드 대통령 모두 유럽 위원회와 함께 유럽 연합의 모든 회원국들이 할당된 수의 이민자를 수용하도록 설득하려 했다. 그러나 헝가리는 그들의 설득을 거부하였다. 이 시기에 실시된 여론 조사에서 헝가리 국민의 2/3는 베를린과 브뤼셀에서 온 할당제 거부는 잘한 일이라며 정부의 판단을 지지했다.

2016년 3월 15일 헝가리 총리 오르반 빅토르Orban Viktor는 국경일 연설을 통하여 이민, 국경, 문화 그리고 정체성에 대하여 완전히 다른 접근법을 설명했다. "과거의 제국주의나 소련보다도 자유를 반대하는 적이 나타났다. 그들은 폭력을 당하거나 감옥에 가지도 않고 그저 협박하거나 갈취할 뿐이다. 그러나 유럽인들이 드디어 그들의 미래가 위협받고 있다는 사실을 깨달았다." 오르반은 무슬림의 침략에 대한 유럽 기독교 문화의 방어를 촉구하였다.[26]

"유럽은 자유롭지 않다. 자유는 진실을 말하는 것에서 시작된다. 오늘날 유럽은 진실을 말하는 것이 금지되어 있다. 지금 유럽에 도착하는 사람들이 단순한 난민이 아니라 유럽을 위협하게 될 것이라는 발언은 금지되어 있다. 우리 헝가리는 범죄, 테러, 동성애 공포증, 회당을 불태우는 반유대주의를 받아들여서는 안 된다. 국가의 법이 정한 범위를 넘어서는 지역이 없어야 하며, 이민자의 폭동도 없으며, 우리의 여인들과 딸들을 사냥하려는 범죄자들도 없어야 한다. 다른 나라 사람이 우리나라와 우리 집에 들어와 살면서 우리로 하여금 외국인들을 섬기라고 말하지 못하게 할 것이다. 우리는 이런 일들이 미래에 어떻게 진행될지 알고 있다. 결국 우리는 짐을 싸서 우리나라를 떠나라는 말을 듣게 될 것이다. 그러므로 우리는 강제적인 외국인 정착 계획을 거부하고 협박이나 위협을 용납하지 않겠다. 경고의 종소리를 울려야 할 때가 되었다. 반대와 저항의 시기가 도래하였다. 자랑스러운 국기를 올릴 때가 되었다.

이슬람과 유럽 문명의 종말

동맹국들을 모아서 자랑스러운 깃발을 올릴 때가 되었다. 유럽의 파괴를 막고, 유럽의 미래를 구할 때가 왔다. 이를 위하여 헝가리 국민들의 단합과 모든 유럽 국가의 연합을 요구한다. 유럽의 지도자와 시민들은 두 개의 별도의 세계에서 살지 않아야 한다. 우리에게 선택의 자유가 없으면, 개인의 자유는 더욱 없다. 우리가 힘을 합치면 성공할 것이다." 이어 오르반 총리는 다음과 같은 말로 연설을 마무리했다. "우리는 우리의 운명을 결정지을 수도 있는 유럽의 미래에 대하여 가장 중요한 질문을 해야 한다. 우리는 노예가 될 것인가 아니면 자유인이 될 것인가? 이 질문에 대한 답변을 나에게 달라."[27]

유럽의 가장 강한 나라 독일에게 있어서 헝가리의 행태는 용납될 수 없었다. 베를린의 압력은 계속 이어졌다. 그러나 동유럽과 서유럽의 관점의 차이는 해소될 수가 없다. 2016년 5월, 슬로바키아가 유럽 연합의 의장PCEU직을 수행하기 전에 슬로바키아의 수상인 로베르트 피코는 유럽 연합으로부터 할당된 난민을 받지 않을 경우에 막대한 세금을 부과하겠다는 협박을 받았다. 의장국으로서 난민의 문제를 해결하는 자리임에도 불구하고 베를린과 브뤼셀이 요구한 할당량을 수용 거부한 슬로바키아는 단 한 명의 무슬림도 받지 않겠다는 입장을 다시 한 번 분명히 밝혔다. 오히려 슬로바키아는 체코, 헝가리 및 폴란드와 함께 유럽 국경을 봉쇄하여 난민들이 유럽으로 입국할 때 주로 이용하는 길들을 차단할 것을 촉구하였다. "슬로바키아에는 이슬람이 있을 자리가 없다. 이 문제에 대하여 아주 명확하고 공개적으로 이야기하는 것이 정치인의 의무이다. 이민자들은 국가의 전통을 바꾼다. 우리는 국가의 전통을 바꾸고 싶지 않다. 슬로바키아가 다문화주의 국가가 되기를 주장하는 사람은 국가의 본질을 위배하는 것이다."[28]

폴란드의 대통령 레흐 카첸스키Lech Kaczyński의 쌍둥이 형제로서 가장 영향력 있는 지도자인 야로수아프 카첸스키Jarosław Kaczyński는 2017년 11월 독립 기념 연설에서 "아픈 유럽에게 건강, 기본적 가치, 진정한 자유 그리고 기독교에 기반한 더 강력한 문명으로 돌아가는 길을 보여 주는 것이 오늘날 폴란드의 의무"라고 말했다.[29]

스위스는 이미 지난 2009년 이슬람의 상징인 첨탑Minaret 건설을 스위스 국내에서 금지하는 법안을 국민 투표로 결정했다. 스위스 국민당SVP이 주도해 발의한 첨탑 금지안에 스위스 유권자 57.5%가 찬성했으며, 26개 주 가운데 22곳에서 찬성표가 우세하였다. 또한 2014년 2월 9일 유럽 연합의 결의에 반대하여 스위스국민당SVP이 제안한 이민 제한 법안을 국민 투표로(지지 50.3%, 반대 49.7%) 통과시켰다. 또한 2016년 9월 17일 스위스 연방 하원은 공공장소에서 이슬람 여성들이 부르카를 착용하면 100 스위스 프랑에서 1만 스위스 프랑의 벌금을 부과하는 내용의 법안을 의결하였다.[30]

스페인은 750년 동안 이슬람 정권에 의해 지배당했지만 끝내 이슬람화되지 않은 국가이다. 스페인은 이슬람에 대한 경험 때문인지 제 2차 세계 대전 이후에 노동 인구가 필요할 때 이민자를 남미에서 불러왔다. 그래서 스페인 전체 이민자의 38%는 스페인어를

이슬람과 유럽 문명의 종말

사용하는 남미의 이주민들이다. 북부 아프리카의 이민자들은 전체의 20%에 불과하다. 마드리드 대학교에서 이슬람 역사학을 가르치는 베르나베Bernabe Lopez Garcia 교수는 "이는 우연의 일치가 아니다. 스페인은 오래 전부터 라틴 아메리카에서 이민자를 모집하는 영사 프로그램을 가지고 있었으며 이것은 무슬림의 접근을 최대한 막는 인종 필터"라고 설명했다."[31]

아시아에서 싱가포르는 외국인 이민자에 대한 법이 매우 강한 나라이다. 싱가포르 정부는 이민자들 관리에 조직적으로 개입하고 있다. 다음은 싱가포르 이민법에 나오는 내용이다. "노동청의 허가 없이는 싱가포르 시민이나 싱가포르 영주권자와 결혼할 수 없다. 싱가포르 국외에서도 이 법이 적용된다. 이 법은 노동 허가가 말소되거나 취소되거나 번복될 경우에도 적용된다. 기존에 노동청의 허가를 받아서 싱가포르 시민이나 영주권자와 결혼한 상태가 아니라면 싱가포르 안에서 임신하거나(시키거나) 아이를 데려올 수 없다. 이 법은 노동 허가가 말소되거나 취소되거나 번복될 경우에도 적용된다."[32] 외국인이 노동청의 허락 없이는 외국인과 결혼할 수 없으며 임신 또한 법으로 금지하고 있다는 것이다.

오스트리아는 현지인들과 이민자들 사이에서의 인구 증가를 조사하기 가장 좋은 국가이다. 오스트리아는 인구 조사 때 종교 문항을 포함하는 몇 안 되는 국가 중 하나이다. 비엔나의 인구통계연구소에 따르면 2050년 15세 이하의 오스트리아인들은 무슬림이 되고, 오스트리아인 대다수가 무슬림이 될 것이다.[33] 따라서 모스크가 늘어 가고 이슬람 인구가 증가하자 오스트리아에서는 2015년 2월에 이슬람 사원과 이맘이 외국 자본을 지원받는 것을 금지하는 법안을 통과시켰다.

이제 글을 맺어야할 때가 되었다. 2021년 6월 2일 영국에서 집필을 마무리하고 있다. 필자는 아침에 일어나면 그날의 영국과 유럽 뉴스를 먼저 살핀다. 어제와 오늘 이틀 동안 신문에 나온 기사들 가운데 이슬람에 관련된 주요내용을 살펴본다.

이슬람원리주의자로서 프랑스경찰의 감시명단에 있던 39세의 니아가 디예Ndiaga Dieye는 프랑스에서 태어난 이민 2세로서 그의 부모는 세네갈에서 왔다. 그는 지난 주말 프랑스 낭트Nantes 근처의 경찰서를 습격하여 여성 경찰관 두 명을 찌르고 권총을 훔쳐서 달아나다 출동한 경찰들에 의해 사망했다고 프랑스 내무부장관 제랄드 다르마닌Gerald Darmanin이 발표하였다. 그는 감옥에서 8년 동안 복역하던 중에 2016년 이슬람으로 개종하였으며 이슬람 원리주의자로 분류되었다. 이 사건은 지난달 36세의 튀니지 출신 이민자가 여자 경찰관을 살해한 뒤 경찰에 의해 사망한 사건에 이어서 발생했다. 프랑스 정치인 마린 르펜Marine Le Pen은 공격 이후 "나는 이것이 우리의 일상생활이라는 것을 받아들이기를 거부한다."며 트위터에 다음과 같이 덧붙였다. "우리는 이 야만주의와 싸워야 하고 결코 익숙해지지 말아야 한다."[1]

2020년 11월 오스트리아 비엔나에서는 무슬림의 테러로 인해 총 4명이 사망하고, 7명이 중상을 입었으며 22명이 병원에 입원한 바 있다. 이후 세바스티안 쿠르츠Sebastian Kurz 총리가 과격한 이슬람을 범죄로 보겠다고 선언했다. 이에 따라 지난주 오스트리아 정부가 620개의 모스크와 속해 있는 종파에 대한 자세한 정보와 주소, 관리자 이름을 제공하고 모스크의 해외 연결 가능성이 있는 내용을 포함하여 '이슬람국가지도'라는 앱사이트를 개설하자 이슬람 단체들이 반발하고 나섰다. 약 80만 명의 오스트리아 무슬림의 이익을 대표하는 오스트리아 이슬람종교공동체IGGOE는 "국가의 사회와 민주적 법적 질서에 대한 잠재적인 위험"으로 이 나라에 살고 있는 무슬림을 죄인으로 낙인찍는 오스트리아 정부의 행위에 대해 경고하였다. 오스트리아 무슬림 청소년협회MJOE는 총리에 대한 소송을 제기하겠다고 발표하였다. 이에 대해 오스트리아 통합 장관 수잔 라브Susanne Raab는 독일 〈벨트Weit〉 지와의 인터뷰에서 "일반 무슬림을 의심하게 만드는 것이 아니라 종교가 아닌 정치적 이념

이슬람과 유럽 문명의 종말

에 맞서 싸우는 것"이라고 말했다.[2]

영국 이슬람 재정 기금의 설립자 이브라힘 칸Ibrahim Khan은 다음과 같은 칼럼을 썼다. "영국에서 공부하고 있는 약 4만 2000명의 무슬림 대학생들은 영국 정부와 학교에서 학자금을 받지 않는다. 그 이유는 학자금을 받게 되면 이자를 지불해야 하기 때문이다. 이슬람에서는 이자를 비윤리적이고 착취적인 것으로 간주한다. 그로 인하여 무슬림 대학생들은 아르바이트 자리를 찾아야 하고, 공부할 시간이 없다. 무슬림 대학생을 위하여 데이비드 카메룬 정부에서는 샤리아호환협동조합의 기반 모델을 개발하여, 초기 금액을 펀드에 투자해서 학생들이 무이자 대출을 받고 수익이 발생하면 상환하는 모델을 개발하였으나 진행되지 않고 있다. 이제는 대체 학자금 대출 계획을 세워서 재정적인 어려움 없이 무슬림 대학생들이 공부할 수 있는 환경을 만들어 주어야 한다."고 하였다.[3]

팔레스타인과 이스라엘의 분쟁 기간 동안 영국 리즈Leeds에 있는 학교는 월요일마다 학생들이 팔레스타인 국기가 달린 끈을 착용하고 팔레스타인에 대한 지지를 보여 주는 포스터를 게시하였다. 월요일마다 학교 문 밖에서 시위가 일어나는 장면은 영국 학교에서 점점 익숙해지고 있다. 영국 교육부 장관 가빈 윌리암슨Gavin Williamson은 "학교에서 이스라엘의 존재를 공개적으로 거부하는 조직과 협력하거나 자료를 공유해서는 안 된다."고 주장하면서 학교에서는 정치적인 공정성을 가져야 한다고 발표하였다. 최근 영국 학교에서는 팔레스타인과 이스라엘의 분쟁에 대한 토론이 활발한 데 팔레스타인의 문제가 반유대주의와 융합 작용을 할 때 위험한 요소가 된다. 이는 곧장 학교와 거리에서의 대규모 시위로 연결될 가능성이 크기에 이에 대한 균형 잡힌 시각이 필요하다고 발표하였다.[4]

400년 전통을 자랑하는 영국 북부 웨스트요크셔 바틀리 공립학교Batley Grammar School의 종교 수업 시간에 언론의 자유와 종교적 극단주의에 대한 토론을 진행하던 한 교사가 프랑스 주간지 〈샤를리 엡도Charlie Hebdo〉에 나온 이슬람의 예언자 무함마드의 만화를 보여 주었다. 이로 인하여 무슬림 부모들에 의한 대규모 시위가 시작되었고 교사와 배우자와 세 자녀는 숨어서 지내야 했다. 프랑스의 교사 사무엘 패티Samuel Paty가 같은 이미지를 학생들에게 보여 준 후에 2020년 10월 파리에서 참수 당했기 때문이다. 교사는 부적절한 이미지를 사용했다는 이유로 3개월 정직을 당하였다. 그럼에도 불구하고 시위가 계속되자 학교는 방학 전에 문을 일찍 닫았다. 이맘 샤자드Imam Shahzad를 포함한 130명 이상의 이슬람 성직자들이 영국 총리에게 공개서한을 썼고 교사를 '백인 우월주의 이데올로기'라고 비난했다. 이를 조사했던 교육부는 조사 결과를 발표하였다. 교육부는 해당 교사는 교육의 목적으로 문제의 자료를 사용하였으며 범죄를 일으킬 의도는 없었다고 결론을 내렸다. 그러나 정부가 비

틀리 공립학교 사건에 대하여 적극적인 도움을 주지 않아서 교사들이 힘들어했다.[5]

2000명의 프랑스 군인과 예편한 20여 명의 장군들은 프랑스에 살고 있는 무슬림들과의 잠재적인 내전으로 인하여 수천 명이 사망할 것이라고 경고하는 두 통의 공개서한을 엠마뉘엘 마크롱 Emmanuel Macron 대통령에게 보냈다. 이 공개서한은 프랑스 내에서 정치적 이슈가 되었다. 공개서한에는 대통령이 군대의 통제권을 잃은 것이 아닌지 의문을 제시하였다. 프랑스 내전 가능성을 제시한 이 공개서한들로 인하여 프랑스뿐만 아니라 유럽은 충격에 빠졌다. 그들은 마크롱 대통령이 프랑스 무슬림들에게 너무 많은 정치적 양보를 함으로써 프랑스 정치가 흔들리고, 대학은 이슬람 좌파의 위협을 받고 있다고 적시하였다. 또한 악명 높은 프랑스 슬럼가와 마르세유 등에 스며든 조직화된 범죄 집단으로 인한 폭력과 불안정을 해결하기 위하여 그 지역에 군대를 배치할 것을 촉구하였다. 또한 내전이 발생하면 군대는 자동적으로 내전에 투입하여 질서를 유지하게 될 것이라고 하였다. 최근 한 여론 조사에 의하면 국민들 대다수가 이 공개서한을 지지했다.[6]

오늘은 특별한 날이 아니다. 이것이 유럽의 평범한 하루이다. 유럽에서 가장 중요한 종교는 더 이상 기독교가 아니다. 이슬람이다. 이슬람에 관련된 기사들이 날마다 쏟아져 나온다.

프랑스의 정치 철학자 이브 찰스 자르카Yves Charles Zarka는 "프랑스에서 볼 때, 유럽과 이슬람 사이에 심각한 갈등이 발생하고 있다. 이는 시각 장애인이나 급진적인 믿음을 가진 자들, 단순한 자들만 인식하고 있지 못할 뿐이다."라고 말했다. 이러한 갈등이 어떤 결과를 낳는지에 대한 답은 절망적이다. 독일의 시리아 출신 학자 바쌈 티비Bassam Tibi는 "유럽은 지금 이슬람이 유럽화되거나 유럽이 이슬람화될 수밖에 없는 딜레마에 직면하고 있다."고 주장했다.

역사상 문명은 언제나 한곳에 멈추지 않고 항해를 계속하였다. 지구 역사상 500년 이상 전성기를 누린 문명은 없다. 유럽의 근대 문명은 "나는 생각한다, 고로 존재한다." 는 말로 유명한 근대 철학의 아버지로 불리우는 데카르트Rene Descartes(1596-1650)에서 시작한다. 그로부터 400여 년이 지났다. 과거 로마가 쌓아 올렸던 비잔틴 문명이 이슬람화된 것처럼 유럽 문명도 종말을 향해 가고 있다. 두 문명의 종말 사이에 다른 점이 있다면 비잔틴 제국은 칼로 인해 이슬람화되었고, 오늘날 유럽은 무슬림들의 이민으로 인하여 이슬람화되어 가고 있다. 만일 이를 자각하지 못한다면 오늘의 유럽은 내일의 한국이 될 것이다. 한국 정부가 추진하는 포용 국가가 이를 뒷받침하고 있다.

이슬람과 유럽 문명의 종말

미주

1부 유럽의 이슬람 인구 성장 배경

1 서성률 외, 《포용 국가》 (서울: 21세기북스, 2017), 8.

2 박세환, "조금 낯선 이름 '포용 국가 전략 회의'", 문 대통령 "국민의 삶, 국가가 책임" 국민일보, 2018년 9월 6일.

1 Bernard Lewis, "The Roots of Muslim Rage," Atlantic Monthly 266 (September 1990), 60.

2 Samuel Huntington, "The Clash of Civilizations?," Foreign Affairs 72 (Summer 1993), 31.

3 Samuel Huntington, The Clash of Civilizations and the Remaking of World Order (New York: Touchstone, 1997), 209.

4 Ibid., 34-5.

5 Huntington, "The Clash of Civilizations?," 31.

6 Europe's Growing Muslim Population, PRC, 29 November, 2017 https://www. pewforum.org /2017/11/29/europes-growing-muslim-population/, 접속 2020 년 3월 10일.

7 Gavin Cooke, Britain's Great Immigration Disaster (Peterborough: FastPrint Publishing, 2012), 161.

8 Christopher Caldwell, "Why Did the French and Dutch Vote No?," Weekly Standard, 13 June 2005.

9   Philip Jenkins, God's Continent (Oxford: Oxford University Press, 2007), 4

10   Ilya Gaiduk, The Great Confrontation: Europe and Islam Through the Centuries (Chicago: Ivan R. Dee, 2003), 176.

11   Christopher Caldwell, "Islam on the Outskirts of the Welfare State," New York Magazine, 5 February 2006, 56.

12   Christopher Caldwell, Reflections on the revolution in Europe (London: Penguin Books, 2010), 42.

13   Ibid., 14

14   Jenkins, 6-7.

15   Sarah O'Grady, 'Number of unpaid carers up by 600,000', Daily Express, 12 December 2012.

16   Jenkins, 118-9.

17   Christopher Caldwell, "Daughter of the Enlightenment," New York Times Magazine, 3 April 2006, 29.

18   Migration Watch UK, Immigration and Pensions study (1.24) 25 January 2010: 12.

19   Jenkins, 7.

20   Bertrand Benoit, "Baby boom times return for Germany," Financial Times, 13 July 2007.

2부　유럽 이슬람의 성장 원인

1   Jenkins, 111-2.

2   Michael Jeismann, "Neuntausend," Frankfurter Allgemeine Zeitung, 26 October 2005, 37.

3   Alexander Stille, "No blacks need apply: a nation of emigrants faces the challenge of immigration," The Atlantic, 28 February 1992.

4   Christopher Caldwell, "Europe's Future," Weekly Standard, 4 December 2006.

5   David Coleman, "Uncontrolled Immigration Means Finis Britanniae." Standpoint, 24 May 2016. https://standpointmag.co.uk/issues/june-2016/features-june-2016-david-coleman- demographics-brexit-eu-referendum-immigration/. 접속 2020년 10월 2일.

6   신상목, 폴 밴더 새뮤얼 전 대표 "이슬람 포비아 버리고 친구 되어 보세요," 국민일보, 2017년 1월 22일.

7   Cooke, 104.

8   David Vincent, 2030: Your Children's Future in Islamic Britain (UK: Amazon, 2015), 15

9   Caldwell, Reflections on the revolution in Europe, 16.

10 한현주, "영국 이슬람화를 통해서 본 한국 교회에 대한 진단과 대책에 관한 연구," (문학 석사 학위 논문, 칼빈대학교, 2015), 15.

11 Caldwell, Reflections on the revolution in Europe, 12-3.

12 Abul A'La Maududi, Birth Control: It's Social, Political, Economic, Moral and Religious Aspects (Lahor: Islamic Publications Limited, 1967), 113.

13 Hanspeter Born, "Belien, adieu?," Die Weltwoche (Zürich, 7 November 2007.

14 윤정배, "사랑할 때와 냉정할 때," 경상매일신문, 2018년 7월 6일.

15 Jamie Glazov, "Europe's Suicide?," Front Page Magazine, 26 April 2006.

16 "믿음이 없는 남성들이 믿음을 가질 때까지 딸들을 결혼시키지 말라. 믿음을 가진 노예가 믿음이 없는 남성보다 나으니라. 이들은 지옥으로 유혹하도다. 그러나 알라는 천국으로 인도하시며 관용을 베푸시며 사람에게 그 분의 계시를 설명하나니 이를 기억하고 찬양하라."(꾸란 2:221).

17 "오늘날 너희에게 좋은 것들이 허락되었으니 성서를 받은 자들의 음식이 허락되었고 또한 너희의 음식도 그들에게 허락되었으며 믿음이 강한 순결한 여성들이며 그대 이전에 성서를 받은 자들의 여성들에게도 너희가 그녀들에게 지참금을 지불하고 그들과 화목하게 살 때는 허락된 것이거늘…"(꾸란 5:5).

18 "너희들 가운데 독신자는 결혼할지어다."(꾸란24:32).

19 A. Shaw, 'Kinship, Cultural Preference and Immigration: Consanguineous Marriage among British Pakistanis,' Journal of the Royal Anthropological Institute, n.s.7 (2001), 315:334. 327.

20 여기에서 아시아라는 말은 영국에 거주하고 있는 파키스탄, 방글라데시 등 아시아의 이슬람 국가들을 의미한다.

21 Shiv Malik, "My brother the bomber," Prospect, June 2007.

22 Jytte Klausen, The Islamic Challenge: Politics and Religion in Western Europe (Oxford: Oxford University Press, 2005), 62-3.

23 Spyros Sofos & Roza Tsagarousianou, Islam in Europe (England: Palgrave Macmillan, 2013), 54.

24 Richard Verdugo and Andrew Milne, National Identity: Theory and Research (USA: Information Age Publishing, 2016), 312.

25 김동조,《유럽 속의 독일 사회와 이슬람》(부산: 부산대학교 출판부, 2017), 142-3.

26 Jenkins, 226.

27 이슬람으로 개종하는 유럽인들에 대한 참조 문헌: Ali Köse, Conversion to Islam

(London/New York: Kegan Paul 1996); Jonathan A. Romain, Your God Shall Be My God (London: SCM, 2000); Anne-Sofie Roald, New Muslims in the European Context (Leiden: Brill, 2004); Mark Sedgwick, Against the Modern World (New York: Oxford University Press, 2004); Karin van Nieuwkerk, ed., Women Embracing Islam (Austin: University of Texas Press, 2006).

28 이세영, "가톨릭, 이슬람 남성과의 결혼에 우려" 크리스천투데이, 2005년 12월 28일.

29 Caldwell, Reflections on the revolution in Europe, 142.

30 Nina Berglund, "More Norwegians convert to Islam," Views and News from Norway, 8 June 2015, https://www.newsinenglish.no/2015/06/08/more-norwegians-convert-to-islam/, accessed, 접속 2020년 8월 14일.

31 Paul Thomas, "Britain's Prevent programme," in Europe and Islam, edited by Erik Jones & Saskia van Genugten (New York: Routledge, 2016), 169.

32 James Slack, "Security services deadly blunders: They halted surveillance of fanatic just weeks before Rigby horror," Daily Mail, 25 November 2014.

33 Census, April 2001, Office for National Statistics.

34 Laura Smith, "More Switch to Faith," The Guardian, 16 July 2005.

35 Europe's Growing Muslim Population, PRC, 29 November, 2017 https://www.pewforum.org /2017/11/29/europes-growing-muslim-population/, 접속 2020년 3월 10일.

36 Benedict Brogan, "Illegal migrants? I haven't a clue, says Blunkett," Daily Telegraph, 22 September 2003.

37 La Double Absence. Des illusions de l'émigré aux souffrances de l'immigré (CNL, 1999), 17-8.

38 Peter Riddell, Christian and Muslims (London: IVP, 2004), 5.

39 정시행·이상우, "전 세계 난민 6850만 명… 제 2차 대전 난민보다 많다,"조선일보, 2018년 6월 20일.

40 "Up to 4.8m unauthorised immigrants in Europe in 2017 – study," The Guardian, 13 November 2019,

41 Angelo Amante, "Italy places more migrants round Europe, Salvini focuses on economy," Daily Mail, 4 December 2019.

42 Elham Asaad Buaras, "UK's Syrian refugee intake branded pitiful," The Muslim News, 25 September 2015.

43 Adam Withnall, "Saudi Arabia offers Germany 200 mosques-one for every 100 refugees who arrived last weekend," The Independent, 16 November 2015.

44 "Europe's Growing Muslim Population," 접속 2020년 8월 26일.

3부 서유럽과 북유럽의 이슬람

1 Humayun Ansary, The Infidel Within (London: C. Hurst & Ltd, 2004), 30

2 Neil Evans, "Regulating the reserve army: Arabs, blacks and the local state in cardiff, 1919 −45," Immigrants and Minorities, London, iv (2) July 1985, 68:115, 84.

3 Verdugo and Milne, 312.

4 Simon Heffer, Like the Roman: The Life of Enoch Powell (London: Weidenfeld & Nicolson, 1998), 468.

5 Caldwell, Reflections on the revolution in Europe, 4-6.

6 Tony Blankley, Rising Euro-Muslim tension, Washington Times, 23 April 2008.

7 Alexander Robertson, "Muslim population in parts of Europe could TRIPLE by 2050: New study predicts migration and birth rates will lead to dramatic rise in numbers across continent," Daily Mail, 29 November 2017.

8 Caldwell, Reflections on the revolution in Europe, 67.

9 Douglas Murray, The Strange Death of Europe: Immigration, Identity, Islam (London: Bloomsbury, 2017), 12.

10 David Coleman, "The shape of things to come: world population to 2050,"https://www.researchgate.net/publication/255607125_The_shape_of_ things_to_come_world_population_to_2050. 접속 2019년 5월 5일.

11 Boris Johnson, "Let's not dwell on immigration but sow the seeds of integration," The Telegraph, 17 December 2012.

12 Philip Lewis, Young, British and Muslim (London: Continuum, 2011), 19.

13 Ansary, 172.

14 Salman Rushdie, "The Book Burning," New York Review of Books, 36(3), 2 March 1989.

15 Muhammad ibn Ishaq, Sirat Rasul Allah Translated by Alfred Guillaume The Life of Muhammad (Oxford: Oxford Press, 1955), 165-6.

16 Philip Lewis, Young, British and Muslim, 11.

17 Shireen Hunter(ed.), Islam, Europe's Second Religion: The New Social, Cultural, and Political Landscape (Westport: Praeger, 2002), 53.

18 Anthony Browne, "Britain Is Losing Britain," The Times (London, 7 August 2002.

19 Anthony Browne, "How the Government Endangers British Lives," The Spectator, 25 January 2003.

20 Anthony Browne, "Fundamentally, We're Useful Idiots," The Times, 1 August

2005.

21 Shireen Hunter(ed.), 55-6.

22 John Lindley, "Race or Religion? The Impact of Religion on the Earnings and Employment of Britain's Ethnic Communities," Journal a Ethnic and Migration of Study, 28 (3/2002), 427.

23 Hugo Gye, "British white are the minority in London for the first time as census show number of UK immigrants has jumped by 3 milion in 10 years," Daily Mail, 11 December 2012.

24 Ludi Simpson, "Does Britain have plural cities?," Joseph Rowntree Foundation, The University of Manchester, January 2013.

25 Soeren Kern, "European 'No-Go' Zones: Fact or Fiction?," GIatestone Institute, 3 February 2015.

26 John Bingham, "Christianity declining 50 times faster than thought-as one in 10 under 25 is a Muslim," The Telegraph, 16 May 2013.

27 Jonathan Petre, "Facing the Axe: Diocese That Has Twice as Many Muslim Worshippers as Anglican," Daily Mail, 23 October 2010.

28 Tariq Modood, "Establishment, Muliculturalism and Citizenship," The Political Quarterly, Vol. 65, 1994, 3.

29 "Third of Brexit believe Muslim immigration is part of a secret plot to Islamicise Britain, study suggest," The Independent, 23 November 2018.

30 Sofos & Tsagarousianou, 43.

31 Shireen Hunter(ed.), 4-5.

32 Caldwell, Reflections on the revolution in Europe, 25.

33 Shireen Hunter(ed.), 5-6.

34 Caldwell, Reflections on the revolution in Europe, 24.

35 Jenkins, 107-8.

36 Joel Fetzer & Christopher Soper, Muslims and the State in Britain, France, and Germany (Cambridge: Cambridge University Press, 2005), 87.

37 Sofos & Tsagarousianou, 86-7.

38 Murray, 109-10.

39 Shireen Hunter(ed.), 21.

40 Fetzer & Soper, 5.

41 이에스더, "프랑스, 부르카 쓰면 벌금 23만원,"중앙일보, 2011년 4월 11일.

42 Gilles Kepel, Alla in the west (Oxford: Blackwell Publishers Ltd, 2004), 150-2.

43 Christopher Caldwell, "The Crescent and the Tricolor," The Atlantic Monthly,

286, no. 5 (November 2000): 30.

44   Shireen Hunter(ed.), 8-9.

45   Vincent, 179.

46   Ibid., 150.

47   "Grand Mosque of Paris calls on Muslims to vote Macron," Euro-Islam.info, 24 April 2017. http://www.euro-islam.info/2017/04/24/grand-mosque-paris-calls-muslims-vote-macron/. 접속 2020년 8월 27일.

48   Murray, 121.

49   Hege Storhaug, Islam: Europe Invaded America Warned (UK: Amazon, 2018), 43.

50   Fetzer & Soper, 99.

51   박규정, "독일사회와 무슬림 터키공동체," 이태숙·김종원《서유럽 무슬림과 국가 그리고 급진 이슬람주의》(서울: 아모르문디, 2009), 137-8.

52   Shireen Hunter(ed.), 30.

53   Fetzer & Soper, 102.

54   Goldberg, 31.

55   Caldwell, Reflections on the revolution in Europe, 29-32.

56   Fetzer & Soper, 102.

57   Jenkins, 107-8.

58   유해석,《우리 곁에 다가온 이슬람》(서울: 생명의말씀사, 2009), 104.

59   Goldberg, 34.

60   Fetzer & Soper, 115.

61   김동조, 74.

62   Goldberg, 44.

63   박규정, 148-9.

64   Fetzer & Soper, 104.

65   박규정, 152.

66   Anne Marie Waters, Beyond Terror: Islam's Slow Erosion of Western Democracy (USA: Something or Other. 2018), 128-9

67   Ashley Carman, "German police raided 36 homes over hateful Facebook posts," The Verge, 21 June 2017.

68   Kate Connolly, "German Election" The Guardian, 24 September 2017.

69   "German poll indicates a widespread fear of Muslim and Islam," National Secular Society 6 December 2012. https://www.secularism.org.uk/news/2012/12/german-poll-indicates-a- widespread-fear-of-muslims-and-

islam, 접속 2020년 6월 29일.

70   Samuel Osborne, "Most Europeans want immigration ban from Muslim-majority countries, poll reveals," The Independent, 7 February 2017.

71   "So denken die Deutschen wirklich über den Islam"[What the Germans really think about Islam], Bild.de, 4 May 2016, p. 359.

72   Dieter Bartels, Moloccans in Exile: A Struggle for Ethnic Survival (Leiden: COMT, 1989), 13.

73   Sofos & Tsagarousianou, 47

74   Shireen Hunter(ed.), 101.

75   Ibid., 105.

76   Geert Driessen, "Islamic Primary School in the Netherlands: The Pupils' Achievement Levels, Behaviour and Attitudes and Their Parents' Cultural Backgrounds," Netherlands' Journal of Social Sciences 33(1997): 25.

77   Shireen Hunter(ed.), 114.

78   Bruce Bawer, While Europe Slept (New York: Anchor Books, 2007), 2.

79   Soeren Kern, "Moroccan Crime in the Netherlands & the Myths of Multiculturalism," Gatestone Institute, 28 November 2011.

80   Cooke, 153.

81   Waters, 228-9.

82   Statistisk årsbok för Sverige 2007[Statistical yearbook for Sweden 2007], (Stockholm: Statistics Sweden, 2006), 121 Table 99.

83   https://brunch.co.kr/@haninorway19/40, 접속 2019년 12월 25일.

84   Pia Karlson & Ingvar Svanberg, Mosques in Sweden. A study in the field of ethnology of religion on intolerance and adminstrative impotence (Uppsala: Svenska kyrkans forskningråd, 1995), 14.

85   Hackett, Conrad. "5 facts about the Muslim population in Europe," Pew Research/Fact Tank. Archived from the original on 17 August 2018. Retrieved 12 December 2017.

86   Jørgen S. Nielsen, Muslims in Western Europe (Edinburgh: Edinburgh University Press, 1995), 76.

87   Shireen Hunter(ed.), 124-5.

88   Ingvar Svanberg, "The Nordic Countries," David Westerlund(ed.) Islam Outside the Arab World (London: Routledge, 1999), 387.

89   "Klyftor hotar efter asylkris,"[Gaps threaten after asylum crisis], SVT Nyheter, 28 August 2016.

90   http://info-direkt.eu/2017/02/08no-go-zonen-po;izei-gibt-teile-malmoes-
     auf/ 접속 2017년 2월 8일.

91   Cooke, 148.

92   https://brunch.co.kr/@haninorway19/40, 접속 2019년 11월 25일.

93   Cooke, 148.

94   Donna Laframboise, Swedish for Suicide, https://nofrakkingconsensus.
     com/2018/03/05/ swedish-for-suicide/. 접속 2020년 2월 25일.

95   Erico Matias Tavares, https://www.linkedin.com/pulse/sweden-brink-
     interview-dr-tino- sanandaji-erico-matias-tavares. 접속 2020년 2월 25일.

96   Svanberg, 390.

97   "Reported Rapes in Sweden Up by 10 Percent," The Locak, 18 January 2018.

98   "Reality Check; Is Malmo the rape Capital of Europe?" BBC News, 24 February
     2017.

99   "Sweden tops European rape league-but that doesn't tell the whole story,"
     The Local, 27 April 2009.

100 Julia Caesar, "Sweden-a Rape Country" Cavatus's Blog, 24 March 2012. https://
     cavatus. wordpress.com/2012/03/24/sweden-a-raped-country/. 접속 2020년 7
     월 26일.

101 "The crisis in Swedish media," Cavatus's Blog, 11 February 2010, https://
     cavatus.wordpr ess.com/2010/02/11/crisis-swedish-media/. 접속 2020년 7월
     28일.

102 Waters, 243.

103 Nick Gutteridge, "Women warned 'don't go out at night' after migrant sex
     attackers target 10-YEAR-OLD GIRLS," Daily Express, 10 March 2016.

104 Alex Matthews, "Earth hour cancelled due to migrant rape: Swedish town
     refuses to turn lights off to protect women from attacks, Daily Mail, 18 March
     2016.

105 "Krise i svensk politi:-Satses det ikke skikkelig nå, ender det i katastrofe,"[Crisis
     in the Swedish police:-If it is not invested properly now, it will end in
     disaster], NRK News, 18 September 2016.

106 "Fördubbling av antalet poliser som säger upp sig,"[Doubling the number of
     police officers who resign], SVT Nyheter, 20 January 2017.

107 Rita Karlsen, Hvem er Norges innbyggere i fremtiden? (Who will be Norway's
     future inhabitants?) Human Rights Service 2008, 24 October 2008.

108 Hege Storhaug, "Bom Igjen, SSB?"[Another Blunder, Central Bureau?]

Dagbladet, 2 July 2014.

109 Storhaug, Islam: Europe Invaded America Warned, 292.

110 "Norway: Mohammed most common men's name in Oslo," BBC News, 29 August 2014.

111 "Trus-og livssynssamfunn utanfor Den norske kyrkja,"[Religious and philosophical communities outside the Church of Norway], Statistisk sentralbyra, 25 November 2015.

112 Ned May, "Islam in Norway: Bullying kids for being blond; Children threatened if they bring Slami to School," Breitbart, 25 March 2011.

113 "Muslim Racism in Norway," Norwegian Broadcasting Corporation Norsk rikskringkasting, 24 June 2012. https://www.youtube.com/watch?v=fTpKOd41CxA. 접속 2020년 7월 18일

114 "Norwegian Massacre Gunman was a Right-Wing Extremist who hated Muslims," Daily Mail, 24 July 2011.

115 Melanie Phillips, "Hatred, smears and the liberals hell-bent on bullying millions of us into Silence, Daily Mail, 1 August 2011.

116 "41 Rapes in Norway by Non Indigenous Norwegians," Norwegian Broadcasting Corporation Norsk rikskringkasting, 10 April 2010. https://www.youtube.com/watch?v=g7t5 ZffkA0A. 접속 2020년 7월 18일.

117 Unni Wikan, "Letter to Professor Unni Wikan Celebrated Norwegian Anthropologist Marculyseas, Marculyseas Paradox" Paradise-Poems & Essays, 4 May 2018.

118 Bruce Bawer, "Norway's Happy Lies on Muslim Immigration," FrontPage Mag, 14 January 2013.

119 Rolleiv Solholm, "More Police to Be Transferred to Oslo," The Norway Post, 31 May 2018.

120 Cooke, 148-9.

121 Andrew Higgins, "A Norway Town and its Pipeline to Jihad in Syria," New York Time, 4 April 2015

122 Shireen Hunter(ed.), 122.

123 Ibid., 134-7.

124 Waters, 181-2.

125 "Muslim Cartoon Fury Claims Lives," BBC News. 6 February 2006.

126 "Danish Cartoonist Attacker Guilty," BBC News, 3 February 2011.

127 Soern Kern, "Free speech found guilty by Europe," Gatestone Institute, 23

April 2012.

128 Hege Storhaug, "Danmarks viktigste mann?(1),"[Denmark's most important man?(1)], Human Right Service, 25 March 2014.

4부 유럽의 다문화주의 실패 선언의 배경

1 Ansary, 51.

2 김신영, "英 캐머런 총리, 다문화주의 실패 선언… '모든 이주자들, 꼭 영어 써라'" 조선일보, 2011년 2월 7일.

3 경수현, "유럽 다문화주의 실패 논란 서울서 재연," 연합뉴스, 2012년 11월 30일.

4 Leo McKinstry, "The Pm's Right Speak Out Against Multiculturalism," Daily Express, 7 February 2011.

5 Bernard Lewis, Europe and Islam (Washington: The AEI Press, 2019), 9.

6 Dore Gold, Hatred's Kingdom: How Saudi Arabia Supports the New Global Terrorism (Washington: Regnery, 2003), 190-1.

7 Lewis, Europe and Islam, 9.

8 Nick Timothy, "Let's stop playing politics and start fighting terrorism," The Sun, 3 December 2019.

9 Claire Duffin & James Tozer, "Vain terrorist who loved takeaways had fat-freezing jabs to shed pounds," Daily mail, 5 December 2019.

10 Marc Sageman, Leaderless Jihad: Terror Networks in the Twenty-First Century (Philadelphia: University of Pennsylvania Press, 160.

11 Jenny Percival, "New Strategy Will Train Shop and Hotel Managers to Tackle Terrorist Threats," Guardian, 24 March 2009.

12 H. A. Hellyer, Muslims of Europe: The 'Other' Europeans (Edinburgh: Edinburgh University Press, 2009), 152.

13 "MI5 boss warns we cannot stop every UK terror threat," BBC News, 9 January 2015.

14 "List of Islamist terrorist attacks," https://en.wikipedia.org/wiki/List_of_Islamist_terrorist attacks. 접속 2020년 8월 10일.

15 Laurence Peter, "How France is wrestling with jihadist," BBC News, 28 July 2016.

16 Anealla Safdar, "France likely to close more than 100 mosques," Al-jazeera, 2 December 2015.

17 Europe's Muslims More Moderate, "The Great Divide: How Westerners and

Muslims View Each Other," PRC Project, 22 June 2006, 2.

18 Vincent, 183.

19 Andrew Norfolk, 'Role of Asian gangs is played down by report on thousands of child sex victims,' The Times, 21 November 2012.

20 Kepel, 101.

21 Alexandra Topping, 'Jury told of 'living hell' of rape and trafficking by child sex ring" The Guardian, 16 January 2013.

22 Vincent, 118.

23 "About 1400 Rotherham children 'sexually exploited over 16-year period,'" The Guardian, 26 August 2014,

24 Vincent, 118-9.

25 "South Yorkshire Police Deny Hiding Girls Sex Abuse" BBC News, 24 September 2012.

26 Nick Gutteridge, "ROTHERHAM ABUSE SCADAL: Horrific Reality of industrial Scale Child Grooming Revealed," Daily Express, 9 August 2016.

27 "Testimony from a Survival of Gang Rape on Tahrir Square Vicinity," Nazra for Feminist Studies, 26 January 2013. https://nazra.org/en/2013/01/testimony-survival-gang-rape-tahrir-square-vicinity. 접속 2020년 9월 5일.

28 Jen Tse, "Closets Full of Dreams: Inside Egypt's Sexual Harassment Crisis," The Times, 4 August 2015.

29 "Silvesternacht in Köln: Fast alle Tatverdächtige sind Ausländer,"[New Year's Eve in Cologne: Almost all suspects are foreigners], Augsburger Allgemeine, 6 April 2016.

30 "Cologne Mayor's 'code of conduct' to prevent sexual assault angers many," BBC News, 6 January 2016.

31 "Nina Hjerpset-Østlie, "Fasit etter Köln,"[Conclusion after Cologne], Human Right Service, 15 June 2016.

32 "Jeremy Corbyn sparks women-only train carriage row," BBC News, 26 August 2015.

33 Storhaug, Islam: Europe Invaded America Warned, 356.

34 Caldwell, Reflections on the revolution in Europe, 111

35 Elizabeth Poole, Media Representations British Muslins Reporting Islam (New York: I.B.Tauris & Co. Ltd, 2002), 20.

36 Owen Bowcott & Dan Sabbagh, "Urgent crackdown on terror sentences will affect about 50 inmates," The Guardian, 11 February 2020.

37   Lucy Crossley, "Rising number of 'convenience Muslims' behind bars threaten order in jails and are tomorrow's extremists, warn prison officers," The Times, 1 April 2014.

38   신동규, 방리유(Banlieue 사건(프랑스, 2005), e-Journal Homo Migrans Vol.11 (Dec. 2014): 65-7.

39   Caldwell, Reflections on the revolution in Europe, 114.

40   Ibid., 190.

41   Ayaan Hirsi Ali, "The Problem of Muslim Leadership," Wall Street Journal, 27 May 2013.

42   Birt, "Drugs, criminality and Muslims," Q-News (324), October 2000, 17.

43   Richard Ford, "Muslims '20% of young offenders'," The Times, 7 December 2012.

44   Vincent, 244.

45   "Corruption! Fanaticism! Old prejudices die hard when British Asians pursue politics or religion," Observer, 19 March 1995.

46   Mark Halstead, Education, Justice and Cultural Diversity: an Examination of the Honeyford Affair, 1984-5, Lews, 1988, 61.

47   Peter McLoughlin, Easy Meat: Inside Britain's Grooming Gang Scandal (Nashville: New English Review Press, 2016), 85.

48   Tom Coghlan & Sara Elizabeth Williams, "Suicide bombers take their courage from illegal drugs," The Times, 28 January 2016.

5부   유럽 이슬람 인구 증가로 나타나는 다양한 문제들

1   최영길,《이슬람 문화》(서울: 도사출판알림, 2004), 226-7.

2   Jenkins, 183.

3   Christopher Caldwell, "Where Every Generation Is First-Generation," The New York Times Magazine, 27 May 2007.

4   Philip Lewis, Islamic Britain: Religion, Politics and Identity Among British Muslims (New York: I.B.Tauris & Co. Ltd, 2002), 220.

5   Nicolai Sennels, "Muslim Inbreeding: Impacts on intelligence, sanity, Health and Society," Europe News, 9 August 2010.

6   Vincent, 42-3.

7   Bernard Lewis, The World of Islam, 김호동 역,《이슬람 1400년》(서울: 까치글방, 1994). 40.

8   Mark A. Gabriel, Islam and Terrorism (Florida: Frontline, 2002), 98.

9   Caldwell, Reflections on the revolution in Europe, 91.

10   기도 처소는 아랍어로 무살라(Muslla라고 부르며 기도하는 건물을 말한다. 모스크 (Mosque에는 전통적으로 올라가서 기도소리를 알리는 첨탑((Minaret이 있다.

11   Kepel, 104.

12   Jenkins, 116.

13   Klausen, 9.

14   "Saudi Government paper: Billions spent by Royal family to spread Islam to Every Corner of the Earth," Middle East Media Research Institute, 27 March 2002.

15   Innes Bowen, "Who Runs our Mosques?," The Spectator, 14 June 2014.

16   "Radical Islamic sect 'has half of Britain's mosques in its grip," London Eveng Standard, 8 September 2007.

17   여성 성기 절제(Female Genital Mutilation), 약자 FGM 또는 여성 할례(女性割禮, Female Circumcision)는 여성의 성년의식 중 하나로 여성 성기의 음핵 포피만을 제거하는 시술에서 포피, 음핵, 소음순을 모두 제거하는 시술까지 방식은 다양하다.

18   오은경,《베일 속의 이슬람과 여성》(서울: 프로네스네, 2008), 31.

19   조희선,《이슬람 여성의 이해》(서울: 세창출판사, 2009), 243.

20   소윤정,《무슬림의 아내들》(서울: 기독교문서선교회, 2011), 95

21   Nonie Darwish, Cruel and Usual Punishment (Nashville: Thomas Nelson, 2008), 77.

22   Muhammad al-Mussayar, Panorama show, Al-Araiya TV, 2 February 2007.

23   http://raceandculture.blogspot.com/2008/07/essay-on-women-in-islam.html. 접속 2019년 5월 10일.

24   Caldwell, Reflections on the revolution in Europe, 174.

25   Lucy Bannerman, "I was so shocked. This has to stop," The Times, 25 January 2014.

26   Sandra Laille, "Doctor Found Not Guilty of FGM on Patient at London Hospital," The Guardian, 4 Februrary 2015.

27   Nigel Morris, "Political Correctness Resulting in Female Circumcision Being Ignored in UK, Say MPs," The Independent, 12 June 2013.

28   Storhaug, Islam: Europe Invaded America Warned, 326.

29   오은경, 19.

30   James Chapman, "Women get 'virginity fix' NHS operations in Muslim-driven trend," Daily Mail, 15 November 2007.

31 "간통한 여자와 남자 그들 각각에게는 100대의 가죽 태형이라··· 그들에게 동정치 말며 믿는 신도들로 하여금 그들에 대한 형벌을 입증케 하라"(꾸란 24:2)

32 Jenkins, 186.

33 Roger Cohen, "How to reconcile Islam, sexuality and liberty?," International Herald Tribune, 22 October 2005.

34 "···건전한 여성은 헌신적으로 남성을 따를 것이며 남성이 부재 시 남편의 명예와 자신의 순결을 보호할 것이라···"(꾸란 4:34).

35 오은경, 20.

36 김용선, 《코란》 (서울:명문당,2006), 119.

37 Darwish, 49.

38 Tracy McVeigh, "'They're following Me': Chilling Words of Girl Who Was 'honour Killing' Victim," The Guardian, 22 September 2012.

39 Stephan Theil, "The Barbarians Within," Papatya, 28 March 2005.

40 Von Joachim Wagner, "In the Name of Alla: Islamic Mediators and Germany's Two Legal Systems," SPIEGEL International, 20 June 2012.

41 Ibid., 147.

42 조희선, 261.

43 Mike Wooldridge, "Iran's grim history of death by stoning," BBC News, 9 July 2010.

44 Anne Marie Waters, "Stoning-the True Horror," National Secular Society, http:// howiescorner.blogspot.com/2013/08/stoning-true-horror.html, 접속 2020년 6월 29일.

45 Storhaug, Islam: Europe Invaded America Warned, 154.

46 Ibid., 326.

47 "French Court Upholds Controversial Burqa Ban," NDTV, 8 January 2014.

48 Caldwell, Reflections on the revolution in Europe, 194-5.

49 Nigel Bunyan & Graeme Wilson, "Take off your veils, says Straw," The Telegraph, 6 October 2006.

50 Hellyer, 33.

51 Ibid., 39.

52 Kim Billsher, "France's Burqa Ban Upheld by Human Rights Court," The Guardian, 1 July 2014.

53 "만일 너희가 고아들을 공평하게 대해줄 수 없는 것 같은 두려움이 있다면 결혼을 할 것이니 너희 마음에 드는 여인으로 둘, 셋 또는 넷을 취할 것이다"(꾸란 4:3)

54 최영길, 《이슬람의 전통과 생활관습》 (서울: 알림, 2002), 81.

55 Craig Winn, Muhammad Prophet of Doom: Islam's Terrorist Dogma in Muhammad's Own Words (Canada, The Winn Company, 2004), 3.

56 Safiurrahman Mubarak, aAr-Raheeq Al-Makhtum, 최영길 역, 《인간 무함마드》(서울: 알림, 2006), 561.

57 "너희 중에 누가 죽어서 과부를 남기면 과부들은 재혼하기 전에 4개월 10일을 기다려야 한다. 그들이 이 정해진 기간을 지키면 그들이 스스로 선택한 것을 너희는 비난하지 말 것이다."(꾸란2:234).

58 "너희는 알라의 선지자를 괴롭히지 아니하도록 처신하라 너희는 이 부인들과 결혼할 수 없노라 이것은 실로 알라 앞에 큰 죄악이라"(꾸란33장53).

59 Jonathan Wynne-Jones, "Multiple wives will mean multiple benefits," Sunday Telegraph, 3 February 2008

60 Cooke, 99.

61 2001년 9월 16일 영국 Daily Mail 신문에 파키스탄 출생의 무슬림으로서 영국 상원의원인 바로네 프라더(Baroness Flather는 'Polygamy, welfare benefits and an insidious silence'라는 제목의 사설을 통하여 영국 이슬람의 실태를 고발하고 있다.

62 Caldwell, Reflections on the revolution in Europe, 183.

63 Von Joachim Wagner, "In the Name of Alla: Islamic Mediators and Germany's Two Legal Systems," SPIEGEL International, 20 June 2012.

64 "Barn av enslige forsørgere i lavinntektshusholdninger,"[Children of single parents in low-income households], Statics Norway, 16 Jun 2003.

65 Anita Singh, "The Men with Many Wives, review: 'deft and fascinating'," The Telegraph, 24 September 2014.

66 Marco Iieman, "Eatablishing the princ halal logistics," Journal of Emerging Economies and Islamic Reserch (JEEIR. 1 (1), 2003.1.

67 Kepel, 108

68 https://www.halalfoodauthority.com/, 접속 2020년 3월 9일.

69 Daniel Antony, "Row over Halal Meat at Larkswood in Chingford," East London and West Essex Guardian Series, 22 March 2013.

70 Mehdi Hasan, " Alison Waldock Dinner Lady Row: Muslim Parents Speak Out Over 'Gammongate,'" HoffPost UK, 2 August 2013.

71 "Pork found in school halal lamb burgers," The Guardian, 9 May 2013.

72 Bill Gardner, "Fears over Muslim parents withdrawing children from 'non-halal' flu vaccine," The Telegraph, 28 July 2019.

73 Vincent,181.

74 임현동, "유대인 묘비 80개 나치 상징 나사, 누가, 왜?" 중앙일보, 2019년 2월 21일.

75 Gregg Carlstrom, "Israel warns Europe over rising levels of antisemitism," The Times, 26 January 2016.

76 Manfred Gerstenfeld, " Chapter Fourteen: War of a Million Cuts – Social Democrat Inciters," http://www.manfredgerstenfeld.com/chapter-fourteen-war-million-cuts-social-de mocrat-inciters/. 접속 2020년 7월 30일.

77 Stein Gudvangen, "Livredde jødiske foreldre i Oslo,"[Terrified Jewish parents in Oslo], Dagen, 17 February 2015. https://www.dagen.no/Nyheter/etter-terroren/Livredde- j%C3%B 8diske -foreldre-i-Oslo-169822. 접속 2020년 8월 19일.

78 Eleanor Ross, German Jews 'no longer safe' due to anti-Semitism and 'deteriorating security', The Independent, 20 January 2016.

79 "German official warns Jews against wearing kippahs in public," Deutsche Well, 25 May 2019.

80 Canaan Liphshiz, "In France, fear and defince mix 6 months after kosher maket attack," Jewish Telegraph Agency, 9 July 2015.

81 Cnaan Liphshiz, "Anti-Semitic hate crimes in Sweden rise by 53% to all-time high," The Times of Israel, 5 November 2019.

82 Jacob Lund, "Frykter sammenstøt i Sverige[Fear of clashes in Sweden]," Verdens Gang, 7 March 2009.

83 Jeppe Samuel Cholewa Juhl, "Diasporaens død,"[Death of the Diaspora], Trykkefrihed, 12 March 2015. https://www.trykkefrihed.dk/blog/1701/diasporaens-d%C3%B8d.htm. 접속 2020년 8월 20일.

84 Bediuzzaman Said Nursi, The Letters, Volume 2 of the Risale-i Nur Collection (London: Sozler Publications, 2001), 19-20.

85 Sofos & Tsagarousianou, 54.

86 Saad al- Din al-Taftazani, Sharh Aqaid al-Nasafi (A Commentary on the Creed of Islam, (Scribe Digital, 2012), 233.

87 European Council for Fatwa and Research(ECFR

88 Hellyer, 83.

89 Tariq Ramadan, Western Muslims and the Future of Islam (Oxford: Oxford University Press, 2004), 53.

90 War Shadid & Ps Van Koningsveld, Religious Freedom and the Position of Islam in Western Europe (London: Peeter Pub & Booksellers, 1995), 64-65.

91 Hellyer, 161.

92 Sophie Gilliat-Ray, "Multiculturalism and Identity: Their Relationship for

British Muslims," Journal of Muslim Minority Affairs, 18 (2/1998), 352.

93   Sofos & Tsagarousianou, 50.

94   Jenkins, 17.

95   Ansary, 11.

96   Muhammad Anwar, Between Cultures: Continuity and Change in the Live of Young Asians (London: Routledge, 1998), 121-4

97   Pew Research Center. (2010b. "Muslim Publics Divided on Hamas and Hezbollah," Retrieved 2 June 2011, from http://pewglobal. org/2010/12/02muslims-around-the-world- divided-on-hamas-and-hezbollah. 접속 2020년 6월 6일.

98   Bat Ye'or, Eurabia : The Euro-Arab Axis (Cranbury: Associated University Press, 2010), 106.

99   Hannah Summers, UK courts should be able to issue Islamic divorces, sharia expert says, The Guardian, 4 September 2016.

100   "UK | Sharia Law in UK Is 'unavoidable'," BBC News, 7 February 2008.

101   Soeren Kern, "Islamic Sharia Law Court Opens in Belgium," Gatestone Institute, 15 Sember 2011.

102   "Belgistan? Shari Showdown Looms in Brussels," CBN News, 15 March 2012.

103   Waters, 180.

104   David Kerr, "Islam set to be the dominant religion in France," Catholic News Agency, 17 September 2011.

105   이세영, "마호메트 만평, 이슬람 시위 잇달아," 2006년 2월 20일, 크리스천투데이.

106   MBC뉴스, "이란 덴마크와 무역 단절," 2006년 2월 7일.

107   Christopher Calswell, "The reality of cartoon violence," Financial Time, 3 Febuary 2006.

108   Peter Popham, "There arrested for plot to kill Mohamed cartoonist," The Independent, 13 January 2008.

109   박정경, "머리 잘린 마호메트라니...," 서울신문, 2006 9월 28일,

110   Ben Hoyle, "Artists too frightened to tackle radical Islam," The Times, 19 November 2007.

111   손병호, "샤를리 엡도 무함마드 만평 안 그린다 흥미 없어져서" 국민일보 2015년 5월 1일.

112   이호갑, "이슬람은 왜 분노하나" 동아일보, 2006년 2월 4일.

113   Robert Spencer, The Truth about Muhammad (Washington: Regnery Publishing, 2014), 162-3.

114 Jenkins, 240.

115 Soeren Kern, "A Black Day For A," Gatestone Institute, 26 December 2011.

116 Kim Willsher, "Blasphemy 'is no crime,' says Macron amid French girl's anti-Islam row," The Guardian, 12 February 2020.

117 Jeffrey Goldberg, "Is it time for the Jews to leave Europe?," The Atlantic, April 2015.

118 Murray, 152.

119 Zahara Warsame, "Dismissed and detained: British Muslims face mental health issues," Al Zaeera, 9 March 2020.

120 John Esposito, Unholy War: Terror in the Name of Islam (New York: Oxford University Press, 2002), 76.

121 Ruhollah Khomeini, Islam and Revolution: Writings and Declarations of Imam Khomeini, trans. Hamid Algar (Berkeley: Mizan Press, 1983), 195.

122 Sofos & Tsagarousianou, 160. .

123 Fouad Ajami, "The Moor's Last Laugh: Radical Islam Finds a Haven in Europe," Wall Street Journal, 22 Match 2004.

124 Stanley Weiss, In Egypt, Seeing the Muslim Brotherhood for What It Is, 2 March 2015, http://stanleyweiss.net/in-egypt-seeing-the-muslim-brotherhood-for-what-it-is/. 접속 2020년 8월 14일.

125 김정위 외4인,《이슬람 사상의 형성과 발전》(서울: 아카넷, 2000), 352.

126 이슬람연구소,《이슬람의 이상과 현실》(서울: 예영, 1996), 51-2.

127 Karen Armstrong, Islam: a short history, 장병옥 역,《이슬람》(서울: 을유문화사, 2012), 192-3.

128 Shazia Sarwar, Emiratenes absurde terrorliste[The Emirates' absurd terrorist list], Verdens Gang, 16 November 2014.

129 Lorenzo Vidino, "The Role of Non-Violent Islamists in Europe," CTC Sentinel, November 2010, Volume 3, 9:11, 11.

130 Sahih al-Bukhari, book 57, 1장 nos. 2-3; Sahih Muslim, book 44, 52장, nos. 2533-2536.

131 Michael Chapman, "Norway Islamic Leader: Every Muslim Wants Death Penalty for Homosexuals," CNS News, 3 February 2015.

132 손주영, "살라피아 이슬람부흥운동",《중동종교의 이해1》손주영 외 (서울: 한울아카데미, 2004), 14.

133 Esposito, 6.

134 Storhaug, Islam: Europe Invaded America Warned, 121.

135 Azlim Nanji(ed.), The Muslim Almanac (Detroit: Gale Research, 1996), 499.

136 전쟁과 지하드는 다르다. 전쟁(harb은 비 무슬림이 무력을 사용할 때 쓰는 용어이고 이슬람에서 무력을 사용할 때는 지하드 (jihad를 쓴다. 무슬림은 종교적 의무이자 이 슬람의 사명을 가로막는 장애를 없애는 전쟁으로 지하드를 이해하고 있다.

137 "What is jihadism?," BBC News, 11 December 2014

138 Lizzie Dearden, "David Cameron extremism speech: Read the transcript in full," The Independent, 20 July 2015.

139 Rusmir Mahmut Cehajic, Muslims as 'the others' of Europe, Journal of Muslim Minority Affairs, Volume 18(1998), 169:176, 175.

140 Sofos & Tsagarousianou, 53.

141 Ron Geaves(ed.), Islam & The West: Post 9/11 (London: Routledge, 2004), 136.

142 Paul Jackson, "The EDL: Britain's 'New Far Right' Social Movement," Northampton, UK, Radicalism and New Media Research Group, University of Northampton, 2011.

143 Cahal Milmo & Nigel Morris, "Ten Attacks on Mosques since Woolwich Murder," The Independent, 27 May 2013.

144 Arun Kundnani, The Muslims are Coming!: Islamphobia, Extremism, and the Domestic War on Terror (London: Verso, 2014), 243.

145 Kate Connolly, "German Muslims raise alarm after police foil plot to attack mosques," The Guardian, 18 February 2020.

146 Matthijs Rooduijn, "Immigration attitudes have barely changed-so why is far right on rise, The Guardian," 2 March 2020.

147 Fetzer & Soper, 130.

148 Jiauddin Sardar, "Where are my Muslim Brethren," NewStatesman, 19 April 1999.

149 Michael Miller, "In Sweden's Ikea attack, two migrants, two slyings and rampant fear of refugees," The Washington Post, 29 September 2015.

150 Sam Greenhill, "Swedish police quiz Somali boy, 15, over knife murder of refugee worker as her heartbroken mother says: 'This country is no longer safe'," Daily Mail, 27 January 2016

151 "Stockholm special squad to stop far-right mobs," The Local, 2 February 2016.

152 Arun Kundnani, "Blind Spot? Security Narratives and Far-Right Violence in Europe," International Centre for Counter-Terrorism, The Hague, 3 May 2012.

153 "Europe's no-go zones: Inside the lawless ghettos that breed and harbour terrorists," National Post, 11 October 2016.

154 Storhaug, Islam: Europe Invaded America Warned, 25.

155 Waters, 200.

156 Sofia Petkar, "'No-go Zone' New app launched to report crimes in France as terror threat remains critical," Daily Express, 1 July 2017.

157 Storhaug, Islam: Europe Invaded America Warned, 22-3.

158 Johanna Decorse, "Case of anti-white racism on trial in France," Associated Press, 14 December 2011.

159 Dan McGil, French court to jail 'anti white' racist for attack, The Local, 4 June J2013.

160 "En nationell översikt av kriminella nätverk med stor påverkan i lokalsamhället sekretessprövad version,"[A National Overview of Criminal Networks with Serious Effects upon Local Communities], Polisen.se, 24 October 2014.

161 Nina Hjerpset-Østlie, "Moderne krefter blant innvandrere har advart mot politisk islam i årevis uten å få gehør,"[Modern forces among immigrants have been warning against political Islam for years without being heard] Human Right Service, 10 June 2015.

162 Paulina Neuding, "Sjunkande tillit ger konkreta problem,"[Falling confidence presents concrete problems], Sven Dagbladet, 13 December 2014

163 Zeliha Dagli, "längre vara mig själv här,"[I can no longer be myself here], Aftonbladet, 1 June 2015.

164 "Muslim Immigrants destroying Scandinavia," NRK News, 19 September 2009,

165 Martin Robinson, "Hooded 'Muslim Patrol' vigilantes remove alcohol from drinkers and tell women to cover up as they stalk London suburb," Daily Mail, 17 January 2013.

166 "Merkel says Germany has 'no-go areas;' gov't won't say where," Associated Press, 1 March 2018.

167 Lizzie Dearden, "Third of British people wrongly believe there are Muslim 'no-go areas' in UK governed by sharia law," The Independent, 17 October 2018.

168 Jean-Pierre Obin, "Les Signes et manifestations d'appartenance religieuse dans les établissements scolaires," (report to the Minister of Education, Paris (2004), 23.

169 Nicholas Wade, "English, Irish, Scots: They're All One, Genes Suggest," New York Times, 5 March 2007.

170   Jonathan Laurence & Justin Vaisse, Islam: Political and Religious Challenges in Contemporary France (Washington: Brookings Institution Press, 2006), 95.

171   Edward Alden(ed.), "The price of prosperity," Financial Times, 18 May 2006.

172   Hellyer, 45.

173   Caldwell, Reflections on the revolution in Europe, 128.

174   Klausen, 109-12.

175   Caldwell, Reflections on the revolution in Europe, 129-32.

176   Ibid., 138.

177   Storhaug, Islam: Europe Invaded America Warned, 329

178   Jocelyne Cesari, Religion and Democracy in Contemporary Europe (London: Alliance   Publishing Trust, 2008), 156.

179   Francis Fukuyama, "Identity and Migration," Prospect, no. 131, 25 February 2007.

180   Immanuel Kant, Perpetual Peace: A Philosophical Essay (London: George Allen & Unwin, 1903), 155-6

181   "Up to 4.8m unauthorised immigrants in Europe in 2017 - study," The Guardian, 13 November 2019,

182   Diana Darke, "Britain used to ask Muslims to move here. What happened to us?," The Guardian, 9 May 2019.

183   David Shariatmadari, "Britain First may be fringe, but its anti-Islam views aren't," The Guardian, 30 November, 2017.

184   Christopher Caldwell, "Why Did the French and Dutch Vote No?," Weekly Standard, 13 June 2005.

185   Jon Clifton, "More than 100 million Worldwide Dream of a Life in the US," Gallup News, 21 March 2013.

186   Christopher Caldwell, "Bordering on What?," New York Times Magazine, 25 September 2005.

187   Kars & Tokat, "Turk's future Flags, Veil, Sharia," The Economist, 17 July 2008.

188   김미나, "英 2층 버스에, 알라에게 영광을," 국민일보, 2016년 5월 9일.

189   Simon Walters, "This election came down to just one thing - Brexit," Daily Mail, 13 December 2019.

190   Francis Elliot, "Let the healing begin," The Times, 14 December 2019.

191   Macer Hall, "We want brightest and best from around globe," Daily Mail, 19 February 2020.

192   Mark Landler, "Seeking Greener Pastures," International Herald Tribune, 6

February 2007.

193 Caldwell, Reflections on the revolution in Europe, 50.

194 Yasmin Alibhai-Brown, "Time to Emigrate?, by George Walden," The Independent, 24 November 2006.

195 Christopher Caldwell, "Daughter of the Enlightenment," New York Times Magazine, 3 April 2005, 31.

196 Laura Pitel & Francis Elliott, "Ethnic gao 'may cost Tories election'," The Times, 23 April 2014,

197 German politician to Germans: "If you don't agree, you are free to leave", https://www.youtube.com/watch?v=g-r4RojL4-E, 접속 2020년 2월 27일.

198 Von Dorothea Siems, "Deutschlands Talente verlassen in Scharen das Land,"[Germany's talents are leaving the country in droves], Die Welt, 10 March 2015.

199 "Flucht vor Flüchtlingen-Wenn Deutsche vor Flüchtlingen nach Ungarn fliehen,"[Escape from refugees-When Germans flee from refugees to Hungary], BR.de 24, May 2016.

200 "So denken die Deutschen wirklich über den Islam,"[This is what the Germans think really about Islam], Bild, 4 May 2016.

6부 다문화사회에서 이슬람에 대한 정부의 역할

1 장미혜, "다문화 사회의 미래와 정책적 대응방안," 〈젠더리뷰〉, (2008), 44.

2 Cooke, 169-70.

3 Vincent, 28.

4 Economic Affairs Committee of the House of Lords in 2007/08. First Report, 1 April 2008. https://publications.parliament.uk/pa/ld200708/ldselect/ldeconaf/82/8202.htm. 접속 2021년 6월 2일.

5 Virinder Kalra, From Textile Mills to Taxi Ranks: Experiences of Migration, Labour and Social Change (Aldershot: Ashgate, 2000), 210.

6 Jocelyne Cesari, Why the West Fears Islam (New York: Palgrave Macmillan, 2013), 2.

7 조해수 · 박성의, "알카에다는 왜 한국을 노렸나…유엔 보고서 추적 취재," 시사저널 (1534호) 2019년 3월 11일

8 류재민, "시리아 테러단체에 송금한 우즈베키스탄 노동자 실형," 조선일보, 2020년 10월 29일.

9 김다영, "난민혐오 반대 vs. 국민 안전이 먼저···종로서 난민찬반 맞불집회," 중앙일보, 2018년 9월 16일.

10 출입국외국인정책본부 이민정보과,《출입국 외국인정책통계월보 2018년 9월호》, 21.

11 Murry, 158.

12 김지아, "하루 71명씩 난민 신청···3년 후엔 누적 난민 신청자 12만 명" 중앙일보, 2018년 6월 19일.

13 손구민, "예멘 사태로 홍보됐나?...제주 난민 신청 급증" 서울경제, 2019년 3월 21일.

14 윤홍집, "난민 심사 강화한 日···신청자 작년 47%로 급감" 파이낸셜뉴스, 2019년 3월 28일.

15 하채림, "러 정보기관 '난민인 척' 유럽 침투하는 극단주의자 年 2만 명" 연합뉴스, 2019년 4월 24일.

16 박세환, "조금 낯선 이름 '포용 국가 전략 회의', 문 대통령 '국민 삶, 국가가 책임'" 국민일보, 2018년 9월 6일.

17 Samuel Huntington, Who Are We? (New York: Simon&Schuster, 2004), 171.

18 서유미, "불법체류자 총 33만 명...올해 10만 명 증가"서울신문, 2018년 9월 23일.

19 Lewis, Islam and the West, 4 and 53.

20 "Merkel says, Germain multicultural society," BBC New, 17 October 2010.

21 "State multiculturalism has failed, says David Cameron," BBC New, 5 February 2011.

22 "Sharia law in UK is unvoidable," BBC News, 7 February 2007.

23 김태훈, "메르켈·사르코지도 극우 압력에 굴복··· 열린 유럽, 문 닫는 중,"조선일보, 2011년 7월 26일.

24 Citizenship and Immigration Canada, "Application for Permanent Residence," 4.

25 유해석, "한국 정부의 이슬람 정책에 대한 제언," 〈크리스천투데이〉, 2015년 9월 10일.

26 Jon Henley, "Europe's unprecedented challenge from the authoritarians in the east," The Guardian, 27 December 2017.

27 Orthodox Voices from Europe: Viktor Orban, http://www.events. orthodoxengland.org.uk/ orthodox-voices-from-europe-viktor-orban/. 접속 2020년 2월 22일.

28 Hardeep Matharu, "Slovakian Prime Minister says 'Islam has no place in this country'-weeks before it takes over EU presidency," The Independent, 27 May 2016.

29 Jon Henley, "Europe's unprecedented challenge from the authoritarians in the east," The Guardian, 27 December 2017.

30 "스위스 의회, 부르카 금지법 초안 의결," 연합뉴스, 2016년 9월 30일.

31   Jason DeParle, Spain, Like U.S., Grapples With Immigration," New York Times, 10 June 2008.

32   "Ministry of Manpower," A Guide for Foreign Workers (May 2011), 7.

33   Anne Goujon(ed.), "New Times, Old Beliefs," Vienna Institute of Demography Working Papers, January 2006.

에필로그

1   Chris Pleasance, "Knifeman radicalised in prison is shot dead in gun battle with French police after stabbing female officer and wounding two other gendarmes," Daily Mail, 28 May 2021.

2   Anadolu Agency, "Austrian minister defends 'Islam map,' risking Muslim community," Daily Sabah, 1 June 2021.

3   Ibrahim Khan, "How student loans are excluding Muslims from university," Metro, 1 Jun 2021.

4   Shereen Fernandez & Tarek Younis, "Why pro-Palestine activists are targeted in British schools and society," Middle East Eye, 2 June 2021.

5   Patrick O'Flynn, "Labour is the culture war's greatest victim, The Specator," 2 June 2021.

6   Joseph Downing, What France's civil war warning told us about the French military, Islam, and the far-right, LSE Blogs, 2 June 2021.

참고문헌

국내 서적 및 번역서

- 김동조. 《유럽 속의 독일사회와 이슬람》. 부산: 부산대학교 출판부, 2017.
- 김용선. 《코란》. 서울:명문당, 2006.
- 김정위 외 4인. 《이슬람 사상의 형성과 발전》. 서울: 아카넷, 2000.
- 서성률 외. 《포용국가》. 서울: 21세기 북스, 2017.
- 소윤정. 《무슬림의 아내들》. 서울: 기독교문서선교회, 2011.
- 유해석. 《우리 곁에 다가온 이슬람》. 서울: 생명의말씀사, 2009.
- 손주영. 《중동종교의 이해1》. 서울: 한울아카데미, 2004.
- 오은경. 《베일 속의 이슬람과 여성》. 서울: 프로네스네, 2008.
- 이슬람연구소. 《이슬람의 이상과 현실》. 서울: 예영, 1996.
- 조희선. 《이슬람 여성의 이해》. 서울: 세창출판사, 2009.
- 최영길. 《이슬람 문화》. 서울: 도사출판알림, 2004. 《성 꾸란 의미의 한국어 번역》 파하드 국왕 꾸란 출판청, 1999.
- Armstrong, Karen. Islam: a short history. 장병옥 역. 《이슬람》. 서울: 을유문화사, 2012.
- Lewis, Bernard. The World of Islam. 김호동 역. 《이슬람 1400년》. 서울: 까치글방, 1994.
- Mubarak, Safiurrahman. aAr-Raheeq Al-Makhtum. 최영길 역. 《인간 무함마드》. 서울: 알림, 2006.

외국 서적

• Ansary, Humayun. The Infidel Within. London: C. Hurst & Ltd, 2004.

• Anwar, Muhammad. Between Cultures: Continuity and Change in the Live of Young Asians. London: Routledge, 1998.

• Absence, La Double. Des illusions de l'émigré aux souffrances de l'immigré. France: CNL, 1999.

• Al-Taftazani, Saad al-Din. Sharh Aqaid al-Nasafi.[A Commentary on the Creed of Islam]. Scribe Digital, 2012.

• Bawer, Bruce. While Europe Slept. New York: Anchor Books, 2007.

• Bartels, Dieter. Moloccans in Exile: A Struggle for Ethnic Survival. Leiden: COMT, 1989.

• Caldwell, Christopher. Reflections on the revolution in Europe. London:

• Penguin Books, 2010.

• Cesari, Jocelyne. Religion and Democracy in Contemporary Europe. London: Alliance Publishing Trust, 2008. Why the West Fears Islam. New York: Palgrave Macmillan, 2013.

• Cooke, Gavin. Britain's Great Immigration Disaster. Peterborough: FastPrint Publishing, 2012.

• Darwish, Nonie. Cruel and Usual Punishment. Nashville: Thomas Nelson, 2008.

• Esposito, John. Unholy War: Terror in the Name of Islam. New York: Oxford University Press, 2002.

• Fetzer, Joel. & Soper, Christopher. Muslims and the State in Britain, France, and Germany. Cambridge: Cambridge University Press, 2005.

• Gabriel, Mark A. Islam and Terrorism. Florida: Frontline, 2002.

• Gaiduk, Ilya. The Great Confrontation: Europe and Islam Through the Centuries. Chicago: Ivan R. Dee, 2003.

• Gold, Dore. Hatred's Kingdom: How Saudi Arabia Supports the New Global Terrorism. Washington: Regnery, 2003.

• Geaves, Roned. Islam & The West: Post 9/11. London: Routledge, 2004.

• Heffer, Simon. Like the Roman: The Life of Enoch Powell. London: Weidenfeld & Nicolson, 1998.

• Huntington, Samuel. The Clash of Civilizations and the Remaking of World Order. New York: Touchstone, 1997. Who Are We?. New York: Simon & Schuster, 2004.

• Hunter, Shireened.). Islam, Europe's Second Religion: The New Social, Cultural

and Political Landscape. Westport: Praeger, 2002.
- Hellyer, H. A. Muslims of Europe: The 'Other' Europeans. Edinburgh: Edinburgh University Press, 2009.
- Ibn Ishaq, Muhammad. Sirat Rasul Allah Translated by Alfred Guillaume The Life of Muhammad. Oxford: Oxford Press, 1955.
- Jenkins, Philip. God's Continent. Oxford: Oxford University Press, 2007.
- Kant, Immanuel. Perpetual Peace: A Philosophical Essay. London: George Allen & Unwin, 1903.
- Kalra, Virinder. From Textile Mills to Taxi Ranks: Experiences of Migration, Labour and Social Change. Aldershot: Ashgate, 2000.
- Klausen, Jytte. The Islamic Challenge: Politics and Religion in Western Europe. Oxford: Oxford University Press, 2005.
- Karlson, Pia. & Svanberg, Ingvar. Mosques in Sweden: A study in the field of ethnology of religion on intolerance and adminstrative impotence. Uppsala: Svenska kyrkans forskningråd, 1995.
- Kepel, Gilles. Alla in the west. Oxford: Blackwell Publishers Ltd, 2004.
- Khomeini, Ruhollah. Islam and Revolution: Writings and Declarations of Imam Khomeini, trans. Algar, Hamid. Berkeley: Mizan Press, 1983.
- Kundnani, Arun. The Muslims are Coming!: Islamphobia, Extremism, and the Domestic War on Terror. London: Verso, 2014.
- Laurence, Jonathan. & Vaisse, Justin. Islam: Political and Religious Challenges in Contemporary France. Washington: Brookings Institution Press, 2006,
- Lewis, Philip. Young, British and Muslim. London: Continuum, 2011. Islamic Britain: Religion, Politics and Identity Among British Muslims. New York: I.B.Tauris & Co. Ltd, 2002.
- Lewis, Bernard. Europe and Islam. Washington: The AEI Press, 2019. Islam and the West. New York: Oxford University Press, 1993.
- Maududi, Abul A'La. Birth Control: It's Social, Political, Economic, Moral and Religious Aspects. Lahor: Islamic Publications Limited, 1967
- McLoughlin, Peter. Easy Meat: Inside Britain's Grooming Gang Scandal.
- Nashville: New English Review Press, 2016.
- Murray, Douglas. The Strange Death of Europe: Immigration, Identity, Islam.
- London: Bloomsbury, 2017.
- Nielsen, Jørgen S. Muslims in Western Europe. Edinburgh: Edinburgh University Press, 1995.

• Nursi, Bediuzzaman Said. The Letters, Volume 2 of the Risale-i Nur Collection. London: Sozler Publications, 2001.

• Nanji, Azlimed. The Muslim Almanac. Detroit: Gale Research, 1996.

• Poole, Elizabeth. Media Representations British Muslins Reporting Islam. New York: I.B.Tauris & Co. Ltd, 2002.

• Ramadan, Tariq. Western Muslims and the Future of Islam. Oxford: Oxford University Press, 2004.

• Riddell, Peter. Christian and Muslims. London: IVP, 2004.

• Sageman, Marc. Leaderless Jihad: Terror Networks in the Twenty-First Century. Philadelphia: University of Pennsylvania Press.

• Sofos, Spyros. & Tsagarousianou, Roza. Islam in Europe. UK: Palgrave Macmillan, 2013.

• Shadid, War. & Koningsveld, Ps Van. Religious Freedom and the Position of Islam in Western Europe. London: Peeter Pub & Booksellers, 1995.

• Storhaug, Hege. Islam: Europe Invaded America Warned. USA: Kassandra Publishing, 2018.

• Spencer, Robert. The Truth about Muhammad. Washington: Regnery Publishing, 2014.

• Svanberg, Ingvar. "The Nordic Countries." Westerlund, Davided.). Islam Outside the Arab World. London: Routledge, 1999.

• Thomas, Paul. Europe and Islam, by Erik Jones & Saskia van Genugtened. New York: Routledge, 2016.

• Vincent, David. 2030: Your Children's Future in Islamic Britain. UK: Amazon, 2015.

• Verdugo, Richard & Milne, Andrew. National Identity: Theory and Research. USA: Information Age Publishing, 2016.

• Waters, Anne Marie. Beyond Terror: Islam's Slow Erosion of Western Democracy. USA: Something or Other. 2018.

• Winn, Craig. Muhammad Prophet of Doom: Islam's Terrorist Dogma in Muhammad's Own Words. Canada: The Winn Company, 2004.

• Ye'or, Bat. Eurabia: The Euro-Arab Axis. Cranbury: Associated University Press, 2010.

외국 신문 및 잡지

• Agency, Anadulu. Agency, "Austrian minister defends 'Islam map,' risking
• Muslim community." Daily Sabah. 1 June 2021.

• Alden, Edwarded. "The price of prosperity." Financial Times. 18 May 2006.

• Ali, Ayaan Hirsi. "The Problem of Muslim Leadership." Wall Street Journal. 27 May 2013.

• Alibhai-Brown, Yasmin. "Time to Emigrate?, by George Walden." The Independent. 24 November 2006.

• Amante, Angelo. "Italy places more migrants round Europe, Salvini focuses on economy." Daily Mail. 4 December 2019.

• Antony, Daniel. "Row over Halal Meat at Larkswood in Chingford." East London and West Essex Guardian Series. 22 March 2013.

• Ajami, Fouad. "The Moor's Last Laugh: Radical Islam Finds a Haven in Europe." Wall Street Journal. 22 Match 2004.

• Bannerman, Lucy. "I was so shocked. This has to stop." The Times. 25 January 2014.

• Bawer, Bruce. "Norway's Happy Lies on Muslim Immigration." FrontPage Mag. 14 January 2013.

• Benoit, Bertrand. "Baby boom times return for Germany." Financial Times. 13 July 2007.

• Billsher, Kim. "France's Burqa Ban Upheld by Human Rights Court." The Guardian. 1 July 2014.

• Bingham, John. "Christianity declining 50 times faster than thought-as one in 10 under 25 is a Muslim." The Telegraph. 16 May 2013.

• Birt, "Drugs, criminality and Muslims." Q-News (324). 17 October 2000.

• Blankley, Tony. "Rising Euro-Muslim tension." Washington Times. 23 April 2008.

• Born, Hanspeter. "Belien, adieu?."[Belien, farewell?]. Die Weltwoche Zürich. 7 November 2007.

• Bowcott, Owen. & Sabbagh, Dan. "Urgent crackdown on terror sentences will affect about 50 inmates." The Guardian. 11 February 2020.

• Bowen, Innes. "Who Runs our Mosques?." The Spectator. 14 June 2014.

• Brogan, Benedict. "Illegal migrants? I haven't a clue, says Blunkett." Daily Telegraph. 22 September 2003.

• Browne, Anthony. "Britain Is Losing Britain." The Times London. 7 August 2002.

이슬람과 유럽 문명의 종말

"How the Government Endangers British Lives," The Spectator. 25 January 2003.

"Fundamentally, We're Useful Idiots," The Times. 1 August 2005.

• Buaras, Elham Asaad. "UK's Syrian refugee intake branded pitiful." The Muslim News. 25 September 2015.

• Bunyan Nigel. & Wilson, Graeme. "Take off your veils, says Straw." The Telegraph. 6 October 2006.

• Caldwell, Christopher. "Why Did the French and Dutch Vote No?." Weekly Standard. 13 June 2005. "Daughter of the Enlightenment." New York Times Magazine. 3 April 2005, "Europe's Future." Weekly Standard. 4 December 2006. "Why Did the French and Dutch Vote No?." Weekly Standard. 13 June 2005. "Bordering on What?." New York Times Magazine. 25 September 2005. "Where Every Generation Is First-Generation." The New York Times Magazine. 27 May 2007. "Islam on the Outskirts of the Welfare State." New York Magazine. 5. February 2006, "The Crescent and the Tricolor." The Atlantic Monthly. 286, no. 5 November 2000.

• Carlstrom, Gregg. "Israel warns Europe over rising levels of antisemitism." The Times. 26 January 2016.

• Carman, Ashley. "German police raided 36 homes over hateful Facebook posts." The Verge. 21 June 2017.

• Chapman, James. "Women get 'virginity fix' NHS operations in Muslim-driven trend." Daily Mail. 15 November 2007.

• Clifton, Jon. "More than 100 million Worldwide Dream of a Life in the US." Gallup News. 21 March 2013.

• Coghlan, Tom. & Williams, Sara Elizabeth. "Suicide bombers take their courage from illegal drugs." The Times. 28 January 2016.

• Cohen, Roger. "How to reconcile Islam, sexuality and liberty?." International Herald Tribune. 22 October 2005.

• Connolly, Kate. "German Election." The Guardian. 24 September 2017. "German Muslims raise alarm after police foil plot to attack mosques." The Guardian. 18 February 2020.

• Crossley, Lucy. "Rising number of 'convenience Muslims' behind bars threaten order in jails and are tomorrow's extremists, warn prison officers." The Times. 1 April 2014.

• Dagli, Zeliha. "längre vara mig själv här."[I can no longer be myself here]. Aftonbladet. 1 June 2015.

• Darke, Diana. "Britain used to ask Muslims to move here. What happened to us?." The Guardian. 9 May 2019.

• Dearden, Lizzie. "David Cameron extremism speech: Read the transcript in full." The Independent. 20 July 2015. "Third of British people wrongly believe there are Muslim 'no-go areas' in UK governed by sharia law." The Independent. 17 October 2018.

• Decorse, Johanna. "Case of anti-white racism on trial in France." Associated Press. 14 December 2011.

• DeParle, Jason. "Spain, Like U.S., Grapples With Immigration." New York Times. 10 June 2008.

• Duffin, Claire & Tozer, James. "Vain terrorist who loved takeaways had fat-freezing jabs to shed pounds." Daily mail. 5 December 2019.

• Elliot, Francis. "Let the healing begin." The Times. 14 December 2019.

• Evans, Neil. "Regulating the reserve army: Arabs, blacks and the local state in cardiff, 1919 - 45." Immigrants and Minorities. London. iv (2) July 1985, 84.

• Ford, Richard. "Muslims 20% of young offenders." The Times. 7 December 2012.

• Fukuyama, Francis. "Identity and Migration." Prospect. no. 131. 25 February 2007.

• Gardner, Bill. "Fears over Muslim parents withdrawing children from 'non-halal' flu vaccine." The Telegraph. 28 July 2019.

• Goldberg, Jeffrey. "s it time for the Jews to leave Europe?."The Atlantic. April 2015.

• Goujon, Anne. Skirbekk, Vegard. Fliegenschnee, Katrin & Strzelecki, Pawel. "ew Times, Old Beliefs." ienna Institute of Demography Working Papers. January 2006.

• Greenhill, Sam. "Swedish police quiz Somali boy, 15, over knife murder of refugee worker as her heartbroken mother says: 'This country is no longer safe'." Daily Mail. 27 January 2016

• Gutteridge, Nick. "Women warned don't go out at night' after migrant sex attackers target 10-YEAR-OLD GIRLS." Daily Express. 10 March 2016. "ROTHERHAM ABUSE SCADAL: Horrific Reality of industrial Scale Child Grooming Revealed." Daily Express. 9 August 2016.

• Hall, Macer. "We want brightest and best from around globe." Daily Mail. 19 February 2020.

• Halstead, Mark. Education, Justice and Cultural Diversity: an Examination of the Honeyford Affair. 1984-5. Lews. 1988, 61.

• Hasan, Mehdi. "Alison Waldock Dinner Lady Row: Muslim Parents Speak Out Over 'Gammongate'." HoffPost UK. 2 August 2013.

이슬람과 유럽 문명의 종말

- Henley, Jon. "Europe's unprecedented challenge from the authoritarians in the east." The Guardian. 27 December 2017.
- Higgins, Andrew. "A Norway Town and its Pipeline to Jihad in Syria." New York Time. 4 April 2015
- Hjerpset-Østlie, Nina. "Fasit etter Köln."[Conclusion after Cologne]. Human Right Service. 15 June 2016. "Moderne krefter blant innvandrere har advart mot politisk islam i årevis uten å få gehør."[Modern forces among immigrants have been warning against political Islam for years without being heard]. Human Right Service. 10 June 2015.
- Iieman, Marco. "Eatablishing the princ halal logistics." Journal of Emerging Economies and Islamic Reserch JEEIR. 1 (1), 2003.1.
- Jeismann, Michael. "Neuntausend."[Nine thousandFrankfurter]. Allgemeine Zeitung. 26 October 2005, 37.
- Johnson, Boris. "Let's not dwell on immigration but sow the seeds of integration." The Telegraph. 17 December 2012.
- Kars and Tokat, "Turk's future Flags, Veil, Sharia." The Economist. 17 July 2008.
- Karlsen, Rita. "Hvem er Norges innbyggere i fremtiden?."[Who will be Norway's future inhabitants?]. Human Rights Service 2008. 24 October 2008.
- Kern, Soeren. Moroccan "Crime in the Netherlands & the Myths of Multiculturalism." Gatestone Institute. 28 November 2011. "A Black Day For A." Gatestone Institute. 26 December 2011. "Free speech found guilty by Europe." Gatestone Institute. 23 April 2012. "European 'No-Go' Zones: Fact or Fiction?." GIatestone Institute. 3 February 2015. "Islamic Sharia Law Court Opens in Belgium." Gatestone Institute. 15 Sember 2011.
- Kerr, David. "Islam set to be the dominant religion in France." Catholic News Agency. 17 September 2011.
- Kundnani, Arun. "Blind Spot? Security Narratives and Far-Right Violence in Europe." International Centre for Counter-Terrorism. The Hague. 3 May 2012.
- Laille, Sandra. "Doctor Found Not Guilty of FGM on Patient at London Hospital." The Guardian. 4 Februrary 2015.
- Landler, Mark. "Seeking Greener Pastures." International Herald Tribune. 6 February 2007.
- Liphshiz, Cnaan. "Anti-Semitic hate crimes in Sweden rise by 53% to all-time high." The Times of Israel. 5 November 2019. "In France, fear and defince mix 6 months after kosher maket attack." Jewish Telegraph Agency. 9 July 2015.

• Lund, Jacob. "Frykter sammenstøt i Sverige." [Fear of clashes in Sweden]." Verdens Gang. 7 March 2009.

• Matthews, Alex. "Earth hour cancelled due to migrant rape: Swedish town refuses to turn lights off to protect women from attacks." Daily Mail. 18 March 2016.

• Malik, Shiv. "My brother the bomber." Prospect. June 2007.

• Matharu, Hardeep. "Slovakian Prime Minister says 'Islam has no place in this country'–weeks before it takes over EU presidency." The Independent. 27 May 2016.

• May, Ned. "Islam in Norway: Bullying kids for being blond; Children threatened if they bring Slami to School." Breitbart. 25 March 2011.

• McGil, Dan. "French court to jail 'anti-white' racist for attack." The Local. 4 June J2013.

• McKinstry, Leo. "The Pm's Right Speak Out Against Multiculturalism." Daily Express. 7 February 2011.

• McVeigh, Tracy. "'They're following Me': Chilling Words of Girl Who Was 'honour Killing' Victim." The Guardian. 22 September 2012.

• Migration Watch UK, Immigration and Pensions study (1.24). 25 January 2010: 12.

• Miller, Michael E. "In Sweden's Ikea attack, two migrants, two slyings and rampant fear of refugees." The Washington Post. 29 September 2015.

• Milmo, Cahal. & Morris, Nigel. "Ten Attacks on Mosques since Woolwich Murder." The Independent. 27 May 2013.

• Modood, Tariq. "Establishment, Muliculturalism and Citizenship." The Political Quarterly. Vol. 65, 1994, 3.

• Morris, Nigel. "Political Correctness Resulting in Female Circumcision Being Ignored in UK, Say MPs." The Independent. 12 June 2013.

• Neuding, Paulina. "Sjunkande tillit ger konkreta problem." [Falling confidence presents concrete problems]. Sven Dagbladet. 13 December 2014.

• Norfolk, Andrew. "Role of Asian gangs is played down by report on thousands of child sex victims." The Times. 21 November 2012.

• Obin, Jean-Pierre. "Les Signes et manifestations d'appartenance religieuse dans les établissements scolaires." [Signs and manifestations of religious affiliation in schools]. report to the Minister of Education. Paris. (2004),

• O'Grady, Sarah. "Number of unpaid carers up by 600,000." Daily Express. 12 December 2012.

• Osborne, Samuel. "Most Europeans want immigration ban from Muslim-majority countries, poll reveals." The Independent. 7 February 2017.

• Percival, Jenny. "New Strategy Will Train Shop and Hotel Managers to Tackle Terrorist Threats." Guardian. 24 March 2009.

• Petkar, Sofia. "'No-go Zone' New app launched to report crimes in France as terror threat remains critical." Daily Express. 1 July 2017.

• Petre, Jonathan. "Facing the Axe: Diocese That Has Twice as Many Muslim Worshippers as Anglican." Daily Mail. 23 October 2010.

• Phillips, Melanie. "Hatred, smears and the liberals hell-bent on bullying millions of us into Silence." Daily Mail. 1 August 2011.

• Pitel, Laura. & Elliott, Francis. "Ethnic gao 'may cost Tories election'." The Times. 23 April 2014,

• Popham, Peter. "There arrested for plot to kill Mohamed cartoonist." The Independent. 13 January 2008.

• Robertson, Alexander. "Muslim population in parts of Europe could TRIPLE by 2050: New study predicts migration and birth rates will lead to dramatic rise in numbers across continent." Daily Mail. 29 November 2017.

• Robinson, Martin. "Hooded 'Muslim Patrol' vigilantes remove alcohol from drinkers and tell women to cover up as they stalk London suburb." Daily Mail. 17 January 2013.

• Rooduijn, Matthijs. "Immigration attitudes have barely changed-so why is far right on rise." The Guardian. 2 March 2020.

• Ross, Eleanor. "German Jews 'no longer safe' due to anti-Semitism and 'deteriorating security'." The Independent. 20 January 2016.

• Rushdie, Salman. "The Book Burning." New York Review of Books. 36(3). 2 March 1989.

• Safdar, Anealla. "France likely to close more than 100 mosques." Al-jazeera. 2 December 2015.

• Sarwar, Shazia. "Emiratenes absurde terrorliste."[The Emirates' absurd terrorist list]. Verdens Gang. 16 November 2014.

• Sardar, Jiauddin. "Where are my Muslim Brethren." The American Journal of Islamic Social Sciences. (25/2008).

• Sennels, Nicolai. "Muslim Inbreeding: Impacts on intelligence, sanity, Health and Society." Europe News. 9 August 2010.

• Shariatmadari, David. "Britain First may be fringe, but its anti-Islam views aren't." The Guardian. 30 November, 2017.

- Siems, Von Dorothea. "Deutschlands Talente verlassen in Scharen das Land." [Germany's talents are leaving the country in droves]. Die Welt. 10 March 2015.

- Simpson, Ludi. "Does Britain have plural cities?." Joseph Rowntree Foundation. The University of Manchester, January 2013.

- Singh, Anita. "The Men with Many Wives, review: 'deft and fascinating'." The Telegraph. 24 September 2014.

- Slack, James. "Security services deadly blunders: They halted surveillance of fanatic just weeks before Rigby horror." Daily Mail. 25 November 2014.

- Smith, Laura. "More Switch to Faith." The Guardian. 16 July 2005.

- Solholm, Rolleiv. "More Police to Be Transferred to Oslo." The Norway Post. 31 May 2018.

- Sparrow, Andrew. "Cameron attacks 'state multiculturalism'." The Guardian. 26 February 2008.

- Stille, Alexander. "No blacks need apply; a nation of emigrants faces the challenge of immigration." The Atlantic. 28 February 1992.

- Storhaug, Hege. "Bom Igjen, SSB?." [Another Blunder, Central Bureau?]. Dagbladet. 2 July 2014. "Danmarks viktigste mann?(1)." [Denmark's most important man?(1)]. Human Right Service. 25 March 2014.

- Summers, Hannah. "UK courts should be able to issue Islamic divorces, sharia expert says." The Guardian. 4 September 2016.

- Timothy, Nick. "Let's stop playing politics and start fighting terrorism." The Sun. 3 December 2019.

- Theil, Stephan. "The Barbarians Within." Papatya. 28 March 2005.

- Topping, Alexandra. 'Jury told of 'living hell' of rape and trafficking by child sex ring." The Guardian. 16 January 2013.

- Tse, Jen. "Closets Full of Dreams: Inside Egypt's Sexual Harassment Crisis." The Times. 4 August 2015.

- Vidino, Lorenzo. "The Role of Non-Violent Islamists in Europe." CTS Sentinel. November 2010, Volume 3, Issue 11.

- Wade, Nicholas. "English, Irish, Scots: They're All One, Genes Suggest." New York Times. 5 March 2007.

- Wagner, Von Joachim. "In the Name of Alla: Islamic Mediators and Germany's Two Legal Systems." SPIEGEL International. 20 June 2012.

- Walters, Simon. "This election came down to just one thing-Brexit." Daily Mail.

13 December 2019.

• Warsame, Zahara. "Dismissed and detained: British Muslims face mental health issues." Al Zaeera. 9 March 2020.

• Willsher, Kim. "Blasphemy 'is no crime,' says Macron amid French girl's anti-Islam row." The Guardian. 12 February 2020.

• Withnall, Adam. "Saudi Arabia offers Germany 200 mosques-one for every 100 refugees who arrived last weekend." The Independent. 16 November 2015.

• Wynne-Jones, Jonathan. "Multiple wives will mean multiple benefits." Sunday The Telegraph. 3 February 2008

• "About 1,400 Rotherham children 'sexually exploited over 16-year period'." The Guardian. 26 August 2014.

• "Barn av enslige forsørgere i lavinntektshusholdninger."[Children of single parents in low-income households]. Statics Norway. 16 Jun 2003.

• "Corruption! Fanaticism! Old prejudices die hard when British Asians pursue politics or religion." Observer. 19 March 1995.

• "En nationell översikt av kriminella nätverk med stor påverkan i lokalsamhället sekretessprövad version."[A National Overview of Criminal Networks with Serious Effects upon Local Communities]. Polisen.se. 24 October 2014.

• Europe's Muslims More Moderate, "The Great Divide: How Westerners and Muslims View Each Other." PRC Project. 22 June 2006, 2.

• "Europe's no-go zones: Inside the lawless ghettos that breed and harbour terrorists." National Post. 11 October 2016.

• "Flucht vor Flüchtlingen-Wenn Deutsche vor Flüchtlingen nach Ungarn fliehen."[Escape from refugees-When Germans flee from refugees to Hungary]. BR.de. 24 May 2016.

• "German official warns Jews against wearing kippahs in public." Deutsche Well. 25 May 2019.

• "Letter to Professor Unni Wikan Celebrated Norwegian Anthropologist Marculyseas, Marculyseas Paradox." Paradise-Poems & Essays. 4 May 2018.

• "Merkel says Germany has 'no-go areas;' gov't won't say where." Associated Press. 1 March 2018.

• "Norwegian Massacre Gunman was a Right-Wing Extremist who hated Muslims." Daily Mail. 24 July 2011.

• "Pork found in school halal lamb burgers." The Guardian. 9 May 2013.

• "Radical Islamic sect 'has half of Britain's mosques in its grip." London Eveng

Standard. 8 September 2007.
- "Reported Rapes in Sweden Up by 10 Percent." The Locak. 18 January 2018.
- "Saudi Government paper: Billions spent by Royal family to spread Islam to Every Corner of the Earth." Middle East Media Research Institute. 27 March 2002.
- "Silvesternacht in Köln: Fast alle Tatverdächtige sind Ausländer."[New Year's Eve in Cologne: Almost all suspects are foreigners]. Augsburger Allgemeine. 6 April 2016.
- Statistisk årsbok för Sverige 2007[Statistical yearbook for Sweden 2007]. Stockholm: Statistics Sweden, 2006). 121 Table 99.
- "Stockholm special squad to stop far-right mobs." The Local. 2 February 2016.
- "So denken die Deutschen wirklich über den Islam."[What the Germans really think about Islam], Bild,de. 4 May 2016,
- "Sweden tops European rape league-but that doesn't tell the whole story." The Local. 27 April 2009.
- "Third of Brexit believe Muslim immigration is part of a secret plot to Islamicise Britain, study suggest." The Independent. 23 November 2018.
- "Trus-og livssynssamfunn utanfor Den norske kyrkja."[Religious and philosophical communities outside the Church of Norway]. Statistisk sentralbyra. 25 November 2015.
- "Up to 4.8m unauthorised immigrants in Europe in 2017 -study." The Guardian. 13

국내외 논문 및 학술지

- A. Shaw, "Kinship, Cultural Preference and Immigration: Consanguineous Marriage among British Pakistanis." Journal of the Royal Anthropological Institute. n,s.7 (2001).
- Cehajic, Rusmir Mahmut. "Muslims as 'the others' of Europe." Journal of Muslim Minority Affairs. Volume 18(1998). 169:176
- Driessen, Geert. "Islamic Primary School in the Netherlands: The Pupils' Achievement Levels, Behaviour and Attitudes and Their Parents' Cultural Backgrounds." Netherlands' Journal of Social Sciences. 33(1997). 2:66.
- Gilliat-Ray, Sophie. "Multiculturalism and Identity: Their Relationship for British Muslims." Journal of Muslim Minority Affairs. 18 (2/1998): 347:355.
- Hackett, Conrad. "5 facts about the Muslim population in Europe." Pew

Research/Fact Tank. Archived from the original on 17 August 2018. Retrieved 12 December 2017.

- Huntington, Samuel. "The Clash of Civilizations?." Foreign Affairs 72 Summer 1993). 3:24.
- Lindley, John. "Race or Religion? The Impact of Religion on the Earnings and Study. 28 (3/2002). 427:442.
- Lewis, Bernard. "The Roots of Muslim Rage." Atlantic Monthly. 266 September 1990). 47:60,
- 박규정, "독일사회와 무슬림 터키공동체." 이태숙·김종원《서유럽 무슬림과 국가 그리고 급진 이슬람주의》(서울: 아모르문디, 2009).
- 한현주, "영국 이슬람화를 통해서 본 한국교회에 대한 진단과 대책에 관한 연구." (문학 석사 학위 논문, 칼빈대학교, 2015).

국내 신문 자료

- 김다영, "난민혐오 반대 vs. 국민 안전이 먼저…종로서 난민찬반 맞불집회." 〈중앙일보〉. 2018년 9월 16일.
- 김미나, "英 2층버스에, 알라에게 영광을." 〈국민일보〉. 2016년 5월 9일.
- 장미혜, "다문화 사회의 미래와 정책적 대응방안." 〈젠더리뷰〉, (2008), 44.
- 김신영, "英 캐머런 총리, 다문화주의 실패 선언… '모든 이주자들, 꼭 영어 써라'." 〈조선일보〉. 2011년 2월 7일.
- 김지아, "하루 71명씩 난민 신청…3년 후엔 누적 난민신청자 12만 명." 〈중앙일보〉. 2018년 6월 19일.
- 경수현, "유럽 다문화주의 실패 논란 서울서 재연." 〈연합뉴스〉. 2012년 11월 30일.
- 류재민, "시리아 테러단체에 송금한 우즈베키스탄 노동자 실형." 〈조선일보〉. 2020년 10월 29일.
- 박세환, "조금 낯선 이름 '포용국가전략회의,' 문대통령 '국민의 삶, 국가가 책임'." 〈국민일보〉. 2018년 9월 6일.
- 박정경, "머리 잘린 마호메트라니" 〈서울신문〉. 2006 9월 28일.
- 서유미, "불법체류자 총 33만 명…올해 10만 명 증가." 〈서울신문〉. 2018년 9월 23일.
- 신동규, 방리유Banlieue 사건(프랑스, 2005). e-Journal Homo Migrans Vol.11 Dec. 2014): 65-7.
- 손구민, "'예멘 사태'로 홍보됐나?…제주 난민 신청 급증." 〈서울경제〉. 2019년 3월 21일.
- 손병호, "샤를리 엡도 무함마드 만평 안그린다 흥미 없어져서." 〈국민일보〉. 2015년 5월

1일.
- 신상목, "폴 밴더 새뮤얼 전 대표, 이슬람 포비아 버리고 친구 되어 보세요." 〈국민일보〉. 2017년 1월 22일.
- 유해석, "한국 정부의 이슬람 정책에 대한 제언." 〈크리스천투데이〉. 2015년 9월 10일.
- 윤정배, "사랑할 때와 냉정할 때," 〈경상매일신문〉. 2018년 7월 6일.
- 이세영, "가톨릭, 이슬람 남성과의 결혼에 우려." 〈크리스천투데이〉. 2005년 12월 28일.
  "마호메트 만평, 이슬람 시위 잇달라."   〈크리스천투데이〉. 2006년 2월 20일.
- 이에스더, "프랑스, 부르카 쓰면 벌금 23만원." 〈중앙일보〉. 2011년 4월 11일.
- 이호갑, "이슬람은 왜 분노하나." 〈동아일보〉. 2006년 2월 4일.
- 임현동, "유대인 묘비 80개 나치 상징 나사, 누가, 왜?" 〈중앙일보〉. 2019년 2월 21일.
- 윤홍집. "난민 심사 강화한 日…신청자 작년 47%로 급감." 〈파이낸셜뉴스〉. 2019년 3월 28일.
- 정시행·이상우, "전 세계 난민 6850만 명… 2차 대전 난민보다 많다." 〈조선일보〉. 2018년 6월 20일.
- 조해수·박성의, "알카에다는 왜 한국을 노렸나…유엔 보고서 추적 취재." 〈시사저널〉. (1534호). 2019년 3월 11일.
- 출입국외국인정책본부 이민정보과. 〈출입국 외국인정책통계월보 2018년 9월호〉. 21.
- 하채림, "러 정보기관 '난민인 척' 유럽 침투하는 극단주의자 年 2만 명." 〈연합뉴스〉. 2019년 4월 24일.
- "스위스 의회, 부르카 금지법 초안 의결." 〈연합뉴스〉. 2016년 9월 30일.
- "이란 덴마크와 무역 단절." 〈MBC 뉴스〉. 2006년 2월 7일.

외국 방송 및 인터넷 자료

- Al-Mussayar, Muhammad. "Panorama show." Al-Araiya TV. 2 February 2007.
- Chapman, Michael W. "Norway Islamic Leader: Every Muslim Wants Death Penalty for Homosexuals." CNS News. 3 February 2015.
- Peter, Laurence. "How France is wrestling with jihadist." BBC News. 28 July 2016.
- Wooldridge, Mike. "Iran's grim history of death by stoning." BBC News. 9 July 2010.
- "Belgistan? Shari Showdown Looms in Brussels." CBN News. 15 March 2012.
- "Cologne Mayor's 'code of conduct' to prevent sexual assault angers many." BBC News. 6 January 2016.
- "Danish Cartoonist Attacker Guilty." BBC News. 3 February 2011.

- "Fördubbling av antalet poliser som säger upp sig."[Doubling the number of police officers who resign]. SVT Nyheter. 20 January 2017.
- "French Court Upholds Controversial Burqa Ban." NDTV. 8 January 2014.
- "Jeremy Corbyn sparks women-only train carriage row." BBC News. 26 August 2015.
- "Klyftor hotar efter asylkris."[Gaps threaten after asylum crisis]. SVT Nyheter. 28 August 2016.
- "Krise i svensk politi: − Satses det ikke skikkelig nå, ender det i katastrofe."[Crisis in the Swedish police: − If it is not invested properly now, it will end in disaster]. NRK News. 18 September 2016.
- "Muslim Cartoon Fury Claims Lives." BBC News. 6 February 2006.
- "Muslim Immigrants destroying Scandinavia." NRK News. 19 September 2009.
- "Merkel says, Germain multicultural society." BBC News. 17 October 2010.
- "MI5 boss warns we cannot stop every UK terror threat." BBC News. 9 January 2015.
- "Norway: Mohammed most common men's name in Oslo." BBC News. 29 August 2014.
- "Reality Check: Is Malmo the rape Capital of Europe?." BBC News. 24 February 2017.
- "Sharia law in UK is unvoidable." BBC News. 7 February 2007.
- "South Yorkshire Police Deny Hiding Girls Sex Abuse." BBC News. 24 September 2012.
- "State multiculturalism has failed, says David Cameron." BBC New. 5. February 2011.
- "UK | Sharia Law in UK Is 'unavoidable'." BBC News. 7 February 2008.
- "What is jihadism?." BBC News. 11 December 2014.
- Berglund, Nina. "More Norwegians convert to Islam." Views and News from Norway. 8 June 2015, https://www.newsinenglish.no/2015/06/08/more-norwegians-convert-to-islam/. 접속 2020년 8월 14일.
- Coleman, David. "The shape of things to come: world population to 2050."https://www.researchgate.net/publication/255607125_The_shape_of_things_to_come_world_population_to_2050. 접속 2019년 5월 5일. "Uncontrolled Immigration Means Finis Britanniae." Standpoint. 24 May 2016. https://standpointmag.co.uk/issues/june-2016/features-june-2016-david-coleman-demographics-brexit-eu-referendum-immigration/. 접속 2020년 10월 2일.

• Caesar, Julia. "Sweden-a Rape Country." Cavatus's Blog. 24 March 2012. https:// cavatus. wordpress.com/2012/03/24/sweden-a-raped-country/. 접속 2020년 7월 26일.

• Donna Laframboise, "Swedish for Suicide." https://nofrakkingconsensus. com/2018/03/05/ swedish-for-suicide/. 접속 2020년 2월 25일. Tavares, Erico Matias. https://www.linkedin.com/pulse/sweden-brink-interview-dr-tino-sanandaji-erico-matias-tavares. 접속 2020년 2월 25일. "Europe's Growing Muslim Population." PRC, 29 November, 2017 https://www.pewforum.org /2017/11/29/ europes-growing-muslim-population/. 접속 2020년 3월 10일.

• "German poll indicates a widespread fear of Muslim and Islam." National Secular Society. 6 December 2012. https://www.secularism.org.uk/news/2012/12/german-poll-indicates-a- widespread-fear-of-muslims-and-islam. 접속 2020년 6월 29일.

• German politician to Germans: "If you don't agree, you are free to leave." https:// www. youtube.com/watch?v=g-r4RojL4-E. 접속 2020년 2월 27일.

• Gerstenfeld, Manfred. " Chapter Fourteen: War of a Million Cuts - Social Democrat Inciters." http://www.manfredgerstenfeld.com/chapter-fourteen-war-million-cuts-social-de mocrat-inciters/. 접속 2020년 7월 30일.

• Gudvangen, Stein. "Livredde jødiske foreldre i Oslo."[Terrified Jewish parents in Oslo]. Dagen. 17 February 2015. https://www.dagen.no/Nyheter/etter-terroren/ Livredde-j%C3%B8diske -foreldre-i-Oslo-169822. 접속 2020년 8월 19일.

• "Grand Mosque of Paris calls on Muslims to vote Macron." Euro-Islam.info. 24 April 2017. http://www.euro-islam.info/2017/04/24/grand-mosque-paris-calls-muslims-vote- macron/. 접속 2020년 8월 27일.

• Juhl, Jeppe Samuel Cholewa. "Diasporaens død."[Death of the Diaspora]. Trykkefrihed. 12 March 2015. https://www.trykkefrihed.dk/blog/1701/ diasporaens-d%C3%B8d.htm. 접속 2020년 8월 20일.

• "List of Islamist terrorist attacks." https://en.wikipedia.org/wiki/List_of_Islamist_ terrorist attacks. 접속 2020년 8월 10일.

• "Muslim Racism in Norway." Norwegian Broadcasting Corporation Norsk rikskringkasting. 24 June 2012. https://www.youtube.com/ watch?v=fTpKOd41CxA. 접속 2020년 7월 18일.

• "Orthodox Voices from Europe: Viktor Orban." http://www.events. orthodoxengland.org.uk/ orthodox-voices-from-europe-viktor-orban/. 접속 2020 년 2월 22일.

• Pew Research Center. (2010b. "Muslim Publics Divided on Hamas and Hezbollah."

이슬람과 유럽 문명의 종말

Retrieved 2 June 2011. from http://pewglobal.org/2010/12/02muslims-around-the-world-divided-on-hamas-and-hezbollah. 접속 2020년 6월 6일.

• "Testimony from a Survival of Gang Rape on Tahrir Square Vicinity." Nazra for Feminist Studies. 26 January 2013. https://nazra.org/en/2013/01/testimony-survival-gang-rape-tahrir-square-vicinity. 접속 2020년 9월 5일.

• "The crisis in Swedish media,=." Cavatus's Blog, 11 February 2010, https://cavatus.wordpr ess.com/2010/02/11/crisis-swedish-media/. 접속 2020년 7월 28일.

• Waters, Anne Marie. "Stoning-the True Horror." National Secular Society. http://howiescorner.blogspot.com/2013/08/stoning-true-horror.html, 접속 2020년 6월 29일.

• Weiss, Stanley. "In Egypt, Seeing the Muslim Brotherhood for What It Is." 2 March 2015, http://stanleyweiss.net/in-egypt-seeing-the-muslim-brotherhood-for-what-it-is/. 접속 2020년 8월 14일.

• "41 Rapes in Norway by Non Indigenous Norwegians." Norwegian Broadcasting Corporation Norsk rikskringkasting. 10 April 2010. https://www.youtube.com/watch?v=g7t5 ZffkA0A. 접속 2020년 7월 18일.